공감 대화로 만드는
행복 교실

공감 대화로 만드는 행복 교실

발행일	2020년 4월 23일

지은이	이옥숙		
펴낸이	손형국		
펴낸곳	(주)북랩		
편집인	선일영	편집	강대건, 최예은, 최승헌, 김경무, 이예지
디자인	이현수, 김민하, 한수희, 김윤주, 허지혜	제작	박기성, 황동현, 구성우, 장홍석
마케팅	김회란, 박진관, 조하라, 장은별		
출판등록	2004. 12. 1(제2012-000051호)		
주소	서울특별시 금천구 가산디지털 1로 168, 우림라이온스밸리 B동 B113~114호, C동 B101호		
홈페이지	www.book.co.kr		
전화번호	(02)2026-5777	팩스	(02)2026-5747

ISBN	979-11-6539-173-7 03370 (종이책)	979-11-6539-174-4 05370 (전자책)	

이 도서의 국립중앙도서관 출판예정도서목록(CIP)은 서지정보유통지원시스템 홈페이지(http://seoji.nl.go.kr)와
국가자료공동목록시스템(http://www.nl.go.kr/kolisnet)에서 이용하실 수 있습니다.
(CIP제어번호: CIP2020016336)

(주)북랩 성공출판의 파트너

북랩 홈페이지와 패밀리 사이트에서 다양한 출판 솔루션을 만나 보세요!

홈페이지 book.co.kr • **블로그** blog.naver.com/essaybook • **출판문의** book@book.co.kr

교육 현장 비폭력 대화 사례집

공감 대화로 만드는
행복 교실

이옥숙 지음

자기밖에 모르는 아이들, 학교 폭력, 왕따, 스마트폰 중독, 추락한 교사의 권위.
문제는 교실이다. 비폭력 공감 대화로 교실을 바꾼다면
학생, 교사, 학부모 모두가 행복한 교실이 실현될 것이다!

북랩 book Lab

NVC로 학급·학교의 평화를 꿈꾸다

비가 오고 있는 학년 초, 한 아이가 집으로 가지 않고 교실 안을 서성거린다. "우산이 없나 보구나."라는 내 물음에 고개를 끄덕인다. 교실에 남은 우산을 찾으니 없다. "엄마한테 전화해도 될까?" 가만히 있다. "우산이 없어져 야단 들을까 봐 걱정이 많이 되는구나." 가만히 있다. 아이는 여전히 교사 가까이에 오지 않고 있다. 아이를 가까이 오게 한 뒤, 직접 전화를 하라고 전화기를 내민다. 내 가까이에 다가오는 아이의 몸이 몹시 떨린다. 그 떨림이 가슴으로 들어온다. "선생님이 할까?" 온몸을 떨고 있는 아이를 보며 직접 전화를 한다.

"안녕하십니까? C의 담임입니다. 우산을 잃어버린 것 같아요. 아이가 걱정이 되는지 많이 떨고 있습니다." 상대 쪽에서 들려오는 목소리가 앙칼지다. "아이가 떤다고요? 아이가 또 뭐라고 했나요?" 순간 생각이 뒤엉킨다. 아이가 혹시라도 야단 들을까 걱정이 되면서 내 마음도 실타래처럼 복잡해지려 한다. "아이는 아무 말도 하지 않았습니다. 밖에 비가 오는데 우산이 없어 못 가고 있습니다. 교실에 있는 우산을 찾으니 없습니다. 혹시 어머니세요?" 조심스럽게 물어본다. "아니요, 친척인데요?" "아, 그러세요. 어머니는?" "부모가 갑자기 죽었어요. 그래서 데리고 있어요." 순간 내 온몸으로 연민이 올라온다. 이 아이의 떨림이 더 크게 느껴진다. 지금 교사가 할 수 있는 것은 그냥 그 아이를 안아 주는 것이다. 아이는 여전히 크게 떨고 있다.

상실감에 빠진 그 아이는 동굴 속으로 빠지는 것 같았다. 기운이 없어 고개를 숙이고 바로 보지 않고 벽 쪽을 붙어 다녔다. 힘이 들 아이의 손과 발이 되어 보려고 무던히도 애썼던 한 해가 생각난다. 그 시기에 마셜 로젠버그의 『삶을 풍요롭게 하는 교육』에 관심을 갖고 교실에 적용하고 있었다. 학교 안, 교실 안에서만이라도 평화스러운 마음으로 친구들과 잘 어울리도록 해 주는 것이 C의 삶을 유지하는 데 도움이 될 것이라고 생각했다. C에게 서운하거나 슬픈 마음이 생기면 선생님께 말하라고 당부했다.

평소에 기운 없이 다니던 아이가 조금씩 힘을 내고 친구들과 놀기 시작하는 반가운 모습을 보였다. 그즈음에 일어난 일이다. 한 아이가 "선생님, C가 아이들의 팔을 물고 고함지르고 때리고 해요. 무서워요."라고 했다. 오히려 슬픔과 분노를 표현하는 C의 모습에 안심이 되기도 했다.

아이를 교실로 데리고 와 "많이 억울했구나."라고 달랬지만, 아이는 말은 하지 않고 고개를 숙여 눈물만 흘렸다. 아이가 눈물을 흘릴 동안 주변에 있었던 아이들의 말을 듣기로 했다. 아이들의 이야기를 쭉 듣다가 분노를 표출한 장면을 알아차렸다. 가장 자극받은 말을 찾았다.

'너 때문이야.'

아이들이 이야기하는 동안 C의 감정도 어느 정도 가라앉아 있었다. "선생님은 너희들 모두를 존중하고 싶어요. 친구들의 이야기를 들었으니, 이번에는 C의 이야기를 존중하는 마음으로 들을 거예요. 친구들 말 속에 내가 알고 있는 것과 달라서 하고 싶은 말이 있나요?" 가만히 있었다. "혹시 '너 때문이야.'라는 말을 듣는 순간 너무 억울했니?" 그러자 아주 작은 소리로 고개를 끄덕이며 "내가 안 그랬어요."라고 말했다. "너 때문에 친구가 넘어졌다고 하는 말을 듣는 순간 화가 났구나. 특히 더 화가 났던 말은 '너 때문이야.'구나."

그 말을 듣는 순간 어떤 생각이 떠올라 C는 운동장이 떠나갈 듯 고함지르며 "아니야! 아니야!"라고 울부짖었을까? C에게 '너 때문이야.'라는 말이 주는 자극이 부모의 죽음과 연결되었을지도 모른다는 추측에 측은함이 함께 다가왔다. C는 고개를 푹 숙이고 교사의 반영하는 말, 느낌의 말을 듣고만 있었다.

C를 앞에 두고 '자기 공감하기' 프로세스를 활용하면서 느낌과 욕구에 충분히 머무르게 했다.

"친구들이 '너 때문이야.'라는 말을 할 때, → 관찰

넌 억울해서 '아니야.'라고 하는데도 친구들이 '너 때문이야.'라고 자꾸 말을 할 때, 넌 친구 팔을 물 정도로 억울하고 가슴이 답답하고 갑갑했구나. → C의 느낌을 찾아 주고 그 느낌에 충분히 머물게 하기

넌 너에게 친절한 마음으로, 따뜻한 목소리로 상황을 설명해 주기를 바라니? 술래가 하기 싫어서 빨리 잡으려고, 놓치고 싶지 않아서 힘껏 달리다가 그랬다는 것을 친구들이 이해해 주기를 바라니? 네 마음을 이해해 주고 배려해 주는 것이 필요하니? → **C의 'NEED'를 찾아 주고 'NEED'에 머물게 하기**

'너 때문이야!'라고 하지 말고, '다치니 하지 마!'라고 말해 줘. → **상대방에게 부탁하기**

주변에 있었던 친구들에게 "'너 때문이야.'라고 하지 말고 내가 술래가 하기 싫어서 그랬다는 것을 이해해 줘. 그리고 내 편도 되어 줘." → **다른 사람에게 부탁하기**

'너 때문이야!'라는 말을 듣고 억울하면 멈추고 선생님의 도움을 받도록 하자. → **자기 자신에게 부탁하기**

고개를 푹 숙이고 있는 아이를 걸상에 앉도록 하고 NVC(비폭력 대화)의 자기 공감 프로세스를 따라 공감하는 활동을 한 후 아이를 안아 주었다.

가끔 C를 돌보는 분께 전화해 '비폭력 대화의 감사하기'로 C의 돌봄에 대한 감사의 말을 하기도 했다. 비폭력 대화의 이론을 알고 그에 따른 공감을 한다고 하여 아이의 자존감이 금세 향상되지는 않는다. 자존감을 스스로 끌어올리기란 쉽지 않다. C와 같은 환경에서 어린아이가 자존감을 스스로 세운다는 것은 결코 쉽지 않다고 본다. 하지만 C에 대한 도덕적인 판단을 하지 않고 지금 있는 그대로를 보고 학교생활 중에 일어나는, 충족되지 않은 욕구로 생

공감 대화로 만드는 행복 교실

기는 생각과 비난, 판단을 들어 주고 공감해 주는 활동을 지속적으로 한다면 C의 마음에 행복의 작은 꽃씨라도 심어지지 않을까 하는 희망을 가지고 NVC 공감하기로 아이와 지속적으로 만났다.

아이와 대화를 하고 나면 "잘했어.", "그럴 수 있지.", "더 할 말이 없니?"라고 말했다.

학급 친구들 때문에 화가 나거나 속상한 일이 있을 때는 C를 앞으로 나오게 하여 가볍게 눈을 감고 편안하게 의자에 앉도록 했다. 희망하는 친구들이 마주 앉아 나지막한 목소리로 '느낌과 욕구로 공감하기' 활동을 했다.

- "너를 배려하지 않아 속상할 것 같아."
- "네 마음을 알아주지 않아 서운할 것 같아."
- "너를 존중하지 않아 섭섭할 것 같아."
- "나랑 놀아 줘서 고마워."
- "피구 할 때 공을 양보해 줘서 고마워."

이 활동은 전체 학생들과 함께하는 활동인데 C는 이 활동 후 "좋다."라는 말만 해서 '느낌 카드로 찾기' 활동을 하였다. '따뜻한' 카드를 찾아왔다.

학급 안에는 쉬는 시간, 점심시간, 수업 시간 중에 경청을 잘하는 아이, 리더십이 있는 아이, 양보를 잘하는 아이, 자기 마음대로 하려는 아이, 산만한 아이, 예민한 아이, 거친 말과 행동을 하는 아이들이 함께 교육 활동에 참여하고 있다. 다양한 생각과 판단, 느낌이 몸과 마음에 자극이 되어 사소한 갈등이 시작된다. 사소한 갈등을 풀 때 "미안해."라고만 말한다면 마음에 작은 앙금이 남아 자신도 모르게 쌓여 깊은 갈등의 골이 되기도 한다. 아이들은 친구들과 함께 협동하고 놀이를 하면서 자연스럽게 많은 욕구를 충족하며 생활한다. 그중 우정의 욕구가 충족되지 않으면 섭섭함과 서운함이 학부모의 자연스러운 마음 상태조차 깨 버리게 된다.

학생과 학생, 학생과 학부모, 학부모와 교사 간의 갈등이 출렁출렁할 때마다 비폭력 대화의 4단계 중 '관찰'과 '느낌'에 집중한다. 그리고 학생과 학부모의 욕구를 알아차리고 교사 자신의 욕구도 알린다. 학생, 학부모, 교사 모두의 욕구를 충족할 수 있는 방법에 관심을 두고 NVC를 하는 것이다. 물론 학생과 학부모는 도덕적인 가치 판단으로 대화를 이어 나가는 경우가 많다. 그럴 때마다 교사가 다른 언어(느낌과 욕구)로 바꾸어 말을 해 주어야 평화스러운 상태, 자연스러운 상태로 천천히 되돌아온다. 상대의 이야기를 듣고 느낌과 욕구로 바꾸어 주고 "아니요."라는 말 뒤에 담긴 욕구까지 알아차리는 것이 힘들 수도 있다.

학생들을 만나고 교실에 들어갈 때는 항상 비폭력 대화를 하려고 한다. 처음 시작은 기존에 해 왔던 생활 지도에 한계를 느껴 다른 방법을 찾던 중 NVC를 접하게 된 것이었다. 그 후 학생 생활 지도에 열성을 쏟았다. 학생들에게 NVC 공감 대화를 지속적으로 실행한 경험은 도덕적 가치로 아이들을 판단했던 나 자신을 조금씩 변화시키고 있다. 습관처럼 나오는 기존의 언어를 변화시킨다는 것은 힘든 일이다. 불쑥불쑥 튀어나오는 도덕적 판단에 근거한 언어를 버리고 싶어도 잘 버려지지 않았지만, 스스로 그 순간의 생각이나 판단을 알아차릴 수 있도록 매 순간 연습했다. 나 자신의 몸과 마음을 알아차리고, 느낌과 욕구에 머물도록 하는 내적인 힘을 가지는 연습을 지금도 하고 있다.

학생들에게 비폭력 대화를 실천하려는 교사의 의지를 보여 주는 것이 학생들이 평화로운 언어인 NVC를 경험하는 좋은 방법이라고 생각한다. 학교, 학급 내 일어나는 사소한 갈등이 분노로 표출이 되어 폭력적인 상황이 일어나고는 한다. 교실은 분노하는 학생 혼자만 있는 것이 아니라 여러 명의 학생이 함께 있는 공간이다. 여러 명의 아이가 지속적으로 고함을 지르고, 폭력적인 행동을 하면 함께 생활하는 학생들은 불안하고 조마조마하다. 불안한 마음으로 1년을 함께한다면 학생들의 표정은 어두워진다. 교사도 정서적 불안으로 수업 활동에 주의를 기울이기가 힘들다. 다양한 갈등 상황을 만나면 자연스러운 상태로 회복되기를 바라면서 NVC를 시작한다. NVC는 상처를 주지 않으면서 솔직하게 말한다. '상대 공감하기' 활동을 하고 난 다음 학생과 학부모가 갈등 상황으로 인해 영향을 준 학생과 받은 학생 모두에게 성장과 배움이 있도록 선택하는 모습을 보면 이 활동을 멈출 수가 없다. 학교, 학급 공동체를 비폭력 대화로 운영할 때 학생 스스로 의지를 갖고 학교, 학급의 평화 유지에 기여하려는 모습도 볼 수 있다.

나에게는 비폭력 대화가 주는 의도가 섬광처럼 눈부시게 다가왔고, 한 해, 한 해 실행하면서 학생들이 변명하거나 물러나거나 반격하는 것은 비난이나 평가의 언어를 들을 때라는 것을 알아차렸다.

학생들이 쓰는 언어에서 비난, 판단의 언어를 찾아 반복해서 들려주며 지금 분노하고 있다는 사실을 일깨워 주었다. 처음에는 선생님이 자기 말을 잘못 알아듣는 줄 알고 자기가 한 말을 여러 번 들려주는 아이도 있었다. 그럴 때마다 NVC로 바꾸어 주었다. 아이들의 반응을 보면서 나의 언어도 조금씩 NVC로 바뀌고, 아이들에게 느낌과 욕구를 경험하게 하는 동시에 나에게도 적용하는 시간이었다.

1년 만에 폭력적인 행동을 하는 학생, 상실감이 있는 학생 등이 완전히 사라진다는 이야기가 아니다. 학교와 학급의 교육 활동 중에 교사가 사용하는 NVC를 매일 듣고 아이들과 교사가 비폭력 대화를 함께 나누면 학생과 교사 모두 서로 배우고 발전하는 경험을 한다. 또한, 학급 공동체에서는 자신이 해야 할 긍정적 행동을 스스로 선택하려는 싹을 보인다. 상호 존중, 배려를 할 수 있는 NVC를 바탕으로 한 교과 교육 활동 및 생활 교육 활동은 공동체 구성원의 집단 지성 아이디어를 창출하고 개인이 갖고 있는 잠재 능력을 발휘한다.

여기 나오는 사례는 5년 이상 비폭력 대화 센터 'NVC' 1, 2, 3을 연수하고, 'NVC LIFE'(인증지도자과정)와 '비폭력 대화 중재' 각각 1년 과정에 참여하며, '스마일키퍼스' 과정과 'IIT 국제 심화' 연수에 참여하고, 'NVC 공감 대화 연구회' 운영을 한 교사가 주로 초등학교 저학년 학생을 상대로 적용한 것이다. NVC로 아이들의 말에 귀를 기울여 그들의 느낌과 욕구를 지속적으로 찾아 주고 반영해 주는 활동은 아이들에게 NVC를 가르치는 활동이라기보다는 선생님이 갈등 상황에서 어떤 방법으로 대처해야 하는가를 보여 주는 활동이다. 학교 교육 과정 속의 다양한 활동을 하는 학교 현장에서 교사가 NVC 의식으로 살기 위해 노력한 이야기이다.

다양한 갈등 상황, 교육 활동에서 NVC에 근거한 공감 대화와 '서로 이야기 나누기' 활동은 학생, 학부모, 교사의 상처받은 마음을 회복하게 하고, 평화로운 마음으로 학교 교육 활동에 참여하도록 돕는다. 이런 사례들과 함께 학교 폭력 상황에서 NVC 중재 매뉴얼을 활용한 사례들을 아이들을 마주하고 돌보는 장에 계시는 선생님들과 공유하고 싶은 바람이다.

이옥숙

차 례

| 제 1 장 |
NVC와 회복적 생활 교육

| 제 2 장 |
NVC 모델 활용한 갈등 해결 사례

| 제1장 |

NVC와
회복적 생활 교육

1. NVC 소개

비폭력 대화(NVC, Nonviolent Communication)는 연민의 대화(Com-passionate Communication) 또는 삶의 언어(Language of Life)라고 부르기도 한다. 여기서 말하는 비폭력이란 간디의 아힘사(살아 있는 모든 것을 살생하면 안 된다.)의 정신으로 우리 마음 안에서 폭력이 가라앉고 본성인 연민으로 돌아갔을 때의 자연스러운 상태를 말한다. 비폭력 대화는 우리 자신을 더 깊이 이해하고 다른 사람과 유대 관계를 맺는 데 도움이 되는 구체적인 대화 방법이다.

마셜 로젠버그는 인간의 본성은 서로의 삶에 기여할 때 기쁨을 느끼는 것이라고 믿으면서 두 가지 문제를 깊이 생각하기 시작했다.

첫째, 왜 우리들은 본성을 잃고 서로에게 폭력을 쓰며 살게 되었는가?

둘째, 그런 반면에 어떤 사람들은 어려운 상황에서도 어떻게 자기 본연의 인간성을 잃지 않으면서 다른 사람들에 대한 연민을 유지하고 있는가?

이 두 가지를 연구하는 동안에 로젠버그는 우리가 대화할 때 쓰는 말과 말하는 방법이 얼마나 중요한 역할을 하는지 깨달았다. 구체적이고 명확한 이 대화 방법은 여기에서 나온 것이다. NVC는 새로운 것이라기보다 우리의 본래 모습을 우리 자신에게 상기시켜 주는 것이다.

로젠버그는 칼 로저스(인간 중심), 마틴 부버(대화 중심, 대화는 다른 인간과의 관계로 나타난다.), 장자, 간디, 마틴 루서 킹(시민운동가, 성직자) 등으로부터 영향을 받았다.

비폭력 대화의 목적은 우리가 원하는 것을 얻는 것이 아니라 그 안에서 모든 사람의 욕구가 충족될 수 있는 인간적인 유대 관계를 만들기 위한 것이다. 그러나 이것은 간단하고도 복잡하다.

_ 마셜 B. 로젠버그, 『비폭력 대화』 중에서

NVC 모델의 네 단계

서로 마음으로 주고받는 관계를 이루기 위해서 우리는 다음 네 가지에 의식의 초점을 둔다.

첫째로, 어떤 상황에서 실제로 일어나는 것을 있는 그대로 관찰한다. 나한테 유익하든 그렇지 않든 상대방의 말과 행동을 있는 그대로 관찰하는 것이다. 판단이나 평가를 내리지 않으면서 관찰한 바를 명확하고 구체적으로 말하는 것이다.

둘째로, 그 행동을 보았을 때 어떻게 느끼는가를 말한다. 가슴이 아팠다든지, 두려웠다든지, 기뻤다든지, 즐거웠다든지, 짜증 났다든지 등의 느낌을 표현하는 것이다.

셋째로는 자신이 알아차린 느낌이 어떤 욕구와 연결되는지를 말한다. NVC로 우리의 마음을 정확하고 솔직히 표현할 때는 이 세

요소에 대한 의식이 그 안에 있다.

네 번째 요소는 내 삶을 더 풍요롭게 하기 위해 다른 사람이 뭔가 해 주기를 바라는 마음을 표현하는 것이다.

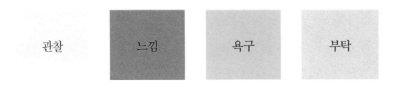

관찰(observation)

관찰은 NVC 모델의 첫 번째 요소로, 어떤 일이 우리의 느낌을 자극하고 있는지 그 상황을 객관적이고 구체적으로 묘사하는 것이다. 각자의 판단, 추리, 의견, 생각, 추측, 선입관 등의 평가를 섞지 않고 우리가 보고 들은 그대로를 진행형으로 표현하는 것이다.

말할 때 관찰과 평가를 섞으면 상대가 이를 비판으로 듣고 우리의 말에 거부감을 갖는다. 그러면 상대는 대개 자기 행동을 변명하면서 자신을 방어하려 하거나 우리를 공격할 준비를 하는 데 에너지를 써 대화에 더 이상 진전이 없다. 평가는 듣는 사람뿐만 아니라 말하는 사람에게도 부정적인 영향을 미친다.

관찰에는 상대를 비난하거나 상대의 잘못을 들춰내려는 의도가 없다. 이 상황에서 느끼는 강한 감정은 다음 단계인 느낌에서 충분히 표현된다.

관찰이란 보고 듣고 만질 수 있는 것, 비디오카메라로 녹화할 수 있는 것이다. 즉, 사실을 바탕으로 묘사하는 것이다. 평가란 관찰한 것에 대한 우리의 결론이다.

비폭력 대화는 완전히 객관적이어야 하고, 어떤 평가도 해서는 안 된다고 주장하는 것은 아니다. 우리는 자신이 관찰한 것에 대해 어떻게 느끼는지 다른 사람에게 표현하고, 자신의 가치관을 다른 사람들에게 말할 수 있다.

- **도덕적 가치 판단 대화**
- 습관적인 말: "A야, B에게 '죽을래!'라고 고함을 지르다니, '죽을래!'라는 말은 나쁜 말 아니니? 나쁜 아이들이 쓰는 말인데."
- **NVC 관찰 대화**
- 비폭력 대화: "A야, B에게 '죽을래!'라고 고함을 지르니까 놀라고 무서워. 선생님은 우리 반 친구들과 선생님이 있는 교실이 평화롭기를 바란단다."

→ 도덕적 가치 판단의 말과 NVC에 가치를 두고 말하는 것은 다르다.

나의 장단점을 관찰하고 나와 닮은 동물로 표현하는 활동 후 이야기 나누기

- "소가 항상 끈기 있게 공부를 하는 것이 나와 닮았기 때문이다."
- "문어는 빨판으로 철봉을 하는데 나도 철봉을 잘하는 게 닮았다."
- "치타가 사랑스러운 것 같고 달리기를 잘하고 싶기 때문이다."

- "토끼는 나랑 닮은 것이 있다. 내 앞니가 긴데 그것이 닮았다. 토끼는 내가 좋아하는 동물이기 때문이다."
- "상어는 몸짓이 크고 음식도 많이 먹고 빠르게 이동하는 것이 나랑 닮은 점이다."
- "느릿느릿 거북이, 이 그림을 그린 이유는 내가 거북이처럼 아침에 느릿느릿 천천히 움직이기 때문이다."
- "대왕고래, 고래는 내가 좋아하는 동물이고 나와 닮은 점은 행동이 느린 것입니다."
- "토끼, 친구들이 내 별명을 토끼라고 지어 주었기 때문이다."
- "북극곰이 불쌍해서 고양이랑 북극곰을 그렸다."
- "곰돌이, 곰돌이는 나와 같이 푸근하게 안아 주는 것이 닮았다.
- "생선을 좋아하는 곰, 나도 생선을 좋아해서 생선 먹는 곰을 그렸다. 곰도 생선을 좋아하기 때문이다."
- "사자, 사자가 살금살금 동물을 잡는 것이 닮았다. 왜냐하면 나도 살금살금 하기 때문이다."
- "귀여운 펭귄, 나는 S에게서 아이디어를 얻었고 귀여워서 선택했다."
- "상어, 저는 상어가 좋습니다. 왜냐하면 상어는 후각이 좋기 때문이다."
- "펭귄, 뒤뚱뒤뚱 걷는 것이 나와 닮았다."
- "어느 날 아빠는 어릴 때 키웠던 땡칠이 이야기를 해 주셨다. 그러고는 아기 땡칠이의 사진을 보여 주셨다. 그 순간 엄마가 땡칠이는 나랑 닮았다고 했다. 그게 내가 땡칠이를 그린 이유입니다."

- "랑냥이 냥이, 고양이가 놀 때 좋아하는 모습이 나랑 닮아서 만들었다."
- "펭수, 나와 닮은 것은 목도리이다."
- "손오공, 왜 내가 이걸 그렸냐 하면 나처럼 많이 먹고 힘이 세기 때문이다."
- "토끼는 눈과 튀어나온 앞니가 나와 닮아 토끼 캐릭터를 만들었다."

〈나의 장단점을 관찰하고 나와 닮은 동물로 표현하기〉

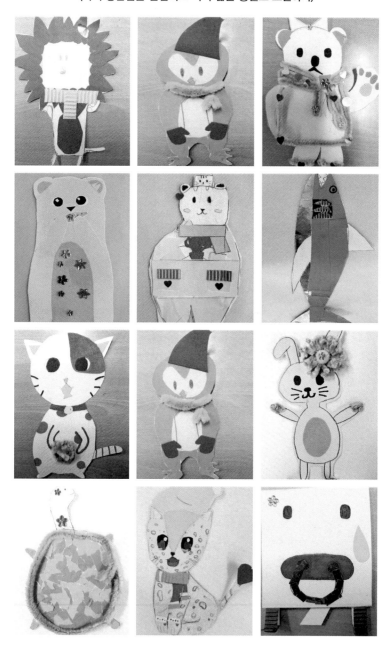

인도의 철학자 크리슈나무르티는 "평가가 들어가지 않은 관찰은 인간 지성의 최고 형태"라고 했다.

느낌(Feeling)

느낌이란 외부나 내부의 자극에 대해 우리 몸과 마음에서 일어나는 반응이다. 느낌은 우리에게 필요한 것을 알려 주는 경보기 같은 존재로, 욕구가 충족되었는지 그렇지 않은지 상태를 알려 주는 메신저 역할을 한다.

느낌은 욕구 충족의 여부에 따라 달라진다. 이해, 수용, 지원과 같은 욕구가 충족되었을 때는 즐겁고, 행복하고, 편안하고, 흐뭇하고, 만족스럽다. 그러나 그러한 욕구가 충족되지 않았을 때는 불안하고, 우울하고, 허전하고, 슬프고, 괴롭다. 느낌 뒤에 있는 욕구를 의식하고 그 욕구를 에너지와 연결함으로써 아프고 힘들다는 느낌에서 해방될 수 있다.

자신의 느낌을 명확하게 의식하고 서로 솔직하게 표현할 수 있을 때 우리는 좀 더 쉽게 다른 사람과 원만하고 부드러운 정서적 유대관계를 이루고 유지할 수 있다. 같은 상황에서 같은 말을 들어도 모두가 다르게 느낄 수 있으며, 오직 자신만이 스스로의 느낌에 확신을 가질 수 있다.

책 속에 있는 낱말(우유)을 보고, 느낌으로 표현하기

- 희망을 느끼는: "키 작은 아이들이 마시면 키가 크기 때문이다."

- 고마운: "우유가 우리 키를 크게 해 주어서 고맙다."
- 놀란: "우유가 너무 맛있어서 놀란다."
- 오싹한: "차가운 우유를 먹으면 닭살이 나서 오싹하다."
- 피곤한: "우유를 마시면 졸리다."
- 고마운: "우유가 우리 배 속을 채워 주기 때문이다."
- 여유로운: "우유를 마시니까 기분이 좋기 때문이다."
- 즐거운: "우유를 마시면 시원하고 놀이를 하는 것 같아서다."
- 허탈한: "맛있는 줄 알았는데 맛이 없다."
- 마음이 두 갈래인: "나는 우유가 먹기 싫은데 엄마한테 먹기 싫다고 하면 혼날 것 같아 마음이 두 갈래다."
- 신나는: "너무 맛있어서 신난다."
- 무서운: "우유를 먹으면 갑자기 머리가 아프다."
- 싫은: "내가 싫어하는 치즈 맛이 나서 싫다."
- 개운한: "고소한 맛이 나서 개운하다."
- 고마운: "키를 쑥쑥 크게 해 주고 정신을 맑게 해 주어서 고맙다."
- 끌리는: "나는 끌린다. 왜냐하면 우유가 맛있어서 끌린다."
- 기대되는: "우유는 맛있어서 엄마가 줄 때 기대된다."
- 뿌듯한: "내가 우유를 마시니까 뿌듯하다."
- 귀찮은: "우유를 먹으라고 해서 귀찮다."
- 상쾌한: "우유를 마시면 속이 좋아지니까."
- 만족스러운: "우유가 너무 맛있다는 걸 인정한다."
- 기대되는: "맛있을까 없을까 기대된다."
- 즐거운: "우유가 맛있어서 즐겁다."

책 속에 있는 낱말(거짓말)을 보고, 느낌으로 표현하기

- 떨리는: "거짓말을 들키며 혼나기 때문이다."
- 긴장되는: "거짓말을 해서 긴장된다."
- 실망한: "무슨 일이 생기면 얼굴을 숙이고 슬프니까."
- 분한: "나 자신에게 분해서."
- 두려운: "거짓말이 이 세상에 퍼지면 믿을 수 없어서다."
- 후회스러운: "내가 왜 그랬지, 후회스럽다."
- 섭섭한: "거짓말은 나쁘니까."
- 걱정스러운: "거짓말을 많이 하면 습관이 되니까."
- 긴장한: "거짓말을 하면 혼나서."
- 안타까운: "내 물건을 누가 가져가서."
- 떨리는: "거짓말이 들킬까 봐 떨린다."
- 걱정스러운: "거짓말을 할까 말까 걱정스럽다."
- 갑갑한: "갑갑합니다. 왜냐하면 싸우면 이야기가 안 통한다."
- 어색한: "왜냐하면 거짓말하고 만나면 어색하기 때문이다."
- 마음이 아픈: "자기 자신을 속여서."
- 가슴이 뭉클한: "거짓말을 하면 가슴이 뭉클해진다. 슬퍼서 가슴이 뜨거워진다."
- 불편한: "들킬까 봐 마음이 정말 불편하다."
- 마음이 아픈: "거짓말을 해 마음이 아프다."
- 불안한: "거짓말은 습관이 되면 안 되니까."
- 두려운: "혼날까 봐 두렵고 나 자신이 두렵다."

이 활동은 교과와 연계하여서 한 활동이다.

주제 '나에게 가족이란?'을 가지고 느낌 표현하기

교사: 주제를 세 번 읽고 느낌을 찾아 이유도 함께 씁니다. 또는 자유롭게 씁니다.

- "우리 가족은 '간호사'이다. 왜냐하면 나를 태어나게 해 주고, 나를 키워 주신 분이고 동생을 태어나게 해 준 분이고 동생이 다쳤을 때 돌봐 주셨기 때문이다."
- "우리 가족은 '고맙고 따뜻하다'. 왜냐하면 우리를 태어나게 해 주시고 우리를 돌봐 주시기 때문이다."
- "우리 가족은 '의지'이다. 왜냐하면 가족은 용기를 주고 활기가 넘치게 하고 가족의 안전과 평화를 위해 할 수 있는 것들을 열심히 해 주기 때문이다. 그리고 나눔과 깨달음을 느끼게 해 주기 때문이다."
- "나에게 우리 가족은 '슬픈'이다. 왜냐하면 아빠와 엄마가 이혼을 했기 때문이다."
- "우리 가족은 '슬픈'이다. 왜냐하면 엄마가 어릴 때 외할아버지가 돌아가셔서 보지 못했기 때문이다."
- "나는 가족을 생각하면 '슬픈'이 떠오른다. 왜냐하면 엄마와 아빠가 떨어져 있기 때문이다."
- "우리 가족은 '음식'입니다. 음식은 모두가 좋아하기 때문이다."
- "우리 가족은 '고마운'이다. 가족과 함께 있어서, 이해해 주어

서, 나에게 무엇을 줘서 고맙다."

- "우리 가족은 '희망'이다. 키가 작아도 축구 선수를 포기하지 않고, 동생은 축구를 못 해도 포기하지 않기 때문입니다."

- "나에게 가족은 '마음이 아픈'이다. 왜냐하면 할머니가 편찮으셔서 불편할 것 같기 때문이다."

- "나에게 가족은 '꽃'이다. 꽃처럼 좋은 일이 생기기 때문이다."

- "가족은 '존중'이다. 왜냐하면 우리 가족을 생각해 주고 챙겨주고 배려하기 때문이다."

- "우리 가족은 '발전'이다. 왜냐하면 조금씩 성장하고 조금씩 생각하기 때문이다."

- "우리 가족은 '즐거운'이다. 왜냐하면 슬플 때나 힘들 때나 좋을 때나 항상 즐겁고 행복하기 때문이다."

- "우리 가족은 '존중'이다. 왜냐하면 일을 저녁까지 하고 와서 감기도 안 걸리고 사촌 형이 공부를 잘해서 좋고, 동생은 뚱뚱해도 축구라는 꿈을 위해 노력하기 때문이다."

- "가족은 '재미'이다. 왜냐하면 언니는 맨날 내가 슬프거나 다치면 재미있게 해 주기 때문이다."

- "가족은 '편안한'이다. 왜냐하면 가족은 나쁜 사람도 아니고 나에게 맛있는 음식도 주고, 재워 주고, 같이 자고, 나와 같이 사는 사람들이고, 내가 아프면 치료해 주고, 같이 공부해 주고, 놀아 주고, 나를 씻겨 준다. 가족이 있으면 용기가 생기고, 가족은 나를 웃게 만들어 주고, 머리도 감겨 주고 빗겨 주기 때문이다."

- "우리 가족은 '소중한'이다. 아프면 엄마, 아빠가 쉬게 해 주고

동생은 감기 나으라고 웃겨 주고 빨리 자라고 한다.”

- “우리 가족은 ‘위로’이다. 왜냐하면 누가 다치면 가족이 위로를 해 주기 때문이다.”

- “우리 가족은 ‘배움’이다. 왜냐하면 지칠 때나, 울적할 때나, 마음이 무거울 때나, 불편할 때나 언제나 내 기분과 형 기분을 이해할 수 있고 배려하기 때문이다.”

- “우리 가족은 ‘고마운’이다. 왜냐하면 몇 년 동안 같이 살면서 고마운 느낌이 들기 때문이다. 할머니는 우리를 위해 밥, 빨래, 설거지를 다 해 주고 아빠는 돈을 벌어서 맛있는 것을 사주고 언니도 돈을 벌기 위해 직장을 다녀 주기 때문이다.”

- “우리 가족은 ‘고맙다’. 왜냐하면 항상 도와주고 많이 사랑을 해 주기 때문이다.”

- “나에게 가족이란 ‘꿈나무’이다. 왜냐하면 꿈나무처럼 아름답게 웃으면서 장도 보고 책도 읽고 밥도 웃으면서 먹어서 모든 것이 꿈나무이다.”

- “나에게 가족이란 ‘인내’이다. 엄마, 아빠, 할머니, 나, 할아버지 모두 힘드신데 인내하면서 열심히 일을 해서 용돈도 주고 맛있는 것도 사 주신다. 인내하며 일하면 재미있는 일이 일어나기 때문이다.”

- “가족은 ‘자기 돌봄’이다. 왜냐하면 우리 가족은 힘들어하는 것을 도와주기 때문이다.”

- “가족은 ‘고마운’이다. 왜냐하면 내가 슬플 때 위로해 주기 때문이다.”

- “가족은 ‘자석’이다. 왜냐하면 떨어져 있어도 언제나 붙어 있기

때문이다."

- "우리 가족 형을 생각하면 마음이 '후회스러운'이다. 왜냐하면 형이 게임을 할 때 짜증 나면 나를 때리기 때문이고 잠도 못 자게 하고 자꾸 때리기 때문이다."

- "나의 가족 엄마를 생각하면 '미안한'이다. 엄마는 우리에게 무엇을 주었는데 우리는 해 준 게 없기 때문이다."

- "가족은 '지친'이다. 왜냐하면 부모님 둘 다 일하는 분이기 때문이다."

- "나에게 가족은 '따뜻한'이다. 왜냐하면 가족이 나에게 따뜻한 말을 하면 큰 힘이 되고 용기와 희망이 있을 것 같기 때문이다."

- "나에게 가족은 '감사한'이다. 왜냐하면 나를 보호해 주고 힘들 때 도와주는 가족이기 때문이다."

NVC로 갈등 상황을 해결한 후 아이들의 반응

S가 찾은 느낌 카드

- 친구 O에 대해: 섭섭한, 슬픈("책상을 발로 차지 않았다고 했는데 찼다고 계속 이야기해서.")

- 활동을 하는 동안: 창피한, 부끄러운("다투지 않아도 될 걸 가지고 선생님과 이야기를 나누니 창피하고 부끄러웠다.")

- 활동이 끝난 후: 따뜻한, 고마운("O가 미안하다고 해 선생님께 고마웠고 마음이 따뜻했다.")

O가 미안하다는 말을 한 것은 교사의 강요에 의해서가 아니라 스스로 한 일이었다.

O가 찾은 느낌 카드

- S에 대해: 당혹스러운, 서먹한, 혼란스러운, 불편한, 놀란, 창피한, 슬픈, 서운한, 화나는, 조금 짜증 나는, 속상한, 난처한, 억울한("말로 해도 되는데 때려서.")
- 선생님과 이야기하려고 갈 때: 불안한, 긴장되는, 떨리는
- 선생님과 이야기를 한 후: 평화로운, 후회스러운("안 싸워도 되었는데.")
- 선생님께: 든든한, 감사한, 끌리는, 흥미로운, 가슴 뭉클한, 안심이 되는

S가 찾은 느낌 카드

- 감사한, 고마운("미안하다고 말해 준 게 고마웠다.")
- 가슴 뭉클한, 감동한("미안하다고 말해 준 게 감동이다.")
- 흐뭇한, 만족스러운("형하고 화해해서.")
- 후련하고, 통쾌한("화해해서.")
- 용기 나는, 기운이 나는("화해하고 관계 회복이 되니까.")

주제 '친구'를 가지고 이야기 나누기

- "친구는 내 소중한 '손과 발'이다. 왜냐하면 내가 뭘 하느라 손이 없을 때 나 대신 해 주기 때문이다."

- "친구는 '공'이다. 왜냐하면 심심할 때 놀아 주기 때문이다."
- "친구는 활기 '넘치는'이다. 왜냐하면 나랑 같이 놀아 주고 언제나 밝기 때문이다."
- "친구는 '소중한'이다. 왜냐하면 심심할 때 놀아 주고 배려해 주고, 양보해 주고, 아플 때 부축해 주기 때문이다."
- "친구는 '즐거움'이다. 왜냐하면 나와 같이 놀기 때문이다."
- "친구는 '행복한'이다. 왜냐하면 내가 친구들이랑 놀려고 물어 봤을 때 된다고 했기 때문이다."
- "친구는 '보석'이다. 왜냐하면 날 위해 배려해 주기 때문이다."
- "친구는 '즐거움'이다. 왜냐하면 늘 함께하기 때문이다."
- "친구는 '사랑'이다. 왜냐하면 늘 함께하기 때문이다."
- "친구 L은 무섭다. 소리 지르고 화를 잘 내서 무섭다."
- "친구는 '강아지'이다. 왜냐하면 나랑 같이 다니기 때문이다."
- "친구는 '재미'이다. 왜냐하면 나랑 잘 놀아 주고 다치면 같이 보건실도 가고, 개그맨처럼 웃기기 때문이다."
- "친구는 '바람'이다. 왜냐하면 내가 다른 곳을 바라보는 사이에 쌩하고 사라지기 때문이다."
- "친구는 '우정', '나눔'이다. 왜냐하면 친구는 우정이 많기 때문이다."
- "친구는 '행복'이다. 왜냐하면 매일 나를 웃게 하기 때문이다."
- "친구는 '친절한'이다. 왜냐하면 나에게 친절하기 때문이다."
- "친구는 '하늘'이다. 왜냐하면 친구랑 놀면 날아갈 것 같기 때문이다."
- "친구는 나의 '지킴이'이다. 왜냐하면 힘들 때는 나 대신해 주

고, 위험할 때는 보호해 주기 때문이다."
- "친구는 '바람'이다. 왜냐하면 심심할 때 날아가서 바람이다."
- "친구는 '즐거움'이다. 왜냐하면 언제나 도와주기 때문이다."
- "친구는 '우정'이다. 왜냐하면 나를 잘 도와주기 때문이다."

교사: 여러분의 이야기를 듣고 문장으로 만들어 볼게요. '친구는 나에게 소중합니다.' → **명료화하기**

주제 '고자질'을 가지고 이야기 나누기

- 고자질하는 사람의 느낌 찾기: 화난, 서운한, 열 받는, 속상한, 슬픈, 마음이 두 갈래인, 외로운, 섭섭한, 울적한
- 나를 고자질하는 친구를 볼 때 나의 느낌 찾기: 열 받는, 화난, 신경 쓰이는, 걱정스러운, 마음이 두 갈래인, 서운한, 섭섭한, 속상한
- 고자질하는 친구의 핵심 욕구: 도움, 지원, 자기 보호, 자기 돌봄, 몸과 마음의 안전
- 고자질하는 친구를 보는 나의 욕구: 자기 보호, 자기 돌봄, 몸과 마음의 안정

→ 명료화하기
- 고자질하거나 당하는 마음은 불편하고 힘들다.
- 고자질하는 것은 자기를 보호하기 위해 한다.

욕구(Need)

우리가 하는 모든 행동은 어떤 욕구를 충족하려는 시도이다. 욕구는 이념, 언어, 지역, 나이, 종교, 문화를 넘어서는 보편적인 것이다. 또한, 욕구는 삶 자체에서 나오는 에너지로, 우리 내면의 긍정적인 힘이다. 욕구는 사람이 살아가는 데 필요하고 중요하며 가치 있는 것으로, 삶에 생동감을 불어넣어 주는 에너지로 나타난다. 내면의 평화와 창조적이고 행복한 삶을 위한 필수적인 조건이다.

욕구는 인간 모두가 똑같이 갖고 있는 보편적인 것이어서 욕구 차원에서는 우리 모두가 연결되어 있음을 체험하게 된다. 그러나 그것을 충족하기 위한 수단과 방법은 사람이나 시간 혹은 속해 있는 문화권에 따라 다를 수 있다.

간접적으로 욕구를 표현하면 스스로 좌절할 수 있다. 그러나 더 직접적으로 느낌을 욕구와 연결하여 표현하면 다른 사람이 공감하면서 반응하기가 그만큼 더 쉬워진다.

시험 칠 때 필요한 욕구 이야기하기

- 발전
- 재미: "푸는 재미가 있다."
- 최선: "성장할 수 있다."
- 정직: "스스로 풀 수 있다."
- 도전
- 정성
- 깨달음: "다 맞지 않았을 때 확인하고 왜 틀렸는지 알아보면서

깨달음이 있다."

- 설렘: "아는 문제가 나오는지 모르는 문제가 나오는지 설레고, 100점 받을 수 있을까하는 설레는 마음이 생긴다."
- 축하, 뿌듯한: "내가 시험을 못 쳐도 다 풀고 나면 뿌듯하고 100점을 받으면 축하도 받아서 보람이 있다. 시험은 보람이 있다."
- 신중: "시험 칠 때 도움이 된다."
- 최선: "최선을 다해 시험을 치고 나면 홀가분하다."

시험을 치기 전에 시험 칠 때의 마음을 욕구로 알아보면 느낌과 자연스럽게 연결된다. 느낌과 욕구에 잠시 머무는 기회를 얻으면서 생동감 있는 에너지와 연결된다.

부탁(Request)

NVC에서 부탁이란 자신의 욕구를 의식한 다음 자신이 원하는 삶을 구현하기 위해서 구체적인 행동을 요청하는 것이다. 부탁은 크게 연결부탁과 행동부탁으로 나눌 수 있다.

연결부탁은 대화가 끊어지지 않고 유연하게 이어져 흐를 수 있도록 상대를 대화에 초대하는 방법이다. 상대를 동등하게 존중하면서 들으려는 의사가 전달된다.

행동부탁은 구체적이고 긍정적인 행동을 의문형으로 부탁하는 것이다. 우리의 의도가 강요가 아니라 부탁임을 확인하는 것이 중요하다. 진정한 부탁은 상대가 우리의 부탁을 들어주지 않을 때, 그것을 거절로 듣기보다는 상대가 돌보려 하는 욕구를 공감하며 모두의 욕구가 충족될 수 있는 방법을 계속 찾아보는 것이다.

_『비폭력 대화』중에서

- **행동부탁**
- "네 멋대로 하지 말라고!" → "나한테 지우개 가져가도 되는지 물어봐 줄래?"

- **연결부탁**
- "말도 없이 내 지우개를 가지고 가니까 마음이 불편해. 내 이야기 듣고 네 생각을 말해 줄래?"

부탁이 강요가 아니라는 가장 효율적인 방법은 교사가 학생의 'NO' 뒤의 욕구까지 찾아 주는 것이다.

교사: A야, 신청서 영어실에 갖다 줄 수 있니?
학생: 지금요?
교사: 지금은 친구들이랑 놀고 싶구나. → **학생의 욕구 알아주기**

말하는 사람의 느낌과 욕구를 표현하지 않는 부탁은 명령처럼 들릴 수 있으며, 부탁에 응하지 않았을 때 부탁한 사람이 비판이나 비난을 하면 강요이다.

_『비폭력 대화』중에서

2. 회복적 생활 교육

    회복적 생활 교육에서는 규칙을 어긴 것보다는 규칙을 어긴 일로 인해 관계성이 훼손된 것이 잘못이라고 본다. 훼손된 관계성을 회복하고 그 과정을 통해 공동체가 재통합되고 공동체성이 강화되어 가는 과정을 중시한다.

    회복적 생활 교육은 학교 내에 서로 존중하는 문화와 분위기를 형성하여 튼튼한 관계성과 공동체를 만들어 갈 것을 추구한다. 학교는 안전한 배움의 장이 될 수 있도록 정책을 세워야 한다. 그러나 진정한 안전은 서로 존중하는 관계를 만들어 갈 때 생긴다. 잘못된 행동은 단지 규범을 어기는 행위가 아니라 사람 사이의 관계를 깨뜨리는 행위이다.

    본인이 겪은 부당함을 바로잡으려다가 잘못된 행동을 하는 경우도 많다. 피해를 입은 사람들은 자신이 부당하게 대우받고 있다고 생각한다. 학생 생활 교육은 반드시 이런 인식을 바로잡을 수 있는 여지를 문제 해결 과정 속에 남겨 놓아야 한다.

    피해자에게 자신이 문제 해결에 직접 목소리를 낼 수 있도록 기회를 주어야 한다. 또한, 가족과 학생 공동체는 서로 격려함으로써 함께 문제를 인식하고, 근본적으로 필요를 충족하는 해결책을 찾아 나가야 한다.

문제 해결 과정이 경청과 성찰, 문제 해결 방식 공유, 신뢰와 책임 등을 통해 관계를 바르게 세우는 데 맞춰진다면, 갈등은 변화를 위한 좋은 기회가 될 것이다. 진정한 책임감은 자신이 한 행동이 다른 사람에게 미친 영향을 이해하는 것이다. 그 인식과 동시에 영향이 부정적이었을 경우에는 이를 바로잡으려고 노력하는 것이다.

무엇을 회복할 것인가

회복의 요소

회복적 정의가 회복하고자 하는 다섯 가지 주요한 요소인 피해의 회복, 자발적 책임의 회복, 관계의 회복, 공동체의 회복, 정의의 회복은 정의를 이루는 기초를 닦는 데 매우 중요한 초석이 된다.

어떤 사건에 대한 처벌이나 조치가 과연 이 다섯 가지 요소를 회복하는 쪽으로 기여하고 있는지 점검하는 것은 당사자와 공동체의 회복을 위해 매우 필요한 부분이다.

관점의 변화

정의 패러다임을 바꾼다는 것은 결국 던지는 질문이 달라진다는 것을 의미한다. 가해자와 가해 행위에 따른 유죄의 확정이 핵심 질문이 되는 것이 아니라, 피해자와 피해의 회복에 초점이 맞춰지는 질문이 우선적으로 다뤄져야 한다.

- **응보적 정의 질문**
- 누가 가해자인가
- 어떤 죄를 범했는가
- 어떻게 처벌할 것인가

- **회복적 정의의 질문**
- 누가 피해를 입었는가
- 어떤 피해가 발생했는가
- 발생한 피해를 회복하기 위해 무엇이 필요한가

_ 에듀니티 행복한 연수원, 〈회복적 생활교육〉 중에서

3. NVC 회복적 생활 교육 사례

고함을 질러요

아이들과 게임을 하고 있던 B가 울면서 온다.

학생(B): 선생님, H가 고함을 질러요.

H를 부른다.

교사: B가 눈물을 흘리며 고함을 지른다고 하네.
학생(H): 첫날부터 계속 손을 만지고 해서 싫었어요. 오늘도 손을
　　　　 만져서 고함을 질렀어요.
교사: 고함을 지른 이유는 만지지 말라는 뜻이었구나.
학생(H): 고함을 질러 미안해.
학생(B): 선생님 방법으로 대화를 해 볼게요.

교사가 먼저 아이들에게 들은 말로 비폭력 대화 4단계 문장을
제시한다. 교사가 제시하는 문장을 듣고 있던 B가 말한다.

학생(B): 일부러 그런 것이 아니고 원래 그래요.

교사: '원래 그렇다.'라는 말은 너도 모르게 습관적으로 하는 행동이라는 말이니?

학생(B): 예.

교사: 손만 잡았잖아. '내가 뭘 잘못했지?' 잘못하지 않았다는 생각도 있었니?

학생(B): 예.

교사: 손만 잡았을 뿐인데 H가 고함을 질러 억울했니? H가 화를 낼 줄 몰랐다는 말로도 들리는구나. H가 싫어할 것이라고는 생각지 못했구나. → **이해와 의미 공감**

학생(B): 예.

교사: 손을 잡을 때 싫으면 고함지르지 말고 '만지지 마.'라고 말로 해 주기를 바라니?

고개를 끄덕인다.

교사: 더 하고 싶은 말이 있니? H가 먼저 자기 마음을 말하는 활동을 해 보자. 선생님 대화 방법으로 해 볼게.

교사가 먼저 비폭력 대화 4단계를 말해 주고 아이들이 모두 허락하면 시작한다. 상처 주지 않으면서 솔직하게 세 번 말한다.

공감 대화로 만드는 행복 교실

관찰	"첫날부터 네가 내 손을 만져서
생각(판단)	싫었어.
느낌 찾아 주기	신경이 쓰이고 어색했어. 짜증 나고 화가 났어.
욕구	난 내 몸을 만지는 게 싫고, 게임하는 데 방해가 돼. (정서적 안정, 재미)
부탁	내 손을 만지지 말고 게임에 집중해 줘."

H는 세 번 말하는 활동 후 사과하라는 말도 하지 않았는데 자연스럽게 진심 어린 사과를 하였다.

학생(H): 고함지른 것은 미안해.
교사: 이번엔 B가 자기 마음을 말하는 활동을 해 보자. 선생님 대화 방법으로 해 볼게.

생각(판단)	"손만 잡았을 뿐 아무 잘못도 없는데
관찰	네가 고함을 질러
느낌 찾아 주기	억울했어.
욕구	나는 원래 옆 사람 손 만지는 습관이 있다는 것을 네가 알아 주면 좋겠고, 네가 싫다고 하지 않아 괜찮은 줄 알고 계속 습관적으로 했어.
부탁	내 행동 중에 싫은 행동이 있을 때는 싫다고 먼저 말을 해 줘."

❖ **NVC 대화로 회복된 생활 교육 요소**

- 영향을 받은 학생의 회복: B는 H가 고함지른 이유를 이해하는 과정을 통하여 억울했던 마음이 자연스럽게 회복된다.
- 자발적 책임 회복: H는 B에게 자기 마음을 먼저 표현하지 않고 고함을 지른 것에 대해 진심 어린 사과를 한다.
- 관계 회복: 교사의 강요가 아닌 자발적인 사과로 두 학생의 관계가 회복된다.
- 정의 회복: 영향을 준 H가 고함을 지른 것에 대해 한 사과는 교사의 강요에 의해서가 아닌 마음에서 우러나 자연스럽게 사과를 한 것이다. 자기 행동에 대한 자율적인 책임 의식을 가지는 모습을 보인 것이다.

　　회복적 정의는 '응분의 처벌'보다는 '가해자(영향을 준 학생)의 필요와 결과에 대한 책임'을 더 강조한다.

4. NVC에서의 공감

공감이란 다른 사람이 경험하는 것을 존중하는 마음으로 이해하는 것이다.

> 우리는 공감을 하기보다는 충고하거나 안심시키려 하고 자기 자신의 입장이나 느낌을 설명하려 하는 경우가 많다. 그러나 공감은 자신의 마음을 비우고 존재로 다른 사람에게 귀 기울이는 것이다.
>
> _ 마셜 B. 로젠버그

공감을 하는 데 가장 중요한 요소는 나의 의견이나 선입견을 내려놓고 존재로 들어 주려는 의도이다. 그 의도는 상대와 그의 말을 통해 흘러나오는 삶의 에너지와 연결하려는 것이다. 그것은 상대의 말 뒤에 있는 느낌을 욕구와 연결함으로써 가능하며, 이 에너지에는 치유의 힘이 있다.

상대가 무슨 말로 자신을 표현하든 공감하는 사람은 상대가 하는 말에서 그 사람이 무엇에 반응하고 있는지(관찰), 그 상황에서 무엇을 느끼고 있는지(느낌), 무엇을 진정으로 원하는지(욕구), 그리고 무슨 부탁을 하고 있는지(부탁)에 관심의 초점을 맞춘다. 이때 상대방 안에서 생동하는 것을 추측하면서 물어본다. 그것은 그 사람만이 자신의 느낌과 욕구를 확실하게 알기 때문이다.

우리의 추측이 정확하지 않다 해도 그 사람의 느낌과 욕구를 연결하는 것이 우리의 의도임이 전해지면서 상대가 자신의 느낌과 욕구를 더 깊이 찾아가는 데 도움이 된다.

상대가 고통의 책임이 우리에게 있다고 말할 때 그것은 나에 대한 이야기가 아니라 단지 그 사람이 자신의 아픔(충족되지 않는 욕구)을 자기가 아는 방법으로 표현하고 있는 것뿐이라는 것을 기억하는 것이 중요하다. 공감한다는 것은 상대의 말이나 행동, 생각에 동의하거나 수용한다는 뜻은 아니다.

공감으로 들어 줄 때는 해결 방법을 찾기 전에 상대방이 자신을 충분히 표현하고 이해받았다고 느낄 수 있도록 시간을 넉넉히 갖는 것이 중요하다. 상대가 충분히 공감을 받았을 때는 대개 안도의 한숨을 쉬거나 몸에서 긴장이 풀리는 것을 우리도 느낄 수 있다.

확실히 하기 위해서는 더 하고 싶은 말이 있느냐고 물어본다.

_『비폭력 대화』중에서

5. 그때그때 공감하기

　표현이 서툴거나 용기 내어 "선생님!" 하고 학생이 부를 때는 학생들에게 더 많은 마음을 내어 주는 것이 학생들에게 상호 의지의 욕구를 충족시킬 수 있다. 그때그때 공감하기 활동은 주로 아침 활동 시간, 쉬는 시간, 수업 활동 시간, 점심시간을 활용해야 하므로 교사는 잠시도 쉴 틈이 없다. 특히 쉬는 시간에 작은 갈등으로 "선생님" 하고 찾아오는 경우가 많다. 짧은 시간에 할 수 있는 활동이 아니라고 생각할 수도 있다. 교사가 비폭력 대화 이론을 이해하고, 기술을 익히고 지속적으로 연습하면 그때그때 공감이 가능하다. 그때그때 공감은 학생들에게 공부에 집중할 수 있는 마음을 선물로 줄 수도 있다.

개인 공감 활동

다양한 상황에서의 공감 활동

①
학생: 선생님, B가 고함을 질러요.

교사: B가 고함을 지를 때 넌 당황하고 놀랐니? 아니면 마음이 상하니? 네 기분, 마음을 알아주면서 친절하게 말해 주기를 바라니? 선생님이 B를 불러 이유를 물어볼까, 아니면 지금 네 마음만 알아주면 되겠니?

②

학생: 안 했는데요. 걸상을 살짝 잡았는데요.

교사: 넌 걸상을 살짝 잡았는데 C가 넘어졌다고 말하는구나. 일부러 다치게 할 생각은 없고 장난으로 했는데 친구가 우니 당황스럽니? 너도 속상하니? 네가 다치게 할 생각은 없고 재미있을 것 같아 했다는 걸 알아주기를 바라니?

③

학생: 안 때리고 밀었는데요.

교사: 넌 때리지 않고 밀었는데 친구가 울고 있어 당황스럽기도 하고 선생님께 야단 들을까 봐 걱정이 되니?

④

학생: 선생님, A, B, C, D가 자기들끼리만 놀아요.

교사: 서운하구나. 너도 같이 놀고 싶은데 같이 놀아 주지 않아 속상하니?

⑤

학생: 오늘 새벽에 체해서 토했어요.

교사: 몸이 아파서 공부를 잘 못할 수도 있다는 것을 말하고 싶니? 지금은 어떠니? 공부할 수 있겠니? 보건실 가고 싶으면 갔다 오렴?

⑥

학생(K): 선생님, H가 운동장에서요, 발로 차고 "죽을래?"라고 해요.

교사: K가 속상하구나. 마음이 상했구나. 집에 가지 않고 교실까지 올라온 걸 보니 너무 속상하구나. H가 너한테 친절하게 말해 주면 좋을 텐데. 선생님 도움이 필요할까? 지금 H를 불러 네 마음을 전할까?

학생(K): H, 집에 갔어요.

교사: H가 속상하게 한 것은 내일 이야기 해 볼까?

학생(K): 예.

교사: 아마 H도 네가 친절하게 말해 주길 바랄 것 같아. 내일 이야기 해 보자.

다음 날, K를 불러 대화를 하고 싶은지 물으니 마음이 풀렸다고 한다.

⑦

(수업 중)

학생: 선생님, 필통을 집에 두고 왔어요.

교사: 연필과 지우개가 필요하구나. 선생님께 부탁하려니 마음이 불편하지? 다음에는 선생님이 정리 통에 담아 둘게. 항

상 필요할 때 갖고 가.

⑧

(쉬는 시간)

학생: 선생님, 짝이 말도 없이 과자를 갖고 갔어요.

교사: 너도 먹고 싶은데 짜증 나고 속상하구나. 말을 하면 줄 수
도 있는데. 아쉽다. (짝도 함께 공감해 주기) 과자가 부족했네.
더 먹고 싶었구나. 짝한테 말을 하면 줄 수도 있는데. 짝에
게 선행을 베풀 기회를 줬더라면 하는 아쉬움이 있네. 다
음에 선생님께 말하거나 짝에게 물어보자.

⑨

(점심시간)

학생: 급식 먹기 싫어요.

교사: 많이 속상하고 화가 나네. 급식을 먹지 않으면 나중에 배
가 고플 거야. 네 마음이 원하는 대로 선택하렴. 선생님이
따로 급식을 받아 놓지 않을게.

⑩

학생(J): 왜 선생님은 K만 발표 시켜요.

교사: 발표가 너무 하고 싶었구나. 아니면 하고 싶었던 발표를 K
가 해 버려 아쉬웠구나. 많이 아쉬웠구나. 선생님과 친구
들, 엄마가 보는 앞에서 자랑스럽게 발표하고 싶었는데 많
이 아쉽구나.

학생(J): 내가 아는 거라 꼭 하고 싶었는데 K가 해 버렸어요.

교사: 그랬구나. J가 K만 시켰다고 하니 선생님이 억울한 마음이 들어요. 그래서 우리 반 모두 몇 번 발표했는지 볼게요. 모두 발표하기까지 합치니까 우리 반 친구들이 발표한 횟수는 94번입니다.

⑪

수업을 마치고 O가 종이학을 조용히 내민다.

교사: 선생님께 선물하는 거예요? 아주 잘 접었네. 고마워서 주는 거예요?

고개를 끄덕인다.

교사: 선생님이 궁금하구나, 고마운 마음이 언제 생겼는지.

학생(O): 공부할 때요.

교사: O가 발표 안 한다고 했을 때, "O는 잘할 수 있는데 안하니까 안타까워요. 수학 문제 풀 때 보니 바르게 잘 풀고, 동물 관찰 그림도 특징이 보이도록 그리고, 찰흙으로 만들 때도 진짜처럼 잘하는 O예요. O가 안하면 다른 친구가 기회를 얻으니 부끄러워 말아요."라고 말한 것이 고마웠니?

학생(O): 예.

교사: 많이 피곤해 보이더구나. 자고 나면 괜찮을 거고, 피곤하지 않으면 O는 아주 잘하는 걸 봤단다.

⑫

수업을 마치고 J가 와 선생님을 예쁘게 그린 그림을 준다.

학생(J): 선생님 고마워요.

교사: 고마워, 궁금하네.

학생(J): (흥분되고 떨리는 목소리로) 역할극 해 주셔서요. 신나고 고
　　　　마워요.

교사: 친구들이 많이 웃어 주고 선생님께 칭찬도 많이 들어 만족
　　　　스럽고 신나는구나.

학생(J): 예.

교사: 선생님도 깜짝 놀랐단다. 우리 반 모두를 즐겁게 해 줘서
　　　　고마워.

⑬

G가 쉬는 시간에 혼자 앉아 있다.

교사: 친구들하고 놀지 않고 혼자 있는 걸 보니 마음이 불편한
　　　　것 같은데.

학생(G): 괜찮아요.

교사: 이야기하고 싶을 때 말하렴.

3시간 수업을 하고, 아이가 앞으로 나온다.

교사: 우는 것 같았는데. 슬픈 일이 있니?

학생(G): 어릴 때 부모님과 같이 살았는데, 언제부터 아빠가 보이지 않았어요. 그때는 이해하지 못했어요. 그런데 지금 이해가 돼요.

그냥 가만히 듣고 있다. 잠깐 침묵한다.

교사: 선생님이 지금 네 마음을 말하고 싶은데 괜찮겠니?

고개를 끄덕인다.

교사: 그래서 눈물이 났구나. 마음이 슬프구나. 속상하기도 하구나. 지금 마음은 어떠니?
학생(G): 말을 하니 조금 괜찮아요.
교사: 조금 편안해졌다는 말로 들어도 되겠니? 눈물이 날 때는 울어도 괜찮아. 또 할 말이 있을까?

아이를 가만히 안아 주었다. 아이를 안심시키거나 위로하는 말은 공감으로 연결하는 데 방해가 되는 말이다. 그냥 들어 주기만 하면 된다. 그리 오랜 시간이 걸리지 않는다.

공감 받고 싶은 아이

B가 수업을 하는데 나와 조용히 말한다.

학생(B): 어제 학원에 갔다 오는데,

교사: (말을 자르면서) 학원 일은 부모님께 말하면 안 될까? 지금 수업하는데

학생(B): 아, 그래도요. 하고 싶어요.

교사: 공부를 할 수 없을 만큼 자꾸 생각난다는 말이구나. 해 보렴.

학생(B): 학원을 마치고 오는데 M이 있었어요. "놀자."라고 하기에 "싫다."라고 했거든요. 그런데 자꾸 하자고 해요. "싫다."라고 하는데도 자꾸 놀자고 했어요.

교사: 짜증 났구나.

학생(B): 무섭게 자꾸 놀자고 하면서 고함지르고 그러잖아요.

교사: 무섭게 말하고 고함 질러 마음이 많이 속상하고 불편했구나. 수업 중에 나와서 말할 정도면 화가 나는 마음이 자꾸 올라오는 것 같기도 하네. 네 의견을 존중해 주었으면 하는 마음이구나. → **공감하기**

학생(B): 예.

교사: 더 할 말이 있니?

학생(B): 아니요.

교사: 지금 마음은?

학생(B): 편해요.

교사: 선생님이 네 마음만 들어 줄까 아니면 M에게 네 마음을 전할까? 아니면 대화 모임을 할까?

학생(B): 들어 주기만 해도 좋아요.

교사: 학원에 있었던 일은 부모님과 상의하면 어떻겠니?

학생(B): 엄마가 바빠요.

음악 시간 리코더 연주

교사: 앞에 나와서 불 수 있는 사람 없을까요? 잘하지 못해도 되
　　니 용기 내어 할 수 있는 곳까지 해도 됩니다.

S가 불러 보고 싶다고 한다. 리코더를 불고 들어가더니 책상 위
에 엎드려 있다.

교사: S의 마음이 어떤지 찾아보세요.

- 놀란: "O도 잘하지 못하는데 O가 놀려서 놀랐다."
- 혼란스러운: "잘하지 못하는 상황에서 리코더를 부는데 많이
　틀렸다고 해 더 혼란스럽다."
- 실망한: "O랑 친하게 지냈는데 '많이 틀렸다.'라는 말을 해서 실
　망했다."
- 힘든: "O가 틀린 게 많다고 말해서 창피하고 힘들다."
- 속상한: "많이 틀렸다고 놀려서, 처음부터 잘할 수 없어도 용기
　내 겨우 하는데 놀려서 용기가 사라졌다. 그래서 속상하다."

교사: O도 하고 싶은 말이 있으면 하세요.
학생(O): 틀린 것을 고쳐서 더 잘하면 좋겠다는 생각이 올라와 그
　　런 말을 했다. 미안해, 말을 조심할게.

→ 우리 반 약속: 친구가 앞에서 **발표**를 할 때는 용기를 낸 친구에게 축하의 마음을 가지고 듣고 박수 친다.

우리 반 모든 약속은 우리 반에 있었던 일을 가지고 토의 또는 이야기 나누기를 하다가 정하는 것이므로 우리 반에서만 지키는 것이다. 다른 반이 다르게 한다고 해서 틀린 것은 아니다.

현장 체험 학습 날

차를 타려는데 B가 보이지 않는다.

학생: 선생님 B가요, 다른 반 아이들이랑 K 선생님과 이야기하면서 오는 것 봤어요.
다음날, 학년 초에 정한 우리 반 약속을 다시 이야기하면서 B가 우리 반에 없었던 그때의 마음을 느낌으로 말하는 활동을 했다.

→ 우리 반 약속: 학년 전체가 움직이거나 영어 시간, 과학 시간, 강당에 가는 날은 혼자 행동하지 말고 우리 반 친구들과 같이 있어야 한다.

학부모 참관 수업 날

교사: 모둠 4번 발표해 주세요.
학생(H): (큰소리로) 우리 모둠은 4번이 없잖아.

참관 수업에 오신 학부모님들은 '빵'하고 웃음이 터진다. 학부모의 웃음이 반갑다. 특별히 교실 분위기가 긴장되지는 않았지만 H의 말은 교실 분위기를 더 즐겁게 한다. 혹시라도 H가 부끄러워할까 염려가 되어 공감한다.

교사: H의 말 한마디에 학부모, 친구, 선생님 모두 웃음이 나는구나. 마음이 즐거워지네. 고맙다.

수업을 마치고 H가 말한다.

학생(H): 나는 진짜로 4번이 없어서 그랬는데 막 웃잖아요.
교사: 유머스럽고 행복했어요. 정말 즐거웠단다. 선생님은 그 말이 참 반갑더라.

제가 발표할 차례인데요

수업 중에 P가 나와 귓속말을 한다.

학생(P): 제가 발표할 차례인데 B가 먼저 답을 말하니까 제 마음이 불편해요.

교사: 지금 P 마음을 친구들한테 말하고 '우리 반 약속하기'를 하
면 좋겠는데. 네 생각은 어떠니?

학생(P): 좋아요.

P가 수업 중에 나와 선생님 귀에다 대고 속닥속닥해서 아이들은
그 내용이 궁금할 것이다. 아이들에게 P가 한 말을 그대로 들려준
다. 먼저, P와 B의 마음을 읽어 주고 '이야기 나누기'를 한다.

교사: P는 자기 차례이니 자기가 먼저 답을 말하고 싶은 마음을
B 친구가 알아주기를 바라는 것 같아요. P가 발표를 하고
나면 신나고 개운해야 하는데 속상한 것 같아요.

P가 보충의 말을 한다.

학생(P): B가 먼저 정답을 말해 버리니까 제가 정답을 말해도 찝
찝해요. 저도 정답을 알고 있었는데 B를 따라 하는 것
같아서 계속 신경이 쓰이고 속상해요.

교사: 찝찝하고 신경 쓰이고 속상하구나! B도 알고 있는 것을 말
하고 싶었던 것 같아요. P가 속상해할 것은 몰랐을 거예요.
우린 어리잖아요. B의 행동, P의 마음으로 선생님도 배움이
있습니다. 선생님은 B, P의 마음이 다 이해가 됩니다. 여러
분도 같이 공부하는 친구이니 B, P의 마음이 이해가 될까
요? → **반영하고 B 공감해 주기**

학생들: 내 차례인데 친구가 답하면 열 받아요. 정답을 알고 있으면 먼저 말하고 싶어요. 참는 거예요.

→ **우리 반 약속: 자기 차례가 될 때 발표를 한다. 친구 차례일 때는 정답을 알아도 기다린다.**

수업 중 '모둠 공감 활동'하기

모둠 협동 게임 활동을 하다가 S가 친구들이 하는 활동에 제동을 건다.

학생(D): 선생님, S가 내가 답을 말했는데 같은 대답을 했다면서 계속 아니라고 해요.

Y가 D 말이 맞다고 하니, S가 큰 소리로 "아니야."라고 화를 낸다. 아이들이 일제히 S를 본다. 얼굴빛이 달라진다. 순간 모둠 아이들이 긴장한다. 학급 전체 아이들도 긴장한다.

교사: 지금 마음이 어떠니?
모둠 아이들이 돌아가며 말한다.
학생들: 놀라고 당황스러웠다, 무서웠다, 불편했다.
교사: S야, 모둠 친구들이 놀라고 당황스럽고 무섭고 불편하다고 하네. 수업 중이니 공부는 해야 하고, 화가 내려갈 때까지 (모둠 아이들을 보며) 너희들이 자리를 옮기는 게 어떻겠니?

S는 온 몸에 힘을 주고 있다. 아이들을 노려본다. 책상을 옮기려 하니 자기 카드 달라고 한다.

교사: (모둠을 재정비하고) S, 속상한 일 있으면 말해 주세요.

아무 말 하지 않고 책상 위에 엎드린다.

교사: S가 너무 속상한 것 같아. 세 친구도 속상하죠. 지금 네 사람 마음이 다 불편하고 속상한 것 같구나. 세 사람이 하고 있다가 S가 한다고 하면 같이 하세요.

S는 벽 쪽으로 책상을 더 민다. 학급 전체 아이들이 수업 중 활동을 하다가 S의 고함소리와 책상을 재정비하는 과정, S가 책상에 엎드려 있다가 다시 책상을 벽 쪽으로 소리를 내며 미는 장면을 다 보았다. 정리 활동 시간에 느낌이 어땠는지 물어본다. 학급 공동체가 긴장되는 학습 분위기가 있었기 때문에 다른 모둠 아이들의 마음도 들어 본다.

- "K가 울어서 불편했는데 S도 화를 내니 짜증이 났습니다."
- "S 집에도 놀러 가고 했는데 마음이 무거웠습니다."
- "조마조마했습니다."
- "떨렸습니다."
- "불편했습니다."
- "무서웠습니다"

공감 대화로 만드는 행복 교실

교사: S도 할 말이 있으면 해 주세요. 선생님은 S 마음도 소중해요.

학생(S): 친구들 말을 들으니 모둠 친구들에게 미안합니다.

교사: 더 하고 싶은 말이 있니?

| 제 2 장 |

NVC 모델 활용한
갈등 해결 사례

1. NVC 모델

대화의 두 가지 측면	
비난하거나 비판하지 않으면서 나 자신을 솔직하게 표현할 때	상대방의 말을 비난이나, 비판이 아닌 공감적으로 들을 때
관찰	
나의 느낌을 일으키는 상황을 있는 그대로 관찰하기 "내가 ~을 했/보았/들었을 때"	상대의 느낌을 일으키는 상황을 있는 그대로 관찰하기 "당신이 ~을 했/보았/들었을 때"
	(생략할 수 있음.)
느낌	
관찰에 대한 나의 느낌 "나는 ~게 느낀다."	관찰에 대한 상대의 느낌 "당신은 ~게 느끼십니까?"
욕구/필요	
나의 느낌 뒤에 있는 욕구/필요 "나는 ~이 필요/원/중요하기 때문에"	상대의 느낌 뒤에 있는 욕구/필요 "당신은 ~이 필요/원/중요하기 때문에"
부탁/요청	
내가 부탁/요청하는 구체적인 행동 - 연결부탁: "내가 이렇게 말할 때 너는 　어떻게 생각하/느끼니?" - 행동부탁: "~게 해 주시겠어요?"	상대가 부탁/요청하는 구체적인 행동 "당신은 내가 ~하기 바라십니까?"
(생략할 수 있음.)	(생략할 수 있음.)

2. 비폭력 대화에 기반을 둔 갈등 중재 매뉴얼 단계와 내용

소개 및 부탁	1) "나는 여러분의 이야기를 모두 들어 줄 겁니다." 2) "한 사람씩 이야기를 해 주십시오. 다른 사람이 이야기할 때 끼어들지 말고 기다려 주십시오. 그럼 시작하겠습니다." 3) (두 사람을 보고) 누가 먼저 말할래요?" 4) "(A가 말을 하겠다고 하면 B를 보고) A가 먼저 말해도 괜찮겠니?" 5) "(B가 "예."라고 하면) B야, 고마워."
사건 정리	1) "(A를 보면서) A야, 무슨 일이 있었니?" 2) A의 이야기를 다 듣고 난 후 공감 표현. 3) "(B를 보면서) B야, 무슨 일이 있었니?" 4) B의 이야기를 다 듣고 난 후 공감 표현.
기분 알아주기	1) "(A를 보면서) A야, 그때 어떤 느낌이었어?" 2) A는 그로그 카드를 통해 느낌을 이야기하고, A에 공감 표현. 3) "(B를 보면서) B야, 그때 어떤 느낌이었어?" 4) B는 그로그 카드를 통해 느낌을 이야기하고, B에 공감 표현
원하는 것 표현	1) "(A를 보면서) A야, B가 무엇을 알아주기를 바라며, 무엇을 해 주기를 바라니?" 2) 이 부탁은 긍정적, 구체적, 실행 가능한 것으로 한다. 3) "(B를 보면서) B야, A가 무엇을 알아주기를 바라며, 무엇을 해 주기를 바라니?" 4) 이 부탁도 긍정적, 구체적, 실행 가능한 것으로 한다.
해결 방법 제안	1) "(A를 보면서) A야, 너와 B 모두 만족시킬 아이디어가 있니? 너는 무엇을 할 수 있니?" → "A야, 좋은 제안 고마워." 2) "(B를 보면서) B야, 너와 A 모두 만족시킬 아이디어가 있니? 너는 무엇을 할 수 있니?" → "B야, 좋은 제안 고마워."
합의	1) "(A를 보면서) A야, 지금 두 사람이 합의한 것에 만족하니?" 2) (A가 아니라고 하면) "다른 아이디어가 있으면 말해 줄래?" 3) (A가 '응'이라고 하면 B에게 질문) "B야, 지금 두 사람이 합의한 것에 만족하니?" 4) 두 사람 모두 만족하면 마친다.

3. 갈등 해결 사례들

게임

①
복도를 지나고 있는데 D가 말한다.

학생(D): 선생님, 놀이하다가 무서워 그만두었어요.
교사: 궁금한데, 무슨 놀이인지?
학생(D): 오락 게임에 나오는 놀이를 S, R이랑 했어요.
교사: 게임을 하면서 너무 재미있었나 보구나.
학생(D): 그 게임이 재미있어요.
교사: 게임이 재미있어 친구들이랑 해 보고 싶었구나.
학생(D): 하면 재미있을 것 같았어요.
교사: 학교에서 그 게임을 했는데 하다 보니 무서운 마음이 들었
구나. 카드를 가져와 보겠니? 마음 순서대로 놓아 보렴.

'재미있는, 호기심 있는, 놀란, 무서운' 카드를 놓는다.

교사: '이 게임 정말 재미있네. 친구들이랑 같이 하면 재미있겠

다. 정말 재미있을까?'라는 호기심이 생겨서 했다는 말이
구나. 그런데 하다 보니 무서운 마음이 생기는 걸 알고 놀
랐다는 말로 들리는구나. → **반영하기**

학생(D): 예, 마음이 긴장되고 무서웠어요.

교사: 몸은 어땠나요?

학생(D): 마음이 아프면서, 몸은 불편했어요.

교사: 마음이 아프고, 몸이 불편해지니 오락 게임 놀이를 멈추었
구나.

학생(D): (밝은 목소리로) 예.

교사: 그런 마음을 선생님께 말하고 싶었구나. 선생님이 안심되
고 고맙다.

느낌이 중요한 이유가 이 사례에 있다. 다양한 감정 상태를 분명
하고 명확하게 표현하는 힘을 길러 아이들의 감정이 풍부해지면,
폭력적인 행동을 시작하는 과정에서 자신의 행동을 멈출 수 있다.

'아이들이 책을 만지면서 글을 읽는 시대는 지났나?'라고 생각할
정도로 여기저기에서 휴대 전화를 들고 게임을 하는 모습은 쉽게
볼 수 있다. 손에 잡힌 휴대 전화로 쉽게 게임 및 자극적인 동영상
을 접할 수 있는 환경에 있는 아이들의 교육을 학부모, 학교, 사회
전체가 함께 고민해야 할 것이다.

②

점심시간에 아이들이 한꺼번에 들어오면서 M이 이상하다고 한
다. H가 메모한 종이를 보여 준다.

'처음에는 칼을 들고 있는 사람이 보인다. 어떤 새가 나왔다. 우리가 늑대로 보인다. 영상이 보인다. 이젠 우리가 지렁이로 보인다고 한다.'

M과 방과 후에 대화 시간을 가질 것을 약속하고, 많이 아프다고 하는 K를 보건실에 데려다주고 교실에 왔다. 교실에서 아이들이 웅성거리고 있다. 교실에서 무슨 일이 일어났는지 말해 달라고 하니 B가 손을 든다. 아이들이 M에게 "나는 뭐로 보여?"라고 묻는다고 한다. 아이들은 재미로 했다고 한다.

> 교사: M이 평소에는 아름답고 고운 말을 하는데 오늘 다른 말을 해서 선생님은 걱정 된단다. 선생님과 대화를 하고 무슨 일인지 M 이야기를 듣고 도움을 주고 싶구나. 기다려 주면 좋겠어.

방과 후 M과 대화를 한다.

> 교사: M, 친구들에게 말해 주어 고마워.

M이 말하지 않았더라면 도움을 줄 수 없었을 일이다.

> 교사: 친구들이 놀란 것 같아요. 궁금하기도 하고 그래서 "나는 뭘로 보여?"라고 친구들이 말하는 것 같아요. 선생님이 몇 가지 물으면서 M의 마음을 알아 가고 싶어요. 혹시 M은

오락 게임 매일 하니?

학생(M): 하루에 한 시간 해요.

교사: 매일 한 시간 하는구나.

학생(M): 예.

교사: 매일 하니 오락 장면이 똑똑하게 기억이 날 것 같아요.

학생(M): 예.

교사: 책 읽을 때와는 다르게 똑똑히 그 장면이 떠오르죠. 선생님이 M, 오락할 때의 마음을 말해 볼게요. 아닐 땐 아니라고 해 주세요. '(추측하여) 나는 컴퓨터, 스마트폰, 오락을 하면 재미있고 즐겁다. 죽이는 장면이 나오면 깜짝 놀라기도 한다. 몸이 오그라들면서 무섭다. 매일 나는 무섭고 답답하고 그러면서 재미있고 즐겁다. 그 장면들이 가끔 생각이 날 때는 무섭기도 하고 재미있기도 하고 혼란스럽기도 하다. 오늘 급식 먹기 전 생각이 나니, 슬퍼지면서 눈물이 났다. 오늘 급식을 먹고 도서관에서 책을 보는데 또 그 오락 영상들이 떠올랐다."

학생(M): 예.

교사: 최근에 한 오락 중에서 생각나는 것이 있니?

학생(M): 'T' 게임을 했어요.

교사: 많이 무섭고, 잔인한 생각이 드는 게임인가 보구나.

학생(M): 예, 자꾸 생각나요.

교사: 수업 중에도 생각나니?

학생(M): 생각나요.

교사: 도서관에서 친구들에게 말한 것도 그 오락이 갑자기 생각이 나고 그 장면까지 선명하게 보여서 그랬구나. 그래서 친구들에 "칼을 들고 있는 사람이 보인다.", "어떤 새가 나왔다.", "너희들이 늑대로 보여.", "영상이 보여.", "너희들이 지렁이로 보여."라고 했구나. 어떻게 하면 좋겠니?

그러자 스스로 해결 방안을 제시한다.

학생(M): 스마트폰 오락을 지울게요.
교사: 그렇게 해 볼래? 선생님이 M을 도와주라고 엄마한테 전화로 말씀드려도 될까?
학생(M): (눈물을 글썽이며) 예.

학부모께 이 사실을 알릴 때는 M 마음을 충분히 전달한다. '선생님께 말을 해 준 점이 무척 고맙다.', 'M이 엄마에게 편안하게 다 이야기할 수 있도록 어떤 말을 해도 수용해 줄 것을 부탁드린다.', 더불어 M과 대화를 해 보고 선생님의 도움이 필요하면 꼭 연락을 할 것도 부탁한다.

공감 대화로 만드는 행복 교실

이혼

①
C 얼굴을 보니 아파 보인다. 평소 모습과 다르다.

교사: D, 어디 아프니?

눈에 눈물이 고인다. 친구들이 있는 책걸상 주변에서 조금 큰 소리로 말한다.

학생: 아빠, 엄마가 이혼을 했어요.

얼른 그 말을 주워 담는다.

교사: 아무 말 하지 말고 선생님께 와서 말하자.

D가 기운 없이 걸어 나온다.

교사: 부모님께서 속상하셔서 "이혼할 거야."라고 말한 것 아니니?
학생: (고개를 저으며) 오늘 이혼한다고 했어요.

자극되는 말은 '이혼'이다. D를 걸상에 앉히고 지금 마음을 느낌 카드에서 갖고 오라고 한다. '힘든' 카드를 가지고 온다.

교사: 엄마, 아빠가 이혼을 해 D 마음이 힘들구나.

학생: (끄덕끄덕)

교사: 그 일로 계속 힘들어 공부에 집중을 못 했구나. 화가 나서 물건을 던지고 한 행동도 D가 속상한 일이 있어 그랬는데, 몰랐구나. 수업 중에도 공부하지 않고 앉아 있던 이유도 마음이 힘들어서 그랬구나. 그동안 많이 힘들고 속상했구나.

C의 작은 손을 두 손으로 잡는다.

교사: C는 아빠 엄마가 행복하기를 바라는데 이혼을 해 마음이 힘들고 속상하구나. 슬프구나. C는 아빠 엄마랑 같이 있어야 행복한데, 부모님이 이혼을 해 속상하구나. 힘들고 슬프구나. **→ 공감하기**

얼마간 시간을 둔다.

교사: 선생님이 아빠 엄마라면 지금 이런 말을 하고 싶을지도 모르겠구나. 'C, 아빠와 엄마가 이혼을 해 따로 살아도 C를 사랑하는 마음은 변하지 않는단다. 아빠는 C가 항상 행복하기를 원해. 아빠는 C를 아주 많이 사랑해. 학교에서 친구들과 놀면서 공부하면서 행복하길 기도할 거야.'

이 말을 반복해서 해 준다. 다 들은 C에게 묻는다.

교사: 지금 마음은 어떠니?

학생: (입가에 살짝 미소를 보이며) 괜찮아요.

교사: 지금 몸은 어떠니?

학생: 머리도 아프고 배도 아파요.

보건실에 누워 있는 C는 급식도 할 수 없다고 하여 부모님께 연락을 했고, C가 예전에는 친구와 잘 어울렸는데, 최근엔 짜증도 많이 내고 친구들에게 화도 많이 냈다는 것을 알린다. C의 지금 상황만 학부모님께 알린다. 학부모님도 힘들고 많이 속상할 것이기 때문이다.

②

Y 선생님께서 여학생 R을 데리고 온다. 친구가 놀려 R이 교실에서 펑펑 울었다고 한다. 어제도 평소와 다르게 울었다고 한다. 아주 모범적이고 밝은 아이인데, 어제와 오늘 많이 운다고 걱정을 하신다.

교사: 옆 반에 오니 긴장되고 당황스럽지.

학생: 예.

교사: 담임 선생님께서 옆에 있으면 좋겠어?

학생: 예.

교사: 초콜릿 하나 먹고 할까? 천천히 이야기할게. 선생님께서 밝은 R이 친구 때문에 많이 운다고 걱정하세요. 편안하게 앉아서 이야기해 볼까? 편안하게 호흡할까? 세 번 더 호흡하

자. → 낯선 교실에 온 느낌 찾아 주기

교사: 이 카드를 보면서 지금 R의 마음을 찾아 주세요. → **지금 감정 찾기**

'쓸쓸한, 외로운, 슬픈, 서글픈, 속상한, 마음이 아픈, 우울한, 울적한, 괴로운' 카드를 고른다. 두 손을 잡는다.

교사: R, 지금 쓸쓸하고 외롭구나. R, 지금 슬프고 서글프구나, R, 지금 마음이 아프구나, R, 지금 우울하고 울적하구나, R, 지금 괴롭구나. → **지금 마음 반영하기** 지금 왜 이런 마음인지 이야기해 줄 수 있겠니?

학생: 엄마, 아빠가 이혼할 것 같아요. 아빠가 일억 원이라는 돈 때문에 엄마랑 싸워요. 아이들이 놀릴까 봐. → **지금 상황 알기**

다시 고개를 숙이며 흐느낀다. 잠시 멈춘다. 울음을 그칠 때 다시 한다.

교사: 지금 몸의 어느 부분이 아파?

왼쪽 가슴 위를 가리킨다.

교사: R, 여기가 아프구나. → **아픈 곳 찾기** R은 아빠 엄마가 싸우지 않고 문제를 잘 해결하기를 바라는구나. 예전처럼 집이 평화롭기를 바라는구나. 가족이 행복하기를 바라는구나.

친구들과 계속 잘 지내기를 바라는구나. → **욕구 찾아 주기**

세 번 들려준다. R은 고개를 끄덕인다.

교사: 아빠는 힘들고 괴로우실 것 같아요, 엄마도 힘들고 괴로울 것 같아요. 부모님 두 분 모두 힘들고 슬퍼요. 두 분이 싸우는 것도 해결을 잘해 보려고 하는데 잘 안 되어서 속상해서 싸울 거예요. → **부모님 마음 추측해서 찾아 주기**

잠시 멈춘다.

교사: R은 가족이 행복하기를 바라고 부모님이 싸우지 않기를 바라면서 가슴이 아프고 눈물이 날 정도로 슬프고 걱정을 하는 것은 R도 부모님을 도와드리고 싶은 마음이 있는 것 같아요. 부모님을 돕고 싶은데 도울 수 없어 더 슬플 것 같아요. → **추측하며 공감하기**

눈물을 그치고 쳐다본다. 추측하며 계속 아이의 마음을 알아준다.

교사: R은 가족을 위하는 마음이 있구나. R은 부모님을 생각하는 마음이 많구나. R은 효녀구나.

세 번 들려준다. 잠시 멈춘다.

교사: 부모님이 문제를 잘 해결할 수 있도록 R이 할 수 있는 일이 있을까?

담임 선생님이 듣고 있다가 오늘 수학 100점 받았다고 말한다.

교사: 수학 100점 받았구나. R, 대단하구나. 부모님도 힘이 나겠구나. → **반영하기** 부모님께 부탁하는 말을 해 볼까? 선생님이 도와줘도 될까?

학생: (선생님이 말하는 대로 반복하여 말한다.) 아빠, 엄마, 평화롭게 해결하면 좋겠어요. 아빠, 엄마가 싸우니 저도 힘들고 슬퍼요. 조마조마해요.

교사: 내일 또 여기가 아프면 선생님과 이야기를 하면 좋겠어요. → **부탁하기**

활동 후 R이 찾은 마음 느낌은 다음과 같다. 용기나는, 기운이 나는, 홀가분한, 편안한, 긴장이 풀리는, 평화로운, 평온한, 안심이 되는, 마음이 놓이는, 감사한, 고마운, 따뜻한, 푸근한.

청소

아이들이 B를 부른다.

학생들: 선생님, B가 청소하지 않고 갔어요.

그 말을 듣고 B 자리를 보니 작은 종잇조각이 널려 있다.

학생(S): 어제도 청소 안 하고 도망을 치더니.
학생(G): B가 자꾸 그래요. 또 그러면 어떻게 할 거예요?

자기 자리 정리 정돈과 청소하는 것을 스스로 하면 제일 좋은데 하지 않고 가는 친구들이 있어 차례대로 봉사반장 역할을 하면서 봉사반장이 친구들 자리가 어떤지 확인하는 활동을 한다. 자기 자리 청소를 하지 않고 가거나 지저분한 친구 자리를 마무리해 주는 활동을 하고 있다. 몇몇 아이들이 그냥 간다고 다들 속상해 한다.

교사: 오늘 이야기는 메모지에 적어서 칠판에 적어 붙이고 서로 읽어 봅니다. 주제는 '청소'입니다.

이야기 주제	청소
적는 방법	감사의 말, 긍정적인 말이 들어가도록 한다.
내가 봉사반장 할 때 고마웠던 자리, 불편했던 자리 생각해 보고 그 친구에게 느낌말과 욕구 낱말로 표현하도록 합니다. - 예시: "내가 봉사반장을 할 때 ( )의 자리를 보고 나는 편안하고(느낌말) 행복(욕구 낱말)했어. 왜냐하면 네 자리가 ( ) 했기 때문이야."	

- "S와 P가 당번일 때 P가 협조를 해 줘 고마웠다."
- "D 자리를 보면 힘들겠다는 생각이 든다. 준비물도 많고 정리도 잘한다. D가 계속 청소를 잘해 주면 좋겠다."
- "M, 저번에 내가 봉사반장일 때 책상 위에 지우개 가루나 그런 것이 있었지만 지금은 잘해 줘서 고마워."
- "H야, 네가 청소를 잘하고 가서 고마워."
- "R, 나 O인데 네가 자리 청소를 너무 잘하는 것 같아서 칭찬해. 너무 고마워."
- "내가 봉사반장을 할 때 기뻤어. J의 자리가 깨끗했기 때문이야."
- "U와 할 때는 U가 친절하게 해 준 것이 고맙다. J와 할 때는'우린 이건 같이 치우자.'라고 해서 감동 받은 적이 있다."
- "얘들아, 우리 자리 청소는 기본, 열심히 하자. 청소 안 하고 튀지 마. 오늘 내가 봉사 당번이니 볼 거야."
- "H야, 네가 항상 먼저 깨끗하게 청소를 하고 내가 다시 말하지 않게 협조해 줘서 고마워. 그래서 더 우정이 커지는 것 같아. 앞으로도 그렇게 해 줘."
- "O와 T, D가 정리 정돈을 잘해 줘서 고맙다."
- "U가 맨날 쓰레기를 늦게 청소해서 U에게는 빠름이 필요하겠다."
- "G, 청소를 잘했으면 좋겠어. 깨달음이 있었으면 좋겠어."
- "B, 네가 하교 전 수업 때는 열심히 하고 있다는 거 알아. 그런 점은 칭찬해. 그런데 부탁이 있어. 네가 청소를 안 하고 튀는 것만은 낙담한다. 다음 날 청소해 달라고 하면 '나 잘 치웠는

데.'라고 하거나 그냥 무시할 때 낙담한다. 불을 지르는 기분이 었지만 난 참았어. 자제를 좀 해 줘."

- "난 S 책상을 보면 행복함이 날아간다. 자리가 더럽기 때문이 다. 의자도 비뚤어져 있고 책상 바닥이 더럽고 책이 바닥에 떨 어져 있다. S는 협력이 필요한 것 같다."

- "내가 봉사 당번할 때 잘했던 친구는 O이다. 왜냐하면 책상 줄 이 맞지 않으면 똑바로 맞췄고, 그러면 자리가 깨끗해졌다. 지 금도 잘해 주면 행복할 것 같다."

- "B가 자리 청소도 안 하고 가서 속상하고 짜증이 났다. 내가 당번 할 때 B가 가장 불편하다."

- "내가 봉사반장이었을 때 N, O가 고마웠다. 정말 자리가 깨끗 해서 친구들이 성실하고 배려가 깊다는 것을 알았다. 하지만 B 때문에 조금 화가 났다. 정리를 안 하고 갔기 때문이다. 또 나를 무시하는 것 같아서 섭섭했다. 나는 B가 가장 부담스럽 고 짜증 난다. 나와 D가 당번인 적도 있고, O와 당번인 적도 있었는데 둘 다 나에게 친절하게 대해 주고 편안하게 해 줘서 고마웠다."

- "U, B, S가 책상 밑이 더럽다. 깨끗하게 해 주면 좋겠다."

- "내가 봉사반장을 할 때 짜증 났다. 왜냐하면 S가 청소를 하지 않고 도망을 갔기 때문이다."

- "자기 자리 정리 정돈 청소를 안 하고 가는 친구들에게 섭섭하 고 속상하다. 그래서 나는 청소를 안 하는 친구들의 협조가 필요하다고 생각한다."

- "내가 정리 정돈 봉사반장을 할 때 G가 검사도 안 받고 그냥

복도에서 '어, 싫어.'라고 말할 때 속상하고 힘들었어. 그러니까 이제부터 청소하자."

- "B는 사물함과 책상 서랍을 조금만 더 청소했으면 좋겠다. G 는 제일 더러운 서랍 안을 정리해 주면 좋겠다. 남자 중에서 M 이, 여자 중에서는 O와 G가 자기 자리 청소 정리정돈 잘하는 친구들이라 고마웠다."

- "봉사반장을 했을 때, M이 우유 통을 가져오고 갖다 놓아 주어 정말 고마웠다. 봉사반장 할 때 짜증나고 힘들었다. 왜냐하면 B의 자리가 아주 더러웠기 때문이다."

- "나 O인데 B가 가끔 자리 청소, 서랍 청소가 안 될 때가 있어. 네가 잘 청소할 땐 내가 기분이 좋았어. 이제부턴 청소를 더 열심히 치워 주면 좋겠어."

- "B, 네가 매일 하교를 할 때 자기 자리 청소도 안 하고 가서 좀 속상해. 그래서 하교할 때는 자기 자리 청소를 좀 해 줬으면 좋겠어."

- "B, 네가 항상 청소를 하지 않고 가서 우리 반 애들이 힘들어. 그래서 너는 협력이 필요해. 오늘부터 꼭 청소하고 가면 정말 좋겠어."

- "내가 봉사반장할 때 R보고 '사물함 좀 치워 줘.'라고 말했는데 자기 친구 왔다고 몰래 갔다. 그리고 G가 사물함과 책상 청소를 하고 가라고 했는데 '나 싫다고.'라고 했다. 우유 갖다 놓을 때 그냥 갔다. 나는 G가 가장 불편하다. 왜냐하면 그땐 책상 위에 물감이 있었다. 그리고 마지막으로 나는 나랑 같은 봉사반장인 J가, 내가 선생님이랑 이야기하고 있을 때 우유만 가져

다 두고 정리도 안 하고 그냥 간 게 당황스럽고 속상하다."

- "U가 B를 찾으러 다녔다. B는 이틀이나 청소를 안 해서 다음부터는 청소를 하면 좋겠다. 그리고 B는 친구들을 배려하면 좋겠다. B가 청소를 안 해서 짜증이 났다."
- "내가 봉사 활동할 때 S 자리에 지우개 가루와 유성 펜이 책상위에 묻어 있어서 힘들었다. S는 책임감이 있으면 좋겠다. 내가 봉사 활동을 할 때 U가 말을 잘 들어 주었다. U가 나를 존중하는 것 같다. 내가 청소를 안 하고 갔을 땐 방과후가 늦을까봐 그랬어. 지금 생각하니 미안한 생각이 들어. 미안해."
- "청소를 잘하는 친구를 보면 뿌듯하다. 상쾌한 마음이 든다."

→ **우리 반 약속: 자기 자리의 쓰레기를 치우고 정리하는 것은 자기 자신과 친구를 존중하는 것이다.**

우는 C

C가 그린 작품이 찢어졌다고 한다.

교사: 괜찮아 C야, 붙여서 내면 돼.

C가 들어가 운다.

교사: 왜 울지. C야, 무슨 일 있어? 그냥 붙여서 내면 되는데."
학생(C): H가 그랬어요.
교사: H가 그랬니?
학생(H): (당당하게) 아니요.
교사: (C를 보며) H는 아니라고 하는데?
학생(C): H가 분명히 했어요.
교사: 수업 마치고 대화 모임하자.

수업이 끝나고 아이들을 앉힌다.

교사: 선생님은 여러분의 이야기를 모두 들어 줄 겁니다. 한 사람
씩 이야기를 해 주세요. 다른 사람이 이야기할 때 끼어들
지 말고 기다려 주세요. 그럼 시작하겠습니다. → **소개 및 부
탁하기**(두 사람을 보고) 누가 먼저 말할래요?

가만히 있다.

교사: C야, H가 왜 작품을 찢었는지 먼저 들어 보자. 다 듣고 C
　　　말을 들을게. H가 먼저 말해도 괜찮겠니?

학생(C): 예.

교사: 고마워.

두 학생에게 들은 말을 정리하여 들려주고 NVC를 부탁한다.

교사: C와 H의 말이 같지 않아요. 두 사람 중 한 사람이 거짓말
　　　을 해요. 선생님은 사실을 아는 것이 중요해요. 그래야 억
　　　울함이 없도록 도와줄 수 있어요.

H도 화가 나 있다. 찢지 않았다고 하는 표정이 예사롭지 않다.
느낌 카드를 보고 이야기를 나눈다. H가 찾은 느낌은 '신경 쓰이
는, 꺼림칙한, 당혹스러운, 어리둥절한'이었다.

교사: 왜 '신경 쓰이는, 꺼림칙한, 당혹스러운, 어리둥절한' 느낌이
　　　었는지 이유를 말해 주면 좋겠어요.

학생(H): 청소를 하려고 보니 그림이 떨어져 있었어요. 신경이 쓰
　　　였어요. 그래서 잡아당기니 찢어졌어요. 그림이 찢어져
　　　당황했어요.

교사: 청소를 하려고 바닥을 보니 바닥에 C 그림이 떨어져 있었
　　　다. 신경이 쓰여 그림을 잡아당기니까 찢어져 당황했다. →
　　　H의 말 관찰로 명료화하기

교사: 찢어진 그림을 보고 어떤 느낌이었나요?

H는 '마음이 두 갈래인, 불안한, 거북한, 불편한' 카드를 고른다.

교사: '마음이 두 갈래인'을 찾았는데 이유를 말해 줄래요?

학생(H): 입장 바꿔 생각하니 C가 속상하고 화났을 것 같아요. 거북한, 불편한, 불안한 이유는요, C가 순하긴 해도 나한테 화내고 나 자신이 화낼까 봐 그리고 선생님이 화내실까 봐, 엄마가 알고 화내실까 봐 불안하고 불편했어요. 답답하고 신경이 쓰였어요. **→ 갈등 상황이 생겼을 때의 느낌 알기**

교사: C가 순하긴 해도 나한테 화내고, 나 자신이 화낼까 봐! 그리고 선생님이 화내실까 봐, 엄마가 알고 화내실까 봐 불안하고 불편했어요. 답답하고 신경이 쓰였네. **→ 반영하기** 다음에 이런 일이 일어나면 어떻게 하고 싶니?

학생(H): C가 들을 수 있도록 "C야, 내가 청소하는데 신경이 쓰여. 찢어 버리고 싶지 않으니 이것 좀 치워 주겠어?"라고 말할 수 있어요. **→ 해결 방법 찾아보기, 건설적으로 표현하기**

일반적으로는 영향을 받은 학생의 이야기를 먼저 듣고 공감한 후 영향을 준 학생의 이야기를 듣는 것이 대화를 이끌어 가는 데 효과적이다. C에게는 H가 왜 그림을 찢었는지가 더 궁금한 것 같아 오늘은 영향을 준 학생의 말을 먼저 들은 것이다. C의 욕구를 충족하기 위해 H의 말을 먼저 들은 것이다.

교사: 지금부터는 C의 느낌을 들어 볼 거예요. **→ 행위를 받은 학생 말 들어 보기** 내 작품이 찢어진 것을 본 C의 느낌을 찾아 주

세요. → **갈등 상황에서의 느낌**

C는 '슬픈, 아쉬운, 안타까운' 카드를 고른다. C는 솔직하게 표현한다.

학생(C): 그림이 찢어져 아쉬운 이유는 제가 혼신을 다해서 그림을 그렸어요. 혼신을 다해 그림을 그렸는데 그림이 찢어지니까 너무 아쉬웠어요. 또 슬펐어요.

교사: 서로의 생각을 다 들었는데 지금의 느낌이 어떤지 말해 볼까요? → **지금 마음 표현하기**

학생(H): C의 말을 들으니 정말 미안하고 마음이 아파요.

학생(C): 선생님이 오시기 전에 H가 먼저 사과를 해서 조금 괜찮아졌는데, 지금 마음이 한결 나아졌어요. 홀가분해요.

학생(H): 정말 마음이 편안하고 영광스러워요.

학생(C): 저도 똑같아요.

아이들은 자발적으로 다시 사과하고 싶어 한다.

학생(H): 네 말을 들으니 정말 정말 미안해.

학생(C): 그렇게 말해 줘서 고마워.

힘들어 보여요

학생(B): 선생님, J가 힘들어 보여요.

교사: J야, 운동장에 있는 네 모습을 보고 B가 힘들어 보인다고 말하는구나. 왜 힘든지 말할 수 있니?

고개를 가로젓는다.

교사: 말하기 싫다는 뜻이니? 말하기 싫은 이유를 느낌에서 찾아 오겠니?

'두려운' 카드를 고른다.

교사: 왜 '두려운'을 찾았는지 말해야 너를 도울 수 있을 것 같은 데?

침묵으로 기다린다.

학생(J): 다음에 H가 놀이에 끼워 주지 않을까 봐.

교사: 나는 다음에 H가 놀이에 끼워 주지 않을까 봐 두렵다. → **명료화하기** 선생님이 H에게 네 마음을 전하고 H이야기도 듣고 싶은데 네 생각은 어떠니?

학생(J): 예.

교사: H야, J가 고자질한 것은 아니고 J의 얼굴을 본 친구가 J가

힘들어 보였다고 해서 무슨 일이 있었는지 궁금한데 말해 줄 수 있니? J를 힘들게 한 놀이가 있니?

고개를 끄덕인다.

교사: J를 힘들게 한 놀이가 있다는 말이구나. 말해 줄래?
학생(J): H가 나를 눌렀어요.

두 아이의 말을 듣고 문제 상황을 정리한다. H는 경찰과 도둑 놀이를 하다가 옆으로 누워 있는 B에게 올라타 어깨를 눌렀다. **→ 관찰로 기록하기**

학생(H): J가 일어나면서 '미쳤나.'라고 했어요.
교사: J도 H를 기분 나쁘게 한 것이 있다는 것을 알려 주는 거예요. 선생님은 두 사람의 말을 다 들을 거예요. 느낌 카드를 들고 이야기 할까요?

J의 느낌	"아프고 힘들었다. 그래서 '미쳤나.'라고 했다."
H의 느낌	"내가 B를 누른 이유는 친구를 누르면서 놀 때 즐겁고 재미있기 때문이다."

〈J의 솔직한 자기표현(교사가 기록한 것을 보고 세 번 말하기)〉

관찰	"네가 옆으로 누운 내 위에 올라 가 어깨를 누를 때
느낌	나는 아프고 힘들었어.
욕구	나는 내 몸이 안전하면서 재미있게 노는 것이 필요해.
부탁	놀 때 내 몸을 존중해 줘."

〈H의 솔직한 자기표현(H가 하지 않아 교사가 추측한 내용을 적어 읽음)〉

관찰	"나는 옆으로 누운 네 위에 올라가 어깨를 누르면서 놀 때
느낌	재미있고 즐거웠어.
욕구	난 더 재미있는 것이 필요했어.
부탁	재미있으려고 눌렀다는 걸 이해해 줘."

H는 이 활동을 하는 과정에서 사과하고 싶다는 말을 자연스럽게 꺼냈다. '상대 공감'을 하고 사과를 하도록 권했다.

〈상대 친구 공감하기〉

관찰	"내가 옆으로 누운 네 위에 올라가 어깨를 누를 때
느낌	너는 아프고 힘들었구나.
욕구	너는 안전하고 재미있게 놀고 싶기 때문이구나.
부탁	내가 네 몸을 존중해 주기를 바라니?"

학생(H):내가 옆으로 누운 네 위에 올라가 어깨를 눌러서 미안
해. 다음엔 네 몸을 존중하고, 다른 놀이를 할게. → **자발
적인 사과**

〈활동 후 J와 H의 마음 알아보기(카드 활용)〉

J의 마음	'상쾌한, 황홀한, 만족스러운, 개운한, 가슴이 뭉클한, 짜릿한, 감사한, 안심이 되는, 평온한, 평화로운'
J의 성장	"말할 용기가 생긴다."
H의 마음	'고마운, 든든한, 기쁜, 통쾌한, 행복한, 상쾌한, 여유로운, 즐거운'

→ **이 활동 후 우리 반 약속: 친구와 놀이를 할 때는 함께 어울리는 친구
모두 몸과 마음이 안전할 수 있는 즐거운 놀이를 한다.**

이 활동은 두 학생이 말을 할 때 두 학생의 말을 주의 깊게 듣고
관찰, 느낌, 욕구, 부탁을 찾아 주고 학생들의 마음을 천천히 반영
하면서 한 활동이다. H는 즐거움의 욕구를 충족했지만 J는 힘들고
아팠다는 것을 인지한다. 느낌은 우리에게 필요한 것을 알려 주는
경보기 같은 존재이다. 느낌을 찾으면서 아이들은 자기가 한 행동
에 책임을 느끼는 말을 한다.

계속 욕해요

고학년 K 학생이 학급에서 계속 심한 욕을 하고, 학급 전체 학생들도 입에 달린 것처럼 욕을 한다고 한다. 고학년 K 학생은 친구 B에게 지속적으로 욕을 하여 자주 싸웠고, 급기야 B가 "학교에 오기 싫다."라고 한다.

• 학급 전체 학생을 대상으로 한 활동 1

교사: "저에게 행운과 행복을 주세요!"라는 말을 다양한 말투와 행동으로 말해 볼게요.

- 박수를 치면서 큰소리로 "저에게 행운과 행복을 주세요."
- 다리를 흔들며 거친 목소리로 "저에게 행운과 행복을 주세요."
- 다리를 벌려 쪼그려 앉아 몸을 흔들면서 "저에게 행운과 행복을 주세요."

아이들이 점점 크게 웃는다.

- 교실 바닥에 옆으로 누워 조금 작은 소리로 "저에게 행운과 행복을 주세요."
- 아나운서가 말하듯 "저에게 행운과 행복을 주세요."
- 걸상에 바로 앉아 책을 읽듯 "저에게 행운과 행복을 주세요."
- 고개를 푹 숙이고 "저에게 행운과 행복을 주세요."
- 고개를 치켜들고 "저에게 행운과 행복을 주세요."

- 고개를 들어 정면을 보면서 부드럽게 "저에게 행운과 행복을 주세요."
- 두 손바닥을 합장하고 기도하는 목소리로 "저에게 행운과 행복을 주세요!"

처음에 아이들은 웃고 떠들었다. 재미있다고 하면서 크게 웃기도 했다. 뒤로 갈수록 아이들의 웃음소리가 사라지고 조용해지기 시작한다. 아이들에게 행동과 말씨가 주는 느낌을 보여 주고 싶었다. 어떤 행동과 말을 할지는 학생들이 선택할 일이다.

• 학급 전체 학생 대상으로 한 활동 2

저학년 우리 반 학생들에게 최근에 들은 욕 또는 듣고 싶지 않은 말과 듣고 싶은 말을 미리 조사하여 고학년 학생들에게 나누어 준다. 혹시 다른 말들이 있으면 알려 줄 것을 부탁한다. 둘이 짝이 되어 번갈아서 들은 욕과 듣고 싶은 말을 하도록 해 본다. 아이들이 활기가 넘치도록 신나게 활동을 한다.

들은 욕	듣고 싶은 말
죽고 싶어, 미△나, 한판 붙자, 팔을 비틀어 버릴 거야, 이 똥△야, 이 바△야, 이 또△이야, 이 멍△아, 이 개△△야, 이 못난 아이야, 공부도 못하는 게, 돈 좀 줘, 새치기 하지 마, 쓸데없이 많이 적네, 넌 원래 그러잖이, 번△야, 오해아, 지우개 빌려줘, 대△△야	같이 놀자, 도와줄까?, 너 잘하는데, 네가 한 답이 정답이네, 네 말이 맞아, 네가 먼저 해, 넌 정직해, 정말 고마워, 내가 대신 말해 줄까?, 무슨 일이 있었어?, 걱정되니?, 슬프니?, 좋은 일 있어, 같이 들까?, 미안해, 다정하게 말해 주어 고마워.

(들은 욕) 활동 후	(듣고 싶은 말) 활동 후
- 너무나 자연스러운 말이어서 우스웠다. - 학교에서는 친구들에게, 학원에서 형들에게, 주변에서 너무나 많이 듣던 말이다. 내가 그 말을 하니 속이 시원하다. - 어릴 땐 뜻도 모르고 들었다. 조금 커서 들으니 가슴이 답답하다.	- 평소에 듣지 않는 말을 들으니 오글거린다. - 이상하다. 하지만 나는 가끔 이 말을 듣고 싶다.

아이들에게 "욕을 하지 말아야 해."라는 강요의 말은 하지 않았다. 들어서 행복하고 편안한 말을 선택할 수 있는 경험을 주고 싶었다.

• 학급 전체 활동을 한 후 B, K를 만나 한 활동

고학년 B, K는 내가 맡지 않은 학생들이다. 이 학생들을 초대할 때 B, K를 존중하는 활동을 한다. 담임 선생님께는 다른 반 선생님과 대화를 해도 괜찮은지에 대한 학생, 학부모의 동의와 어디서 하면 좋을지에 대한 동의도 부탁드린다. 담임 선생님이 두 학생을 데리고 온다.

교사: 선생님은 두 학생을 존중하는 마음으로 말합니다. 선생님과의 대화를 허락해 주어 너무 고마워. 담임 선생님이 이 자리에 계셔도 되고 안 계셔도 됩니다. 두 학생이 선택하면 된단다.
학생(B): 상관없어요.
학생(K): 저도요.
교사: 여기 있는 초콜릿 먹고 천천히 이야기를 할게요. 긴장이

되면 긴장을 풀어 주세요. 몸의 긴장이 어디 있는지 살펴보고 풀어 보세요. 편안하게 앉으세요. 담임 선생님께서 너희들이 행복하게 학교생활을 하는 데 도움을 주고 싶어 하세요. 선생님도 도움을 주고 싶어요. 선생님과의 대화로 두 학생의 사이가 편안해지기를 바랍니다. 지금 느낌을 천천히 찾아볼까요? → **교사의 욕구 말하기**

담임 선생님이 아니라서 서로 어색한 마음일 수도 있는 상황이거나 먼저 문제 상황을 물으면 잘못을 캔다는 생각에 입을 다물 수도 있다. 느낌으로 다가가는 것이 아이들의 마음을 여는 데 도움이 된다.

B 느낌	감사한, 고마운, 실망한, 낙담한, 혼란스러운, 긴장되는, 떨리는, 마음이 두 갈래인, 속상한, 마음이 아픈
K 느낌	반가운, 무안한, 민망한, 멋쩍은, 안심이 되는, 마음이 놓이는, 홀가분한, 편안한, 상쾌한, 개운한, 느긋한, 여유로운, 기대되는, 희망을 느끼는, 경이로운, 황홀한, 끌리는, 흥미로운, 궁금한, 평화로운, 평온한, 당혹스러운, 어리둥절한, 생기가 도는, 활기 넘치는, 후련한, 통쾌한, 긴장이 풀리는

교사: 이 느낌 카드 중에서 가장 마음이 가는 카드를 고를 거예요. 선생님의 이야기를 듣고 마음에 와닿는 느낌을 찾아보세요. B(영향을 받은 학생)부터 할게요. 천천히 듣고 펼쳐 놓은 카드를 옮기면 됩니다. 마음에 와닿는 것은 위로 하고 나머지 카드는 내리면 됩니다.

- B가 선택한 카드: '지금 마음이 감사하고 고마운가요?, 지금 마음이 실망스럽고 낙담했나요?, 지금 마음이 혼란스러운가요?, 지금 마음이 긴장되고 떨리나요?, 지금 마음이 두 갈래인가요?, 지금 마음이 속상하고 아픈가요?'

교사: 이번에는 K(영향을 준 학생)가 할게요. 조용히 듣고 있다가 마음에 와닿는 느낌 카드는 위로 올립니다.

- K가 선택한 카드: '지금 마음이 반가운가요?, 지금 마음이 무안한가요?, 지금 마음이 민망한가요?, 지금 마음이 멋쩍은가요?, 지금 안심이 되나요?, 지금 마음이 놓이나요?, 지금 마음이 홀가분한가요?, 지금 마음이 편안한가요?, 지금 마음이 상쾌한가요?, 지금 마음이 개운한가요?, 지금 안심이 느긋한가요?, 지금 마음이 여유로운가요?, 지금 기대되나요?, 지금 희망을 느끼나요?, 지금 마음이 경이로운가요?, 지금 마음이 황홀한가요?, 지금 마음이 끌리나요?, 지금 마음이 흥미롭고 궁금한가요?, 지금 마음이 평온하고 평화로운가요?, 지금 마음이 당혹스럽고 어리둥절한가요?, 지금 마음이 생기가 돌고 활기찬가요?, 지금 마음이 후련하고 통쾌한가요?, 지금 긴장이 풀리나요?'

교사: 다시 찾은 느낌으로 이야기를 해 볼까요?

B 느낌	"선생님께서 K랑 이야기할 시간을 주어서 감사해요. 6교시에 활동1, 2를 하고 난 후 K에게 그렇게 한 것을 생각하면 나 자신에게 실망스러워요. 그리고 마음이 아파요. 남의 교실에 와서 혼란스러워요. K와 자주 싸워 온 것 같아 긴장이 되고 떨려요. K와 대화 기회를 주어 기쁘기도 하고, 긴장되기도 해서 혼란스러워요."
K 느낌	"저희 둘만의 시간을 갖게 해 주고 화해하게끔 해 주셔서 반가워요. 이 활동이 처음이라 흥미로워요. 이제는 예전보다 덜 싸우고 친해질 것 같아 생기가 돌고 홀가분하고 기대되고 평화롭고, 상쾌하고, 후련해요. 갑자기 불려 와서 당혹스러워요. 선생님이 친근하게 대해 주어서 긴장이 풀리고 여유로워요."

교사: B가 K에게서 들은 말을 말할 수 있겠니?

학생(B): 운동장에서 놀다가 화가 나면 욕을 해요. '니△미, 개△△년, 개△끼, 씨△년'.

K가 B의 말을 듣고 얼굴이 붉어지더니 두 손으로 얼굴을 가린다. 이 모습을 보고 비폭력 대화로 솔직한 자기표현과 상대 공감하기 활동을 하지 않고 K에게 공감하기로 한다. K도 공감이 필요해 보인다.

교사: B야, 지금 K를 보니 K도 힘들어 보여. B가 허락해 준다면 선생님은 K 마음을 알아주고 싶은데, 네 생각은 어떠니?"

　　　→ **연결부탁**

학생(B): 괜찮아요.

교사: K야, 평화롭게 눈을 살짝 감아 보렴. → **주의를 여기에 두기** 누가 나에게 "니△미, 개△△년, 개△끼, 씨△년"이라고 하고

있어. 난 그 말이 듣고 싶지 않아. "가슴이 아파, 제발 하지 마!"라고 외치고 싶어. 도망가고 싶어. 나도 내 마음을 말하고 싶어. 나도 좋은 말, "사랑해! 대단해! 잘하는데, 괜찮아, 그럴 수도 있지, 고마워, 미안해." 이런 말이 듣고 싶어. 제발 그만하세요. 그런 말은 쓰레기 같아요. 그 쓰레기 같은 말 떼어 내고 싶어. 입 밖으로 토해 내는 거라고요. 나도 아름다운 말 듣고 행복하게 살고 싶어요. (K를 안아 주면서) 그동안 이런 말 듣느라 힘들었구나. 많이 힘들었구나.

등을 토닥거려 주었다. K가 눈물을 보이더니 어깨를 들썩인다. B가 K의 모습을 가만히 보고 있다. K가 지금의 느낌에 머무를 수 있도록 충분히 시간을 준다. K가 눈물을 닦고 편안해 보일 때 다시 시작한다.

교사: 지금 마음을 말할 수 있겠니?
학생(K): 마음이 지금 좀 편안하다. 시원하다. B에게 진짜 미안하다. → **영향을 준 학생의 마음**
영향을 받은 학생(B): 마음이 편안하고 K가 이해된다. 친하게 지내면 좋겠다. → **영향을 받은 학생의 마음**

교사: 더 하고 싶은 말이 있니?
학생(K): 감사해요.
교사: 고맙구나. 또 화가 나거나 욕이 나올 때는 어떻게 하고 싶니?

공감 대화로 만드는 행복 교실

학생(K): 내 마음에 화가 올라오고 욕이 올라올 때는 산이나 숲에 가서 쉬고 싶어요.

교사: K가 안전한 곳에서 쉬었으면 좋겠구나. 산이나 숲은 안전하지 않을 수도 있어 걱정이 되는구나. 운동장 하늘을 보고 하면 어떠니?

학생(K): 운동장에서 하늘을 보고 욕을 하면 다른 선생님께 혼날 것 같아요.

교사: K가 하는 말을 아무도 듣지 않는 곳에서 하고 싶다는 말로 들리는구나. 지금 도움을 줄 수 있는 사람은 없니?

학생(K): 우리 반 선생님밖에 없어요.

아이들의 감정을 억지로 끌어내려고 하지 않았다. 영향을 준 아이에게 사과해야 한다고 강요도 하지 않았다. K가 욕한 내용으로 먼저 다가가지 않았다. 지금 느낌으로 두 아이의 마음을 충분히 들어 주고 문제 상황에 접근했다.

❖ **NVC 대화로 회복된 생활 교육 요소**
- 영향을 받은 학생의 회복: 자기 느낌을 이야기하는 과정을 통하여 B는 K의 마음을 이해하는 마음이 싹트면서 친구 마음에 공감한다.
- 자발적 책임 회복: 중재 역할을 하는 선생님에게서 충분히 공감을 받은 후 B에 대한 미안한 마음을 자발적으로 표현한다.
- 관계 회복: 영향을 받은 학생 B가 영향을 준 학생 K의 마음을 이해하면서 두 학생의 관계가 회복이 된다.
- 정의 회복: K는 이야기하는 동안 자기가 한 행동에 대해 B에게 진심 어린 사과를 함으로써 책임 의식을 가졌을 것이라고 본다.

배를 찼어요

학생(D): S가 내 등을 탔어요.

학생(S): 등에 안 탔어요. 옷을 잡았어요.

두 아이의 말이 맞지 않고 D가 표현을 제대로 하지 못하고 가만히 있다. S는 말을 아끼고 머뭇거린다. 여러 번의 확인 끝에 S가 엎드려 있어 보지 못했다고 한다.

D에게 어떤 자세로 있었는지 S는 어디를 어떻게 했는지 상황 설정을 부탁했으나 아이들이 머뭇거린다. 몇 번 망설이다가 D가 엎드리고 S가 등의 옷을 움켜 쥐었다. → **상황극하기** 경찰과 도둑 놀이를 여학생 남학생이 같이 했다. D가 엎드려 있는데 S가 D의 등 쪽 옷을 움켜쥐었다. → **관찰** 'D가 내 배를 차서 나는 D얼굴도 보기 싫고 D한테 실망했다. 내가 너무 슬프다. D가 싫다.' → **S의 생각과 느낌**

- S의 솔직한 자기표현(교사가 도움을 준다.)

학생(S): D가 내 배를 찰 때 → **관찰** 나는 오싹하고 억울하고 당황스럽고 궁금했다. D가 발을 차는 순간 무섭고 두렵고 해서 내 몸이 작아지는 비참한 참담한 그런 느낌이었다. 내가 작아지는 느낌이고 오싹했다. → **느낌** 왜냐하면 나는 내 몸이 소중하기 때문이다(자기보호, 자기돌봄이 필요하다). → **욕구**

- D의 솔직한 자기표현

학생(D):S가 내 등의 옷을 세게 잡아당길 때 → **관찰** 나는 몸이 불편하고 가슴이 답답했다. → **느낌** 나는 내 몸이 편안하기를 바라기 때문에 배를 찼다. → **욕구**

- D가 S 공감하기

학생(D):내가 네 배를 찰 때 → **상대 관찰** 너는 오싹하고 억울하고 당황스럽고 궁금했구나. 내가 니 배를 발로 차는 순간 무섭고 두렵고 해서 몸이 작아지는 비참한 참담한 그런 느낌이었구나. 네가 작아지는 느낌이 들고 오싹했구나. → **상대 느낌** 왜냐하면 너는 네 몸이 소중하기 때문이구나. (자기 보호 자기돌봄)이 필요하기 때문이구나. → **상대 욕구**

- S가 D 공감

학생(S): 내가 네 등의 옷을 세게 잡아당길 때 → **상대 관찰** 너는 몸이 불편하고 가슴이 답답했구나. 그래서 일어나 나를 발로 찼구나. → **상대 느낌** 왜냐하면 너는 네 몸이 편안하기를 바라기 때문이구나. → **상대 욕구**

교사: 다음에 또 이런 일이 있을 때 어떻게 하면 좋을까? 이 일로 너희가 배움이 있으면 좋겠구나.

D는 말을 하지 않고 가만히 있다.

교사: 먼저 "하지 마! 하지 마! 하지 마!"라고 말을 하면 어떠니?

S는 힘으로 상대를 이기려 하면 너도 힘으로 상처를 받아 오늘처럼. 너무 세게 상대를 잡는다든지 하면 너도 다칠 수 있다는 걸 알았으면 해. 지금 마음은 어떠니?

학생(S): 이 활동을 하니 마음이 편안하고 뿌듯하고 선생님께 감사하고, 다시 D랑 놀 수 있을 것 같아요."

때려요

①
아침 활동 시간에 M이 나온다.

학생(M): 선생님, J가 (머리를 가리키며) 연필로 때려요.
교사: J 나와 볼까요? 연필로 M 머리를 때렸다고 하는구나. (M을
보며) 느낌 카드를 갖고 오세요.

M은 '놀란' 카드를 가지고 온다.

교사: 놀라기도 하고 화가 나기도 하니?
학생(M): 화는 안 나요.
교사: 놀라기도 하고 속상하니?

눈물을 글썽이며 고개를 끄덕인다.
학생(M): "하지 마!"라고 했더니 한 번 더 하려고 하잖아요.
교사: "한 번 더!"라는 말을 듣고 어떤 느낌과 생각이 들었니?
학생(M): 이상하다는 생각이 들었어요.
교사: 이상하다는 것은 어떤 생각 때문이니?
학생(M): 내 머리를 한 번 더 때린다는 생각이 들었어요.

J가 끼어든다.

학생(J): "한 번 더!"라고는 하지 않았어요.

그렇게 말하며 눈물을 흘린다. 교사는 의자를 뒤로 빼고 거리를 두고 호흡을 한다. 판단이 올라와 잠시 멈춘다.

교사: 왜 눈물이 나니?

학생(J): 한 번 더 하지 않았어요.

교사: 억울하구나.

M, 뭔가를 말하려고 한다.

교사: J 말 다 듣고 들을게. 계속 말하세요.

학생(J): 절대로 안 했어요.

교사: J는 "한 번 더!"라는 말을 절대 하지 않았구나. M, 말하세요.

학생(M): 했어요.

교사: M은 선명하게 들었구나. 두 친구의 말이 다르네. 다시 이
야기해 보자. 선생님은 두 학생이 다 소중합니다. J의 잘못
을 캐내려는 것이 아니라 이 대화를 하면서 친구 마음도
이해하면서 친구가 싫어하는 행동을 하지 않기를 바라는
마음이란다. 그래야 두 친구가 잘 지낼 것 같아요. M이 "하
지 마!"라고 말할 때 J는 뭘 했나요? **→ 반영하고 선생님 욕구
말하기**

학생(J): 연필을 돌리다가……

교사: 연필을 돌리다가 머리가 맞았니?

M이 끼어든다.

학생(M): 팔을 들고 때렸어요.

학생(J): 팔을 들지 않고 연필을 돌렸어요.

교사: M이 엎드려 있었니?

학생(J): 아니요, M은 앉아 있었어요. 내가 M 뒤에 있었어요.

교사: M 뒤통수를 때렸니?

학생(J): 아니요.

학생(M) M은 어디를 맞았니?

학생(M): (머리 가운데 옆을 가리키며) 여기요.

교사: 팔을 들지 않고 때릴 수 있니?

학생(J): 제가 서서 때렸어요.

교사: 선생님이 말할 테니 틀린 부분이 있으면 말하세요. M은 바로 앉아 있고 J는 서 있다. J가 서 있다가 연필로 갑자기 M 머리를 때린다. M이 "하지 마!"라고 하니, "한 번 더!"라고 말하는 것이 한 번 더 때리라는 말이라고 M은 생각한다. M은 처음에는 놀랐고 "한 번 더!"라는 말을 듣고는 속상하다. J는 연필로 M 머리를 때린 것은 맞으나 "한 번 더!"라고 는 절대 하지 않았다고 한다. M은 분명히 들었다고 한다. → **관찰로 말하기** 맞나요? 두 사람이 인정하는 내용을 가지고 대화를 할게요. J가 연필로 때린 것을 가지고 M 마음을 전해 볼게요. J는 선생님이 지도하는 대로 말해 볼까요?

가만히 있다.

교사: 어색하면 선생님이 대신 전할게요. M은 듣고 아니면 말하세요.

관찰	"갑자기 J가 머리를 때려
느낌	처음에는 놀라고 다음엔 속상했다.
욕구	J는 자기 머리가 소중하듯 나는 내 머리가 소중하기 때문에
부탁	J가 내 소중한 머리를 때리지 않고 존중해 주기를 나는 바란다."

이 내용을 확인하고 J에게 세 번 들려준다.

교사: 이번엔 J가 M 마음을 알아주는 활동을 할 거예요.

관찰	"내가 갑자기 M 머리를 때려
느낌	M은 처음에는 놀라고 다음엔 속상했다.
욕구	내 머리가 소중하듯 M 머리도 소중하기 때문에
부탁	M은 소중한 머리를 때리지 않고 존중해 주기를 바란다."

J는 책상에 엎드린다. J를 불러 M이 고자질한 것 같아 속상한지 물으니 아니라고 한다. M은 J가 싫어서가 아니라 자기 몸을 보호하고 싶어 도움을 청한 것이라고 M의 욕구를 한 번 더 말해 준다. J와 M은 다시 활기차게 놀이를 한다.

②
G가 와서 말한다.

학생(G): 선생님, R이 발로 생식기를 찼어요. 아파요.

교사: 보건실 안 가도 되겠니? 보건실 가세요.

학생(G): 안 가도 돼요.

학사 업무를 보고 있던 중이어서 마음이 바빠 고개를 들고 G를 본다. G의 옆에서 남녀 학생들이 어울려 즐겁게 놀이를 하고 있다. G가 놀이를 하다가 일어난 일처럼 보여 말한다.

교사: 괜찮겠니? 사과받으세요.

그날은 학사 업무로 너무 바쁜 상황이라 G가 한 말을 잊고 있었다. G의 마음을 확인하지 않았다는 것을 아이들을 다 보내고 떠올랐다. G가 그 뒤로는 어떤 말도 하지 않았지만, G의 마음을 확인하지 않은 것이 왠지 마음에 걸렸다. 그래서 다음 날 말을 꺼냈다.

교사: R, G에게 사과를 했니?

학생(R): 예.

교사: G야, R이 사과를 했니?

학생(G): 아니요.

교사: G, 대화 모임 안 해도 되니?

학생(G): 할래요.

교사: G부터 이야기를 해 줄래요?

학생(G): P와 퀴즈 놀이를 하고 있는데 R이 발을 올려 찼어요.

R이 끼어든다.

학생(R): N이 먼저 했어요.

학생(G): N은 아프지 않았어요. 그리고 그 옆을 찼어요.

교사: 아프지 않게, 약하게 했다는 말이니?

학생(G): 예.

교사: R, G 이야기를 충분히 듣고 네 이야기도 충분히 들을게. 'R
이 P와 퀴즈 놀이를 하고 있는데 일부러 발을 올려 내 생
식기를 찼어요. 아파서 교실 바닥에 누워 있었어요.' → **관
찰로 말하기** 더 할 말이 있나요? 없으면 R이 말을 할까요?

학생(R): N이 G를 차 G가 교실 바닥에 누워 바둥거리고 있었어
요. 아이들이 P가 내는 문제를 계속 맞히고 장난치고 그
랬거든요.

교사: R, 네 이야기만 해 줄래? G한테 발로 찬 내용만 해 주세요.
혹시 N이 하는 것을 보고 따라 했다는 말이니? 아니면 G가
누워 바둥거리는 모습이 재미있어 너도 했다는 말이니?

학생(R): N이 해서 따라 한 것은 아니에요.

교사: N이 해서 따라 한 것은 아니고, G가 누워 바둥거리는 모습
이 재미있어 그랬다는 말로 들어도 되니? → **바꾸어 말해 주기**

학생(R): H, K는 자기 몸에 손대는 것을 싫어하고요. M은 멀리
있었고요. G는 평소에 친구들에게 다정하고요.

교사: 다른 남자애들도 있었는데 G를 찬 이유를 말하고 있구나.
G는 평소에 친구들에게 다정하고, 장난을 잘 받아 주어
때리거나 차도 R에게 화를 내거나 욕하지 않을 것 같다는

생각, 성질내지 않겠다는 생각이 있어서 G에게 했니? → **바꾸어 말해 주기**

학생(R): 평소에 장난을 잘 받아 주어서요.

그 말을 들은 G가 화가 나 큰 목소리로 말한다.

학생(G): 더 기분이 나빴던 것은요, 너무 아파서 땅바닥에 누워 있는데 R이 장난치듯 웃었어요. → **G를 자극한 R의 행동**

교사: G는 아픈데 G는 괴로운데 R이 까불까불 웃어서 서운했니? → **반영하기**

학생(G): 걱정이 되는 거예요. 집에 가서 엄마한테 R이 그랬다고는 하지 않고 말했어요. → **G의 솔직한 마음**

교사: G는 그곳이 너무 중요한 곳이라 잘못되었을까 봐 많이 걱정되어 엄마한테 말했구나. 엄마도 그 말을 듣고 속상하셨겠네.

학생(G): 그때 사실은요, 욕하고 때리고 고함지르고 싶었어요. → **G의 솔직한 마음**

교사: G의 진짜 마음은 욕하고 때리고 싶다는 것, G가 지금 아프고, 화났고, 기분이 몹시 나쁘다는 마음을 알게 해 주고 싶었니? → **반영하기**

학생(G): 예, 사과도 하지 않았어요. 계속 웃었어요.

교사: 사과도 하지 않고 계속 웃어서 더 화가 났다는 말이구나. G는 R이 일부러 차는 것 같다고 했어요. G의 생식기를 차

려고 했니? 위험한 곳인데.

학생(R): 아니요. 위험한 행동은 하려고 하지 않았고요. 그 옆을 차려고 했는데 조준이 안 되어 그랬어요.

교사: 중요한 곳 옆을 차려고 했다는 것은 위험한 행동을 할 마음이 있었던 것 같은데.

옆에 듣고 있던 G가 몹시 화가 난 목소리로 말하면서 R에게 주먹을 쥐고 눈을 때리는 시늉을 한다.

학생(G): 내가 주먹을 쥐고 네 눈을 치려고 하는 그런 행동이야.

교사: 더 할 말이 있나요? 없으면 G 마음을 알아주는 활동을 할까요?

R이 고개를 끄덕인다.

교사: 선생님이 G의 마음을 알도록 도와줄까요?

R이 고개를 끄덕인다.

교사: G야, 내가 네 생식기를 차고 사과하지 않고 즐거운 듯 웃어서 넌 화가 나고 고함지르고 싶기도 했어. 그리고 기분이 많이 상했어. 네 마음을 몰라 준 나를 생각하면 나도 너무 속상해. 그 순간 많이 서운했을 것 같아. G야 진짜 미안해. 나는 네가 평소에 다정하고 장난을 잘 받아 주어

장난한다고 그랬어. 그 순간 생식기를 맞고 네가 누워서 바둥거리는 모습을 보고 재미있어서 웃었는데 지금 생각하니 부끄러워. 친구 마음을 모른 내가 너무 부끄러워. 친구 마음을 알면서 행동할게. → **G 마음을 알아주고 R 마음도 전하기**

이 활동을 끝내고 다시 묻는다.

교사: G 지금 마음은 어떠니?

학생(G): 조금 나아지긴 했지만.

교사: G는 사과를 받았지만 여전히 기분이 깔끔하지 않다고 말하고 있어요.

G가 고개를 끄덕인다.

학생(G): 아까보다는 많이 괜찮지만 좀 그래요.

교사: 혹시 G야, 이런 말이 하고 싶기도 하니? 내가 친구들에게 다정한 것은 내 몸을 함부로 괴롭혀 달라는 것이 아니란 걸 알아줘 이런 말이 하고 싶니? → **욕구 추측해 들려주기**

학생(G): (큰 소리로) 예.

교사: 그럼 직접 해 보렴.

학생 G가 하고 싶은 말
"내가 친구들에게 다정하고 장난을 받아 주는 것은 친구랑 즐겁게 지내려는 것이지, 친구가 내 몸을 괴롭히라는 것은 아니야."
학생 G 욕구 찾아 주기
자기 몸 보호, 정서적 안정, 상호 존중

교사: G는 자기 몸이 아프지 않아야 마음이 편안하고 친구들과

놀 때는 서로의 몸과 마음이 행복할 수 있도록 하는 존중
이 중요한가요?

학생(G): 예.

교사: R은 G의 이야기를 듣고 G가 중요하게 생각하는 것을 들은
대로 말해 주겠니?

학생(R): G는 자기 몸이 아프지 않아야 마음이 편안하고 친구들
과 놀 때는 서로의 몸과 마음이 행복할 수 있도록 하는
존중이 중요합니다. **→ 반영하여 세 번 말하기**

교사: 선생님은 두 사람이 사이좋게 놀기를 바라는데 어떻게 하
고 싶어요?

학생(G): 오늘은 R이랑 놀고 싶지 않아요.

교사: 시간이 더 필요하다는 말로 들려요. **→ 바꾸어 말해 주기**

학생(G): 예.

교사: R은 G의 마음을 이해할 수 있을까요?

학생(R): G한테 미안해요. G 마음이 풀릴 때까지 기다릴게요.

교사: 지금 G 마음은 어떠니?

학생(G): 지금은 괜찮아요.

교사: 어떤 말을 들을 때 괜찮았니?

학생(G): "G는 자기 몸이 아프지 않아야 마음이 편안하고 친구들
과 놀 때는 서로의 몸과 마음이 행복할 수 있도록 하는
존중이 중요합니다"라는 말이요.

싸워요

①

급식실로 가기 위해 아이들이 복도에 줄을 서 있다. 아이들의 다급한 소리가 들린다. "선생님, A, G가 싸워요.", "선생님, A, G가 때려요.", "선생님, 빨리요." 그때 마음은 급식실에 시간 맞춰 가야 한다는 조급함이 있었다. 누워 있는 두 아이를 일어나게 한 후에 말한다.

교사: 급식 먹고 선생님과 대화하자.

학생(A): 그건 싫은데요. 지금 사과할래요. 미안, G야.

교사: 친구들하고 점심시간에 놀고 싶다는 말이구나. G 마음이 어떤지 물어보고 결정하자. G야 어떠니? → **'No'라는 대답 뒤의 욕구 알아차리기**

학생(G): 안 좋아요.

교사: 선생님 방법으로 대화를 해도 되겠니?

학생(G): 예.

교사: G가 마음이 아직 풀리지 않았다고 하니, 급식 먹고 바로 대화하도록 교실로 오세요. 협조가 필요합니다.

담임 선생님께서 이 장면을 보시고 사전 생활 교육을 해 주신다. 사실을 알리고 A와 점심시간에 내 방식대로 생활 교육을 하겠다고 양해를 구한다. 학년 초라 교육 활동 시간에는 정신없이 바쁘게 돌아간다. 마음이 긴장되고 혼란스럽다. 호흡에 주의를 가져온다. 긴

호흡을 세 번 한다. 아이들이 오지 않는다. NVC 모델로 하려면 시간이 필요한데 마음이 초조해진다. G가 교실에 들어오니, H가 봤다면서 말을 한다.

교사: 친구와 선생님을 돕고 싶구나. 고마워. 본 대로 말해 보렴.
학생(H): G가 교실 문 앞에 서 있었다. 그때 A가 달려와 서 있었다. 그때 A가 뒤돌아봤다. 뒤에 G가 있으니 A가 다리를 걸어 넘어뜨려 때렸다. → **관찰**

이 말을 듣고 G가 말한다.

학생(G): 먼저 A가 때렸어요.
교사: H도 그렇게 말했단다. A가 아직 오지 않으니 먼저 이야기를 해 줄래? 몇 대나 때렸니?
학생(G): 다섯 대 맞았어요.
교사: 어떻게 때렸니? 어떤 느낌이니?
학생(G): 마구 때리는 것 같았어요.
교사: G야, 처음부터 다시 이야기해 보자. 어디에서부터 시작되었는지 이야기해 보자.
학생(G): 중앙현관에서 나는 총 쏘는 시늉, 주먹을 쥐고 때리는 시늉만 하고 때리지는 않았어요. 그러다가 A가 자기 교실로 가서 나도 왔어요. 그 전에 A가 나한테 칼 찌르는 시늉을 해서 내가 A를 잡으러 갔어요.
교사: 다시 정리해 보자. 중앙 현관에서 G가 총 쏘는 시늉, 주먹

을 쥐고 때리는 시늉만 하고 때리지는 않았다. A도 나한테 칼 찌르는 시늉을 해서 내가 A를 잡으러 갔다. 그러다가 A는 자기 교실로 가서 나도 교실로 왔다. 내가 복도에 서 있는데 A가 나를 눕히고 다섯 대를 마구 때렸다. → **G가 말한 관찰**

A가 오지 않아 A의 교실로 가니 문 앞에 있다. 담임 선생님께 허락을 받고 이야기를 시작한다.

교사: 누구 말이 맞는지 확인하고 싶은데 네 생각은 어떠니? → **연결부탁**

학생(A): 예.

교사: 어디서 할까? 연구실에서 할까? 아니면 G 교실에서 할까? → **A 존중하기**

학생(A): 연구실에서요.

교사: G가 말한 내용을 확인해 볼게. 거짓된 내용이 있으면 말해 줘.

A가 듣고 있다가 다른 부분이 나오면 지적을 한다. A가 다른 부분을 말한다.

학생(A): 주먹을 쥐고 때리려고 한 게 아니라 주먹을 쥐고 내 앞으로 밀고 왔어요. 그래서 내가 잡았어요. G한테 달려간 것이 아니고 걸어갔어요. G가 날 따라왔는데요. G도 다

　　　　섯 대 때렸어요.

교사: 다른 데가 있네. G가 교실 앞에 이미 서 있었다고 해.

학생(G): (놀란 목소리로) 앞에요?

교사: 앞에 미리 와 서 있었단다.

학생(A): 아, 그렇구나. 난 따라온 줄 알고 놀랐어요.

교사: 둘 다 서로 보고 놀랐구나.

학생(A): G 발 안 걸었어요.

이 말을 들은 G가 말한다.

학생(G): 내가 그냥 넘어진 것 같아요.

교사: 왜 그냥 넘어졌니?

학생(A): G를 보고 놀란 것 같아요.

교사: 서로 놀랐구나. 다시 정리해 보자. 중앙현관에서 G가 총 쏘는 시늉, 주먹을 쥐고 A가슴을 향해 팔을 뻗어 쭉 밀면서 A 쪽으로 와 때릴까 봐 G 주먹을 A는 손바닥을 마주 대고 막았다. 그리고 A도 G한테 칼 찌르는 시늉을 해서 G가 A를 잡으러 갔다. 그러다가 A가 자기 교실로 가서 G도 교실로 왔다. G가 급식실에 가려고 복도에 서 있다가 복도를 지나가는 A를 보고, G와 A는 서로 놀라 먼저 G가 복도에 드러누웠다. A도 놀라 누워 있는 G를 한 대 때렸다. 먼저 A가 옆얼굴을 때려 G도 같이 때렸다. 서로 다섯 대를 마구 때렸다. → **(두 학생이 동의함.)** 관찰, 정리하기 지금 둘의 마음은 어떠니? 억울한 마음이 있니?

학생(A, G): 괜찮아요.

교사: 사과할 마음은 있니?

학생(A, G): (동시에) 예.

교사: G가 먼저 A의 마음 알아주기를 할 거예요. 선생님의 도움을 받아서 해요.

관찰	"내가 총 쏘는 시늉, 주먹 쥐고 때리려는 시늉, 미는 시늉을 해
느낌	넌 내가 때릴까 봐 불안해서
욕구	먼저 방어하고 싶어 나를 때린 것 같아. 너를 보호하고 싶었던 것 같아.
부탁	마음이 불안할 때 때리지 말고 말로 해 주기를 바라니?"

교사: 이번에는 A가 G의 마음 알아주기 활동을 할 거예요.

관찰	"넘어진 너를 주먹으로 마구 때려
느낌	넌 놀라고 아프구나.
욕구	너도 너를 보호하고 싶어 나를 때린 것 같아. 너도 너를 보호하고 싶었던 것 같아.
부탁	너도 내가 때리지 않고 말로 해 주기를 바라니?"

교사: 두 사람의 부탁이 같구나. 두 사람의 바람도 같구나. 서로 자기 보호를 위해 마구 다섯 대를 때렸구나.

학생(A): 예. 먼저 때려 미안해.

학생(G): 먼저 놀려 미안해.

교사: 선생님은 너희들이 안전하게 놀기를 바라고, 계속 사이좋

게 지내기를 바라는 마음으로 이 활동을 했어요.

학생(A, G): 예.

교사: 더 할 말이 있나요?

학생(A, G): 없어요.

이 활동을 마치고 우리 반 아이들과 동급생들이 지나가면서 복도에서 두 아이가 싸우는 장면을 보았기 때문에 학급 공동체 회복을 위해 이야기 나누기 활동을 하였다. 이 활동을 하기 전에 G에게 친구들의 그때 마음이 어땠는지 들어 보는 시간을 가질 것이라는 것을 미리 알린다. 미리 알리는 것은 G를 존중하기 때문이란 것도 알린다.

교사: 첫째, 친구들이 복도에서 이 광경을 다 봤고, 둘째, 친구들의 마음을 회복하고 이 일로 우리 반 공동체가 회복되고 배움과 성장이 있기를 바라는 마음으로 이야기를 하는 것이란다. G가 괜찮다고 하면 할 거야. 이야기를 할 때는 칠판에 붙은 카드를 보며 할 거란다.

G가 고개를 숙인다.

교사: G가 잘못한 것 같아 부담스럽고 마음이 불편할 수도 있어. 선생님은 우리 반 약속도 정하고, 우리 반 학생들에게 이야기 나누는 방법도 보여 주는, 그래서 성장하고 발전하는 시간을 갖고 싶단다. 기회를 주면 안 되겠니?

반복하여 들려주고 시간을 두고 기다린다. 고개를 들더니 해도 괜찮다고 한다.

교사: 배우고 발전할 수 있는 기회를 주어 고맙구나.

도덕 시간과 연계하여 한다.

교사: 이 모습을 본 친구들은 느낌이 어땠는지 말해 볼까요? 느낌말만 하기를 바랍니다.

- "친구들이 다칠까 걱정이 되었습니다."
- "다칠까 봐 무서운 마음이 들었습니다."
- "무섭기도 하고 안타깝기도 했습니다."
- "속상했습니다."
- "마음이 무거웠습니다."
- "폭력적이었습니다."
- "갑자기 싸워서 신경이 쓰였습니다."
- "갑자기 싸워서 당황스러웠습니다."
- "갑작스러워서 놀랐습니다."
- "또 싸우고 또 싸울까 봐 걱정되고 어른이 되어서도 싸울까 봐 걱정됩니다."
- "잘 지내지 않고 계속 싸울까 봐 걱정됩니다."

교사: G는 나와서 한 번 읽어 보세요. 친구의 말을 듣고 G는 어

떤 생각과 마음이 드는지 말해 주세요.

학생(G): 친구들의 이야기를 들으니 안 싸워야겠다는 생각이 듭니다.

교사: 이유가 있나요?

학생(G): 친구들의 마음을 이해했기 때문입니다.

교사: (전체 학생들을 보고) 급식실 갈 때 줄은 어디 서면 좋을까요?

학생들: 교실 안에 서는 것이 좋겠습니다.

교사: 다른 의견이 있나요?

→ 우리 반 약속: 급식 줄은 교실 안에 선다.

교사: G가 용기를 내어 이 활동을 하도록 해 주어 고마워요. 혹시 이 활동이 여러분에게 배움과 성장이 있었나요?

- "재미있었어요."
- "선생님께서 화내지 않고 토의를 해서 안심이 되었어요."
- "토의를 하고 우리 반 약속을 정하는 것이 신기해요."
- "토의를 하는 공부가 즐거워요."

교사: G 마음은 어떤가요?

학생(G): 처음에는 부끄러웠는데 친구들하고 토의를 하니 마음이 괜찮아요.

교사: 괜찮다는 말은 편안하고 만족스럽다는 말일까요?

학생(G): 재미있고 홀가분해요.

교사: 정말 고맙구나. 선생님이 이 활동을 계속해도 될까?

학생(G): 예, 선생님이 화내지 않고 대화를 하니 배움이 있어요.

❖ NVC 대화로 회복된 생활 교육 요소

- 영향을 받은 학생의 회복: G는 맞아서 계속 마음이 안 좋다고 했다. A와 같이 이야기 하는 가운데 먼저 A가 한 대 때릴 때 나도 내 방어를 위해 마구 때렸다는 사실을 깨닫는다. 먼저 A에게 시비를 걸었다는 것을 인정하면서 화가 났던 불편한 마음, 안 좋았던 마음이 내려가고 먼저 시비 건 것을 사과한다.

- 자발적 책임 회복: A도 관찰을 찾는 이야기 도중에 G가 일부러 A 뒤에 있었던 것이 아니라 급식 먹으러 가려고 원래 자기 자리에 서 있었다는 것을 알고는 놀라는 표정을 한다. G가 그냥 뒤를 돌아본 것인데 때릴까 봐 놀라서 먼저 공격한 것이라는 것을 깨달아 스스로 사과를 한다.

- 관계 회복: 이야기를 다 듣고 서로의 상황과 마음을 이해한 뒤 자발적 사과를 하고 밝은 표정을 한다. 관계가 회복되는 순간이다.

- 공동체 회복: 복도에서 우리 반 학생의 절반 이상이 이 상황을 목격했다. 친구들의 생각과 느낌을 듣고 우리 반 G는 이런 행동을 하지 않겠다는 말을 한다. 왜냐하면 친구들의 마음을 들어서 이해했기 때문이라고 한다. 우리 반 학생들도 선생님의 지도 방법과 G의 약속, 우리 반 약속을 듣고 안심이 되는 순간이다.

- 정의 회복 : A는 처음에 G가 먼저 시비 건 것을 계속 이야기를 하였다. A의 마음을 이해해 주고 G의 이야기도 듣는 과정에서 서로가 자기를 보호하기 위한 행동임을 깨닫는다. 모두가 자신을 사랑해서 하는 행동이었다는 것도 아는 순간이다. 나를 보호하고 나를 아끼는 행동이 폭력으로 해결되는 것보다는 대화로 평화롭게 풀 수 있다는 것을 스스로 알게 되는 경험을 한다. 각자의 행동을 되돌아보는 기회로 책임의식을 키운다.

---

②

B가 큰소리로 말한다.

학생(B): 선생님, L이 형하고 싸워요. 선생님이 가 보셔야 할 것 같아요.

고학년들이 온다.

학생: L이 밑에서 D랑 싸우고 있어요.

종이 치니 고학년 D가 교실로 씩씩거리며 온다. 낯선 교실로 부끄럼 없이 들어와 늘 앉아 본 것처럼 비스듬히 걸상에 앉더니 말을 시작한다. 나는 어떤 제지도 하지 않고 그 장면을 그대로 수용한다.

학생(D): O와 L이 싸웠어요. 하지 말라고 말리니까 L이 "형은 아무 상관없잖아."라고 해서 내가 "뭐가 상관없는데."라고 했어요.

교사: 싸움이 시작되었다는 말이구나. 형으로서 동생이 싸우는 모습을 보니 좋지 않았니? **→ 공감해 주기**

끄덕인다.

교사: 싸우지 말라는 뜻으로 하지 말라고 했니?

학생(D): "싸우지 마!" 이런 마음이었는데 L이 계속 짜증을 내니까 내 마음이 아팠어요. L 마음도 아팠을 거예요.

교사: L 마음까지 생각하는구나.

학생(D): L 마음이 아팠는지는 잘 모르지만요. 짜증 내고 대드니까 기분이 나빠 "한 번만 더 하면 때린다."라고 했어요.

교사: 그 말은 "제발, 하지마."라는 뜻이니? → **진짜 마음 찾아 주기**

학생(D): 예, 저번에 M이랑 L이 싸우는 걸 봤는데 L이 꺼지라고 하고 짜증을 내는 걸 봤어요.

교사: 불편했니? 나쁜 학생이 될까 걱정됐니? → **바꾸어 말해 주기**

학생(D): 예.

교사: 오늘 있었던 일로 계속 해 보자. → **귀 잡아당기기 기술**

학생(D): 겁주려고 그랬어요. '이런 말을 하면 안 그러겠지?'라고 생각해서요.

교사: 그런데 L이 계속 했니?

학생(D): 예.

교사: 선생님께 온 이유는?

가만히 있다.

교사: O와 L이 다투고 있는데 형이 끼어들어서 L이 속상했겠는데. 네 생각은 어떠니?

가만히 있다.

교사: L은 형이 끼어들어 O한테는 말하지 않고 L에게만 "하지마!"라고 해서 억울하고 서운하고 화가 많이 나겠는데? 네 생각은 어떠니?

끄덕인다.

교사: 다음에 이런 일이 있으면 어떻게 할래?

학생(D): "하지 마!"라고 말만 하고 갈게요.

교사: 선생님께 L하고 O가 싸운다고 바로 말해 주겠니? **→ 행동부탁**

학생(D): 예.

L은 교실에 들어오더니 고래고래 소리를 지른다. 숨이 넘어간다. 말이 잘린다.

학생(L): O가 술래잡이! 길을 막았다고, 아 씨!

교사: O 때문에 화가 났니? O가 실수했네. **→ 편들어 주기**

학생(L): (더 크게 고함을 지르며) 이런 놈이랑 모둠하기 싫다고요. 바꿔 달라고요.

교사: 화가 많이 났다는 말이구나. **→ 공감하기**

학생(L): 아 씨, 맨날 그런다고요.

『비폭력 대화』중에 이런 말이 나온다. '조언을 해 주거나 안심시키기 전에 먼저 물어본다.'

교사: 하고 싶은 말 다 하거라.

학생(L): (큰 소리로 말하며 목을 잡는다) "길 막아, 하지 마라."라고 하니까 D는 O편만 들었다고요.

계속 고함지르며 L이 말한다.

학생(L): 손가락질했더니 "하지 말라고. 어쩌라고요."라고 하잖아요.

교사: 영어 수업 가야 하지 않을까?

학생(L): 영어 가기 싫다고요. 집에 갈래요.

교사: 하고 싶은 말 다 하고 가렴. O 입에 피가 나던데.

학생(L): O가 G한테 때려 달라고! 더 화가 났다고요. O가 얄밉게 하잖아요. 형들한테 도망가라고 하고. 자기도 도망가고요. 나는 엄마하고 2년 뒤에 살아야 한다고요. O는 아빠, 엄마도 다 있잖아요. 형도 있고, 동생도 있고. 나 스트레스 받는데 아이들이 약 올려 죽겠다고요.

교사: 할 말이 또 있니?

학생(L): O가 내 피를 빨아먹는 것 같다고요. O 가방에 뱀을 넣고 싶다고요.

그러고는 O 가방을 연다.

학생(L): 뱀을 여기다 넣고 싶다고요.

교사: 하고 싶은 말 다 하렴.

학생(L): G가 '예쁜 G'라고 말하면 놀아 준다잖아요. 아, 씨, 그냥 놀면 되잖아요.

교사: 이상한 기분이었겠다. 어색하고. 말하지 않은 것은 잘한 것 같은데.

학생(L): 예쁜 G가 뭐예요. 하기 싫었다고요.

교사: 잘했어요. 하기 싫으면 하지 않으면 돼요. 친구들한테 서운한 게 많구나. 왜 선생님께 말하지 않았니?

학생(L): 복도에서 말하려고 했는데 선생님이 불안하다고 해서 말 못 했어요.

교사: 선생님은 G와 L이 싸우는 것 같아서, 싸울까 봐 불안했어요.

학생(L): 불안해하니 말 못 했다고요.

교사: 선생님을 배려했구나! 고마워. 다음엔 그래도 하렴. → **공감하기** 또 할 말이 있니?

학생(L): D가 점심시간에 나보고 "아웃." 이렇게 한다고요. 자꾸 "아웃."이라고 한다고요. 하지 말라고 하니 옆 형들을 보며 "아웃."이라고 한다고요.

교사: 그것도 말하지 않은 것 같은데.

학생(L): 급식실에서 말하려고 하니 "규칙, 질서"라고 해서 말 못 했어요. 선생님이 질서, 규칙이라고 했잖아요.

교사: 화내지 않고 참은 것은 학급의 규칙, 학교 규칙, 급식실 규칙을 지키려고 한 거구나. 그리고 선생님 식사 편하게 하시라고 말하지 않은 것 같기도 하네. 배려를 많이 했구나. 친구와 선생님과의 약속을 지키려는 L 마음이 느껴져. 급식 끝나고 말할 시간이 없었니? → **공감하기**

학생(L): 놀아야 하잖아요. 시간이 없었다고요. 말하고 싶었는데 또 공부 시작하니 말 못 했어요.

교사: 놀고 싶어 말을 못 했구나.

학생(L): 놀 시간이 없으니까요.

교사: 놀고 싶어 바로 말하지 못하긴 했어도 수업 예절도 지키려 하고, 친구들 공부도 방해하고 싶지 않고, 배려를 많이 했구나. 또 할 말이 있니?

침묵한다.

교사: 하고 싶은 말이 또 있니? 영어실 가야 하는데.
학생(L): 가기 싫다고요.
교사: 할 말이 더 있니?

침묵한다.

교사: 마음이 내려간 것 같구나. 마음이 내려가면 영어실 갑니다.

영어 선생님께 확인을 해 보니 영어실에서 게임도 하고 잘했다고 한다. 이번에는 O를 불렀다. 시간 절약을 위해 명료하게 묻는 것을 선택했다. 영어실 가기 전에 D 이야기, L 이야기를 대충 듣고 갔다.

교사: O가 하고 싶은 말을 하세요. 선생님이 도와줄게요.

침묵한다.

교사: O가 L에게 서운하게 한 것이 있을까요?
학생(O): 짜증나게 했어요.

시간을 둔다.

학생(O): 손가락질을 했어요. 삿대질하면서 하지 말라고 했어요.

교사: 또 있을까요, 서운하고 섭섭하고 슬프게 한 일이?

가만히 있다.

학생(O): 사과받고 싶은 것이 있니?

끄덕인다.

교사: O가 정직한 마음, 공평한 마음으로 이야기를 해 주세요. 선생님은 그 자리에 없었어요. 선생님은 O도 L도 다 존중하고 싶어요. 처음은 O와 L 중에 누가 더 심했나요? → **질문으로 상황 명료화하기**

침묵한다.

교사: 싸움 중간쯤은 누가 더 심했나요?
학생(O): L이요. 욕했고요, "죽으려고 작정을 했나?"라고 해서 내가 "사람이 왜 죽고 싶어?"라고 했어요.
교사: 친절하게 했니?
학생(O): 짜증 나는 소리, 깐죽거리는 소리로 했어요.
교사: 끝쯤에는 누가 더 심했나요?
학생(O): D형이랑 L이 싸우고 나는 안 했어요.

L한테 들은 내용으로 상황을 그림으로 그려서 O에게 보여 준다.

교사: 어떤 느낌이 드니? 선생님은 L이 외롭고 서운하고 섭섭할 것 같은 상황이거든. 너는 어떠니?

O가 선생님 옆에 다정히 붙어 소곤소곤 이야기하는 모습을 보고는 L이 고함을 지른다.

학생(L): 나는 자기 때문에 화가 나서 돌아버리겠는데 저 봐라, 좋아서 웃고 난리야. 아 씨, 때리고 싶다.

교사: 선생님은 L, O의 이야기를 다 듣고 도움을 주고 싶단다.

가만히 쳐다본다. 눈은 충혈되어 있다.

교사: 선생님이 참으면서 L 이야기 듣고 있는 것 알아주면 좋겠는데? L, O 입술이 터져 O 아빠가 화를 내실 것 같아 걱정된다.

학생(L): (아주 큰 소리로 교실 앞을 누비면서) 아, 봐, 내가 안 쳤다고요. 화가 나서 내가 이렇게 돌면서 팔꿈치에 부딪혔겠죠. 아니면 봉에 부딪혔거나요. 아, 씨, 내가 안 그랬다고요.

교사: 걱정되니? 화내지 말고 천천히 생각해 봐. O는 주먹으로 때렸다고 하네.

학생(L): (O를 보더니 손짓을 해 가며 아주 큰 소리로) 내가 안 그랬다고. 네가 봉에 박았겠지. 아니면 네가 날 화나게 해서 내가 이렇게 돌면서 네가 부딪혔겠지.

교사: L은 O를 보지 말고 선생님 보고 말하세요.

O가 가만히 있다.

교사: L이 화가 나 이야기를 이어가기 힘들어. 내일 계속하자. 아
　　빠가 입술 터진 것을 보면 서운할 텐데 어떻게 할까요? 전
　　화를 해야 할 것 같은데.
학생(O): 선생님이 꼭 전화해 주세요.

O가 가고 L만 있다.

교사: 방과 후 가세요.
학생(L): 혼날 텐데요. 선생님이 고함지른다고요.
교사: 혼날 거라는 것은 L 추측이고, L은 방과 후 선생님이 L을
　　배려하기를 바라는구나. 방과 후 선생님 마음은 L이 늦게
　　오고 공부에 집중하지 않으니 공부 좀 하라고 그러시는 거
　　죠? 걱정되는 마음이죠.
학생(L): 선생님이 전화해 주면 안 돼요?

L 마음이 더 풀어져 공부할 힘이 나게 해 주고 싶은 마음이 올라
온다.

교사: 방과후 가기 전에 이 활동을 하고 가자.

L에게 '마인드 업'을 주면서 선생님과 연결되는 것을 찾아 선생님
만 붙여 말을 해 보라고 하였다. 마운드 업을 보더니 어색하다고

한다.

학생(L): 아, 아까 G가 한 말 '예쁜 G'라고 할 때 그런 거예요.
교사: 어색하구나. 그래도 해 보자.

L이 선생님과 연결된 것을 찾아 말한 것
- "선생님은 자랑스러요."
- "선생님은 마음이 참 따뜻해요."
- "선생님은 훌륭해요."
- "선생님은 참 좋은 사람이에요."
- "선생님은 놀라워요."
- "선생님은 앞으로 기대가 돼요. 선생님 참는 거요."
- "선생님 대단해요. 화 안 내고 지도하는 거요."
- "선생님 재능 많네요. 지도하는 거요."

학년 초보다 힘들어지는 L의 상황으로 L의 언어와 행동이 거칠
어진다. 가슴이 답답한지 고함지르는 행동을 자주 보인다. 이 활동
을 한 것은 L에게 따뜻한 말을 할 기회를 주고 싶은 의도였다.

O의 입술에 피가 난 것을 가지고 O 학부모와 통화를 했는데, 다
행히 아이들의 상황을 이해해 주셨다.

아이가 감정을 강하게 표출할 때는 말하는 학생이 관련된 모든
생각과 판단, 느낌을 다 드러낼 때까지 교사는 그냥 들어주면서 학
생의 말이 끊어지지 않도록 연결해 주고, 시간을 두고 천천히 해야
학생은 서서히 거친 말을 멈춘다.

기록을 하다가 L이 한 말 중에 마음에 걸리는 말이 있어 다음 날 묻는다.

교사: O가 피를 빨아먹는 것 같다는 것은 무슨 뜻이니?
학생(L): 얍삽하게 사람 성질을 계속 빨아먹는 것 같다고요.

이 말에 공감을 해야 하는데 공감을 하지 않고 물어본다.

교사: L은 자신을 어떻게 생각하니?
학생(L): (화난 목소리로) 뭐요?
교사: 어제 고함지르면서 O가 하는 말과 행동을 잘 말했잖니? L
　　　행동과 말에 대해 L 자신은 어떤지 궁금하는구나.
학생(L): (활짝 웃으면서 해맑게) 나는 스트레스 확 풀었다고요.

계속 공감하지 않고 물어본다.

교사: L의 그런 소리를 듣는 친구들은 어떨지 생각해 봤니?

힘든 L에게 친구 마음까지 봐 달라고 하니 L이 힘들어한다. 당연한 일이다.

학생(L): (머리를 잡으면서) 아 머리가 아프다. 갑자기 뒷골이 당긴다.
교사: O한테 네가 한 말을 보여 줘도 되겠니? (세 번 묻는다.)
학생(L): 보여 줘요.

O가 L이 말한 것을 읽어 보고는 L에 대한 생각을 말한다.

학생(O): L은 깡패 같고, 호랑이처럼 으르렁거려요.
교사: L은 깡패 같다. L은 호랑이처럼 으르렁거린다. **→ 반영하기**

듣고 있던 L이 잡고 있던 목을 놓고는 크게 호탕하게 웃는다.

학생(L): (혼자 말을 하듯 웃으면서) 어이가 없다. 아닌 것 같다. 깡패
　　　　같다는 것은 너무한 것 같은데.
교사: 하고 싶은 말이 있니?
학생(L): O하고 D는 착한 척을 한다고요. 나한테는 "아△리 △
　　　　처." 이런 말을 하면서 선생님한테는 안 그러잖아요. 착
　　　　한 척을 하잖아요.
교사: O는 선생님 앞에서는 조심을 하는 것 같은데. L은 착한 척
　　　　한다고 생각하는구나.
학생(L): (겁낼 것 없는 큰 소리로) 그렇잖아요. 선생님 앞에서는 착
　　　　한 척하잖아요. 나한테는 욕하면서요.
교사: 너한테만 욕을 해서 서운한 것 같구나.

가만히 있다.

교사: 선생님은 L보다 훨씬 나이가 많은데. 선생님도 예절과 존
　　　　중이 필요해요.

뒷머리를 잡으며 넘어가는 시늉을 한다. 머리가 아프다고 한다. 상대의 마음을 들어 줄 마음이 생기지 않는 L이다. 지금 L의 상황이 힘들다는 것을 알리는 행동이다.

교사: O가 그러는 건 선생님께 예절을 지키는 거야. 그러면 L처럼 고함지르면서 이야기를 해야 하니? O, D도 예절을 지키며 조용하게 말하고, 선생님도 학생들을 존중하면서 조용하게 말하면서 지도한답니다. **→ 명료화하기**
어제 O 부모님과 통화를 했는데 L을 이해하고 O한테 "L이랑 사이좋게 놀아."라고 말한다고 하셨어. 선생님은 너무 감사했단다. **→ O 부모님과의 통화 내용 전하기**

가만히 있다.

교사: L이 B한테 "자기 맘대로야, 자기가 어디서, 짜증 나 죽겠네, 치, 어휴, 아 진짜!"라고 해서 울잖아요. B는 짝을 바꿔 달라고 할 수 있는데도 아무 말 안 하니 너무 감사해요. 우리 반 아이들이 계속 L의 고함소리를 들어요. 선생님은 우리 반 친구들이 평화로운 교실에서 공부하기를 바란단다. L이 싸우면서 내는 소리를 듣고 친구들 마음은 어떤지 알아볼게. 메모지에 적어서 붙여 놓으면 L이 읽고 싶은 마음이 생길 때 읽도록 하자. 괜찮겠니?

전체 학생들을 보며 말한다.

교사: L에게 힘 되는 말을 적어 주면 좋겠어요. 요즘 L이 힘든 것 같아요. 교실 안에서 소리를 많이 지르잖아요. 자기 느낌도 적으면서, L이 읽고 도움 될 수 있는 말을 정성스러운 마음으로 적어 주면 좋을 것 같아요.

- "저는 L이 고함지르고 싸웠을 때 조금 무섭고, 당황스럽고 놀라서 화가 났습니다."
- "L, 나 S인데 네가 화내고 짜증 내면서 우니까 무섭고 긴장돼. 그러니 네 생각을 말해 줘."
- "저는 L이 소리를 지를 때 친구들을 때릴까 봐 무섭고 불안합니다. L이 화낼 때 나쁜 아이가 아니란 걸 말해 주고 싶었습니다. L, 네가 화를 내면 우리 친구들이 무서워. 그래서 화를 낼 땐 멀리 가서 화를 내라고 정말 꼭 말하고 싶습니다. 그리고 네가 화를 낼 때 나는 마음이 정말 슬퍼. 안 싸웠으면 좋겠어. L, 힘내!"
- "네가 싸우거나 화를 낼 때 나는 네가 무서워. 그러니까 힘들고 속상하고 화가 나더라도 조금 참아 줘. 네가 폭력적으로 할 때 무섭다."
- "네가 화를 내면 마음이 당황스럽고 놀라고 걱정스러운 마음이 든다. L이 O의 입술을 주먹으로 때렸는지 안 때렸는지 몰라서 마음이 무거웠다."
- "L, 나는 네가 선생님께 화를 낼 때 약간 당황스럽고 무례하다고 생각해. 그리고 화났을 때 고함을 지르지 말고 예쁘게 말을 했으면 해. 더 계속 약 올리지 말고! '아, 예.'라고 말하지도 마."

그래도 너는 놀 때 정말 재미있어."

- "L, 만약에 우리 반 선생님이 참지 않고 화를 내신다면 진짜로 3차 세계대전이 일어날 것 같아. 하지만 선생님이 화를 내지 않으셔서 다행이야. L, 싸우지 않으면 안 되겠니?"

- "L, 네가 교실에서 소리를 지를 때 정말 깜짝 놀라. 다음부터는 조금 자제해. 네 고함소리를 들을 때마다 진짜 선생님이 대단하다는 생각이 들어. 진짜 대단하시다. 제발 좀 그만해."

- "L이 형들한테 욕하고 반말을 쓰고, 선생님한테도 반말을 쓰고 그래서 속상해. 내 마음이 속상해. 반말을 안 쓰도록 해 줘."

- "네가 반에서 소리를 질렀을 때 다른 반에게도 피해를 주고 우리도 마음이 놀라고 혼란스러웠어."

- "L이 소리를 지를 때 나는 너무 무서웠다. 내 짝지 L이 화를 낼 때 옆에 있어서 너무 무서워서 떨어져 있고 싶다. L, 다음에 화나면 소리 지르지 말고 소곤소곤 말하면 좋겠어. 이제는 화내지 마! 내 기분 이해하지?"

- "L, 이 글 읽고 마음 아파하지 마. 네가 한 번씩 싸워서 선생님께 지도를 받을 때 화가 나 있는데, G, H가 더 화가 나게 하는 건 정말 엄청 이해가 돼. 그런데 그렇다고 너무 소리 지르지 말고 조금 듣기 힘든 말도 안 했으면 좋겠어. 우리 반에 평화가 깃들게 기원해 주고 도와줘."

- "저번 주에 L이 운동장 나가서 화를 낼 때 안 좋았는데, 교실에 와서도 심하게 말하고, 막 짜증 내고, 화를 내서 되게 기분이 안 좋았습니다. L, 다음부턴 화를 내는 대신 마음 카드를 보고 메모지에 적어 내는 것은 어때?"

공감 대화로 만드는 행복 교실

- "L, 네가 화내고 소리 지르고 울 때, 싸울 때 다른 사람한테 싸움이 번져서 때리고 다칠까 봐 신경이 쓰였어. 네가 싸울 때 나한테라도 화풀이를 해서 화가 풀리면 좋겠다."
- "저는 L이 소리를 지를 때 꼭 누가 내 마음에 떨어질 것 같았습니다. L은 우는 모습과 화내는 모습보다는 환하게 웃는 모습이 더 보기 좋았던 것 같습니다."
- "L, 네가 화를 낼 땐 내가 정말 당황하고 놀라. 아마 다른 친구도 그렇겠지? 그러니깐 앞으로 화가 났을 때는 '나는 이런 마음이 들었는데 넌 어떠니?'라고 말해 줬으면 좋겠어. 만약 그런 마음이 없어도 고쳤으면 좋겠어. 그럴 자신 있지?"

아이들의 글 중 가장 가슴이 뭉클했고 얼굴을 밝게 한 글은 'L은 우는 모습과 화내는 모습보다는 환하게 웃는 모습이 더 보기 좋았던 것 같습니다.'라는 글이었다. L은 스스로 나와 친구들이 적은 내용이 궁금한지 읽어 본다. 그러고는 L도 적어서 붙인다. '교실에서 큰 소리로 이야기하지 않고 주의하고 싶다. 그리고 친구들에게 미안하다.'

이 글을 보고 L을 부른다.

교사: L, 네가 쓴 메모를 봤단다. 네 마음이 그렇다면 선생님이 네 마음을 친구에게 전해도 될까? 아니면 네가 직접 말할래?
학생(L): 선생님이 해 주세요.
교사: 선생님이 할게. 친구들이 적은 메모들을 좀 더 보겠니?

L이 친구들 메모를 본다.

교사: 다시 적고 싶은 말이 있으면 적도록 해. 선생님이 네 마음
　　　을 전할게.

L이 적은 글
- "친구들의 마음을 적은 글을 읽으니 가슴이 뭉클하다. 다시는
　친구들 앞에서 큰소리를 내지 않도록 주의하고 친구들에게 가
　슴 떨어지는 큰소리는 내지 않을게. 친구들에게 미안하다."

교사: L, 힘들지? 걱정되는 일도 많지? 가슴이 답답해서 고함이
　　　라고 지르면 시원하니? 소리 지르고, 친구를 나쁘게 말하
　　　니 친구들이 힘든 마음이 있어요. L 마음을 풀 수 있도록
　　　선생님이 도움을 줄게. 방법을 찾아볼게. → L 공감하기

돈

방과 후에 조심스럽게 다른 반 여학생이 와서 말한다.

학생: Y가 말해 달라고 했어요. N이 돈을 갚지 않는다고 해요.
교사: Y와 N에게 같이 교실로 와 달라고 하세요.

두 아이가 교실로 온다.

교사: 두 사람 말을 다 들을게요. 하고 싶은 이야기를 다 하는 거
　　　예요. Y부터 할게요. 무슨 일이 있니?
학생(Y): 그게.

가만히 있다. 교사가 질문으로 풀어나간다.

교사: Y는 N한테 돈을 주었나요?
학생(Y): 그게 아니라 내가 곤충을 잡으니까 "만 원 줄게." 그랬
　　　어요.

잠시 멈춘다. 들숨, 날숨을 뱉는다. 실제로 빌린 것은 아니구나.
→ **교사 자기 관찰**

교사: 언제 그랬니? 추석 전이니, 추석 후니?
학생(Y): 추석 후에요.

교사: N이 말해 줄래요?

학생(N): 내가 준다고 한 것은 맞는데, 그리고 내가 만 원을 갖고 있는데 하루에 이천 원만 엄마가 쓰라고 해서.

교사: 못 준다는 말이구나. 왜 돈을 준다고 했니?

학생(N): 곤충을 찾아 달라고 아이들한테 말했는데 아이들이 찾다가 포기했어요. Y만 한 마리 찾아 줬어요.

교사: 고마운 마음이 생기겠다. Y가 먼저 돈을 달라고 했니?

학생(Y): 내 앞에 곤충이 있어 잡았는데 그때 N이 "만 원 줄게 나 줘."라고 하면서 갖고 갔어요.

교사: Y가 먼저 돈을 달라고 한 것이 아니고, Y가 스스로 곤충을 준 것도 아니고, N이 만 원 준다고 말을 하면서 뺏듯 갖고 갔니? 그래서 돈을 줄 거라고 생각했구나.

- N이 "돈 만 원 줄게."라고 하면서 내가 잡은 곤충을 가지고 갔다. → **관찰로 명료화하기**
- N은 너무 곤충이 갖고 싶어서 나도 모르게 돈을 준다고 말을 해 버렸다. → **그때 N 욕구 찾아 주기**

교사: N, 지금 마음은?

학생(N): ('걱정되는' 카드) 만 원이 있지만, 엄마가 하루 이천 원만 쓰라고 해서요.

교사: 돈 만 원에 대한 N 생각은?

학생(N): 나는 약속했기 때문에 만 원을 주고 싶어요.

교사: N은 약속이기 때문에 만 원이 주고 싶구나. Y는 N이 돈을

준다고 했기 때문에 줄 거로 생각했구나. 여기까지 이야기를 했는데 지금 마음을 느낌 카드에서 찾아볼까요?

N 느낌	혼란스러운: "만 원이 넘게 있지만 하루에 이천 원씩만 쓰면서 줘야 하나 말아야 하나 혼란스럽다."
Y 느낌	신경 쓰이는: "준다는 건지 안 준다는 건지 모르겠다."

교사: N에게 만 원은 적은 돈이니 아니며 많은 돈이니?

학생(N): (목청을 높이며 큰 목소리로) 많은 돈이지요. 천 원은 줬어요.

교사: 그래요. 천 원 줄 때 마음은?

학생(N): 천 원 줄 때 갚아야 할 돈이 구천 원이라 다행스럽다.

교사: "천 원 주면 구천 원이 남아 다행스럽다."라고 생각하는구나. 꼭 줄 생각이 있구나. 그럼 지금 구천 원을 주세요. 구천 원 주고 돈을 안 쓰면 될 것 같은데?

가만히 있다.

교사: N은 '만 원이 있는데.'라고 생각하면서 엄마가 이천 원씩만 쓰라고 해서 못 준다고 해요. 그 말은 아깝다는 생각이 있는 것 같아요. 잘 들어 보세요. 선생님은 N이 자기 진짜 마음을 찾기를 바랍니다. '곤충 한 마리가 만 원이다.' 지금 어떤 마음, 생각이 드나요?

학생(N): ('후회스러운' 카드) 내가 그렇게 말하지 않았어도 하는 후회, 계속 돈 안 주고 Y도 맨날 돈 못 받아 '신경 쓰이게 하고 있구나.'라는 후회.

교사: 이 사실을 엄마가 안다면?

학생(N): 엄마는 그때그때 다르지만 혼날 수 있어요.

교사: 선생님도 N이 꾸중 들을 것 같아 걱정되고, Y에게 만 원 준다고 해도 아까운 생각에 마음이 편하지 않을 것 같아요. N, Y의 이야기를 다 들었어요. N이 돈을 갚지 않는다고 선생님한테 말을 한 것은 도움을 받고 싶어서 그런 거지요. Y, 지금은 어떠니?

학생(Y): 돈을 주나 안 주나 신경 쓰여요.

교사: N이 천 원을 주니까 돈을 주나 안 주나 더 신경 쓰여서 마음이 불편하고 학교생활에도 방해를 받았나 보네. 마음이 편안해지고 싶구나. N이 돈 만 원을 줄 것인지 말 것인지 확실하게 Y에게 말해 주면 좋겠니? **→ Y 욕구 찾아 주기**

학생(Y): 꼭 돈 안 받아도 돼요.

교사: 나머지 구천 원은 안 받아도 되니 N이 정확하게 말해 주면 좋겠다는 말로 들리는구나. 선생님은 이 일로 두 사람에게 배움이 있었으면 해요. N이 천 원을 줄 때는 곤충 값으로 만 원은 너무 많고 천 원이 적당하다는 N만의 생각이 있었던 것 같아요. 이미 천 원은 받은 것이니, N이 사과를 하면 어떨까 해요. Y, N이 사과하면 받아 주겠니?

고개를 끄덕인다.

교사: N은 Y에게 사과하겠니?

학생(N): (얼굴이 밝아지고 웃으며 큰 소리로) 예, 사과할래요.

"꼭 돈 안 받아도 돼요."라는 말 속에 숨은 Y의 마음을 충분히 느꼈다. 교사가 기록하여 듣고 싶은 공감 문장으로 정리한다. Y에게 들려주면서 다시 수정한다.

교사: 그냥 내 앞에 곤충이 있어 잡았는데 N이 "만 원 줄게."라고 하면서 내가 잡은 곤충을 가지고 갔다. 그리고 천 원을 줘서 '구천 원도 진짜로 주겠지.'라는 생각도 들었다. 천 원을 준 뒤로는 구천 원을 준다는 말도, 안 준다는 말도 안 하니 신경 쓰이고, 무시당한 것 같고, 나한테 사기 치는 것 같고, 나한테 장난치는 것 같아 기분이 좋지 않다. Y는 N이 약속을 지킬 건지 안 지킬 건지 말해 주는 배려가 필요하다. 존중이 필요하다. 배려와 존중 중에서 어떤 말이 더 좋으니?

학생(Y): '존중' → Y의 **욕구**

교사: "용서해 줄래?"가 좋으니, "사과받아 줄래?"가 좋으니? 아니면 "미안한 마음을 받아 줄래?"가 더 좋으니?

학생(Y): "미안한 마음을 받아 줄래?"가 더 좋아요.

교사: Y가 선택한 것으로 N이 Y 마음 알아주기 활동을 할게요.

교사가 두 아이와 나눈 이야기를 바탕으로 작성한 내용이다. 두 아이에게 확인을 한 후 활동을 한다. N이 자기 마음도 말하면서 Y

의 마음도 알아주는 공감 활동이다.

> 학생(N): 내가 곤충이 정말 갖고 싶은데 곤충이 도망을 갔어. 찾으니까 없어서 곤충을 찾은 너에게 만 원을 준다고 말하고 곤충을 가지고 갔단다. → **자기 마음 말하기** 내가 약속을 해 놓고 천 원만 주고, 한 달 동안 구천 원을 주지도 않고 말도 하지 않아 너는 무시당한 것 같고, 놀림당한 것 같고, 사기당한 것 같아 기분이 나쁘구나. 또 '진짜로 돈을 주나 안 주나?'라는 생각이 생기면서 신경 쓰이는구나. 넌 내가 약속에 대해 어떻게 할 것인지를 말해 주기를 바라니? 너를 존중하기를 바라니? → **상대 욕구 찾아 주고 상대 부탁하기, 상대 공감하기**

교사의 도움을 받으며 학생 N이 Y에게 자기 마음을 표현하는 활동을 한다.

> 학생(N): 사실은 정말 큰 돈이고 엄마한테 혼날 수도 있어서 지키기가 어려워. 나는 곤충이 정말 갖고 싶어서 나도 모르게 튀어나온 말에 후회를 많이 하고 있어. 다음부터는 지키지 못할 약속을 말하지 않을게. 나의 미안한 마음을 받아 줘. → **N 자기 마음 말하기** 나는 고마운 마음에 나도 모르게 튀어나온 말에 후회를 많이 하고 있어. 다음부터는 지키지 못할 약속을 말하지 않을게. 나의 미안한 마음을 받아 줘. → **세 번 말하기**

Y 공감 활동이 끝난 후 천 원을 준 N의 마음을 알아준다.

교사: N이 Y에게 만 원을 준다고 한 것은 곤충을 갖고 싶다는 마음이 그 순간 컸다는 말로 들려요. 그리고 천 원을 줄 때는 현실적인 가격이 생각났던 거예요. 만 원은 정말 크다는 것을 그때 알게 되었고 그런 N의 마음을 Y에게 전하지 못한 거예요. N이 Y에게 말을 했더라면 하는 아쉬움이 있지만, 천 원을 줬다는 것은 N은 현실적인 가격으로 약속을 지키려 한 것 같아요.

눈을 동그랗게 뜨고 고개를 끄덕인다.

교사: 오늘 활동으로 배운 것이 있을까요?
학생(N): '지키지 못할 약속은 하지 말자.'
교사: 두 사람의 마음이 어떤가요?
학생(N, Y): 마음이 가볍고, 홀가분하고 선생님께 감사해요.
교사: 두 사람이 계속 잘 지낼 수 있을까요?
학생(N, Y): 예.

두 아이의 말을 듣고 다음 날 두 학생과 나눈 대화를 아주 간단하게 소개하고 우리 반 약속을 정한다.

→ **우리 반 약속: 지키지 못할 약속은 하지 말자.**

놀지 마

급식실에 F가 나타나지 않는다. 다른 반 줄에 서 있다. 얼굴이 좋아 보이지 않아 할 말이 있는지 물어보니 없다고 한다. 교실에 와서 앉아 있는데 F가 오더니 말한다.

학생(F): 아빠한테 전화할래요.

호흡을 하고 멈춘다. → **교사 마음 관찰하기**

교사: "아빠한테 전화할래요."라는 말은 화가 엄청 많이 났다는 것 같은데. 그러니?

고개를 *끄떡인다*.

교사: 힘센 사람이 필요하다는 말로도 들리네.
학생(F): 아빠가 억울하면 전화하라고 했어요.
교사: 선생님이 서운한데. 그동안 선생님이 F 말을 듣지 않고 혼냈나? → **선생님 마음 전하기**
학생(F): 아니요.
교사: 그런데 아빠를 먼저 찾는다는 것은 엄청 화가 났다는 말인데?
학생(F): 예.
교사: 무슨 일인지 말해 줄래요?

학생(F): 1학년 때 T가 같은 반이라고 S가 막 그래요.

교사: S의 어떤 행동과 말에 마음이 상했니? → **귀 잡아당기기 기술**

학생(F): "놀지 마!"라고 했어요. → **자극 받은 말**

눈물을 글썽이며 말을 한다.

교사: 정말 서운하고 슬펐겠는데. S한테 물어보자. 사과받고 싶니?

학생(F): 예.

교사: S야, 네가 T보고, "F랑 놀지 마!"라고 해서 서운하고 슬프다
　　　고 하는데.

학생(S): (똑 부러지는 소리로) F가 먼저 T보고 "나랑 놀지 마!"라고
　　　했어요.

F가 먼저 해 놓고 전화를 한다고 한 것이다. 호흡하기, 멈추기, 올
라오는 생각 잡기를 한다. → **교사 마음 관찰하기**

관찰로 말하기

- F는 먼저 T보고 "S랑 놀지 마."
- S는 T보고 "F랑 놀지 마."

교사: S는 이 두 문장을 읽어 보세요.

S는 끝까지 그런 말을 한 기억이 없다고 한다. 계속 물어도 기억
이 없다고 한다. F는 가만히 듣고 있다.

교사: (F를 보며) F도 친구들이 운동장에서 '씨'라고 욕했다고 했을 때 한 적이 없다고 눈물을 보이며 서운해한 적이 있지요.

→ 관찰로 말하기

학생(F): 예.

교사: 가끔 자기가 한 말이나 행동이 기억나지 않을 때도 있단다. S가 기억이 안 나면 T에게 물어볼 테니 걱정 마세요.

고개를 끄덕인다. 제대로 이해했는지 확인하기 위해 F가 앞의 두 문장을 세 번 읽는다.

교사: 지금 마음은 어떠니?

학생(F): 내가 잘못한 것 인정해요. 그래서 내가 말을 하려고 하는데 S가 T를 데리고 가 버렸어요.

교사: 하고 싶은 말을 못 해 답답했니?

학생(F): 예.

교사: 어떤 말이 하고 싶었니?

학생(F): "T야, 내가 잘못했고 S랑 같이 놀자."라고 말하고 싶은데, 못해서 답답했어요.

관련 학생과 대화하기가 필요하다.

교사: 지금 T의 정직한 말이 필요해. 걱정 말고 T가 들은 대로 말해 주면 두 친구에게 도움이 된단다.

아주 작은 목소리로 S가 F랑 놀지 말라고 했다고 한다. 이 사실을 S에게 전해 주니 아무 말도 하지 않는다.

교사: 선생님의 도움을 받아 F가 자기 마음을 표현할 거예요.

관찰	"T에게 너랑 놀지 말라고 한 것은 내가 잘못했어.
느낌	너랑 T만 놀아 내 마음이 서운했어.
욕구	사실은 난 S랑 다 같이 놀고 싶었어.
부탁	그 마음을 알아주면 좋겠어."

교사: 이번에는 선생님의 도움을 받아 S가 자기 마음을 말하는 활동을 할 거예요.

관찰	"내가 네 마음을 모르고
느낌	T에게 '너랑 놀지 마.'라고 한 것을 생각하면 후회스러워.
욕구	너한테 사과하고 싶어. 정말 미안해.
부탁	내 사과를 받아 줘."

교사: 지금 마음은 어떠니?
학생(F): 예, 마음이 편안해요.

교사: 아빠한테 전화할까요?

학생(F): 아니요.

교사: S랑 F랑 같이 놀 수 있겠니?

학생(F): 예.

교사: 선생님 부탁은 선생님과 하는 대화법으로 해 보고 그래도 슬픈 마음이 있을 때는 아빠께 전화를 했으면 하는데 네 생각은 어떠니? → **연결부탁**

학생(F): 예.

두 학생의 이야기가 끝나고 전체 학생들과 이야기 나누기를 한다. 주제는 "우리 아빠, 엄마한테 전화할 거야." 또는 "폭력 신고할 거야."라는 말을 하거나 들을 때의 마음이다.

- '억울하다, 때린 친구가 아프게 때려 섭섭하고 속상하다, 맞아서 화가 나고 같이 때리고 싶다, 화가 나고 힘들다, 내 몸이 손상된다, 짜증이 나고 울먹인다, 서운하고 속상하고 섭섭하다, 답답하다, 복수해 주고 싶다, 불편하다.' → **"신고할 거야."라는 말을 할 때의 마음**

- '짜증이 나고 화가 난다, 걱정이 된다, 불편하다, 부담스럽다, 깜짝 놀란다, 조마조마하고 무섭다, 부모님들이 싸울까 봐 무섭다, 때린 것이 후회스럽다, 혼란스럽고 마음이 무겁다, 신경이 쓰인다, 당황스럽다.' → **"신고할 거야."라는 말을 들을 때의 마음**

이를 한 문장으로 명료화한다. "전화할 거야, 신고할 거야."라는 말을 하는 친구나 들은 친구 둘 다 마음이 힘들다.

→ 우리 반 약속: 속상하고 화가 나면 먼저 선생님과 대화를 한다. 그래도 마음이 풀리지 않으면 수업 마치고 부모님께 전화를 한다.

혹시라도 T가 말한 것으로 속상해서 괴롭히면 어쩌나 하는 생각에 S의 마음도 확인한다. 아이들이 고자질하거나 자기편을 들어 주지 않으면 섭섭함으로 고자질한 친구를 은근슬쩍 괴롭히는 경우가 있기 때문이다.

교사: S, T가 정직하게 말해 화나니?

고개를 크게 흔들며 아니라고 한다. 용기 내어 정직하게 말한 T에게 말한다.

교사: T가 용기를 내어 정직하게 말해 주어 F도 억울하지 않았단다. 공평하게 해결하고 싶은 선생님도 도움이 되었단다.

이 활동 후 S는 고맙다고 한다. 전화하지 않도록 해 주고 토의하면서 해결해 주어 선생님이 정말 고맙다고 한다.

집에서 기록을 하다가 F의 감정이 과한 것 같다는 생각이 든다. 학교에 가면 다시 한번 확인해야 한다는 판단이 올라온다. 학교에서는 미처 이 생각을 하지 못했다. 학교의 하루 일정이 바쁘게 돌아가고, F 마음만 봐 주는 것이 아니고 전체 학생 모두의 응급 공감을 하다 보면 교사의 마음도 지쳐 여유가 사라지는 것 같다. 학생들에게 충분히 공감하기 위해서는 교사도 공감받고 회복되어야 하는데 '교사니까 당연히 해야 하는 일이지.'라는 생각을 하면서 스스로를 누른다. 교사도 그때그때 누군가의 공감을 받으면 아이들에게 공감할 마음이 그때그때 자리 잡는다. 반면에 '누군가의 인정과 공감을 받아야지.'라고 생각하면 이 일은 하기 어렵다. 교사 자신의 마음을 세울 수 있는 내적인 힘이 필요하다.

교사: F가 먼저 T보고 "놀지 마!"라고 했는데, 왜 아빠한테 전화하고 싶고, 밥을 먹고 싶지 않을 정도로 서운했니? 그때 무슨 생각이 든 거니?

학생(F): S는 나를 싫어하는 것 같아요.

교사: S가 싫어한다고 생각해서 서운했구나. S가 싫어한다고 생각한 이유는 뭘까? → **반영하기, 바꾸어 말해 주기**

학생(F): 다른 친구들한테는 잘해 주면서 나한테 말할 때는 짜증을 내요.

교사: 짜증을 내는 것이 널 싫어한다고 생각하는구나. 다른 친구라면 누구를 말하니?

학생(F): 모두요.

교사: 널 뺀 남학생 12명을 말하니? → **관찰로 말하기**

학생(F): 예.

교사: S하고 같이 놀고 싶은 마음이 많구나. → **욕구 찾아 주기**

학생(F): 예.

교사: 어제도 S랑 놀고 싶었던 거니?

학생(F): 예.

교사: S랑 놀면 좋은 점이 있니?

학생(F): S는 말도 재미있게 하고 행동도 재미있어요. **→ 욕구 찾아 주기**

F의 충족되지 않은 욕구는 "S야, 난 너랑 매일 놀고 싶어."라는 것이다.

교사: S한테 다른 친구들한테는 다 친절한데 F한테는 친절하지 않아 서운한 것과 매일 S랑 놀고 싶은 마음을 전할게. S랑 놀면 정말 재미있어서 매일 놀고 싶은 마음을 전하고 싶은데 직접 전할래요, 선생님이 전할까요?

학생(F): 선생님이 전해 주세요.

교사: S야, F가 말하길 다른 친구들한테는 다 친절한데 F한테는 친절하지 않아 서운하다고 해요. 넌 어떠니?

학생(S): 아, 뭐라고요. 매일은 아니라고요. F도 욕 한다고요.

교사: 가끔은 친절한데 F가 매일 이라고 해 억울하구나. 또 한 가지는 S랑 매일 놀고 싶대요. F는 S랑 놀면 정말 재미있어서 매일 놀고 싶대요.

학생(S): 매일은 아니지만 놀 때도 있어요.

"S야, 난 너랑 매일 놀고 싶어. 네가 말하는 것, 행동하는 것이 정말 재미있어서 너랑 매일 놀고 싶어."라는 말을 S에게 세 번 들려준다.

교사: 이 말을 들으니 어떤 마음이 드니?

학생(F): (힘든 카드를 보이며) 힘들어요. 힘든 마음이에요.

F를 보며 반대로 S가 말한다. 세 번 정도 들려준다.

학생(S): F야, 난 너랑 매일 놀고 싶어. 네가 말하는 것, 행동하는 것이 정말 재미있어서 너랑 매일 놀고 싶어.

교사: F는 S가 이 말을 하니 어떤 느낌이 오나요.

학생(F): 당황스럽고 어리둥절해요.

교사: F는 S의 마음을 조금 이해할 수 있을까?

끄덕끄덕한다. 처음엔 S의 얼굴이 상기되었으나 대화가 끝난 상황에서는 입꼬리가 올라가며 편안한 얼굴을 한다. 기분이 좋다고 한다. 점심시간에 S가 F를 찾는다. 둘의 관계가 회복된 순간이다.

❖ NVC 대화로 회복된 생활 교육 요소

- 영향을 받은 학생의 회복: 우리 반 친구들과 급식 줄을 서기 싫을 정도로 마음이 상했던 F는 S와 소통하고 싶은 욕구가 충족되어 마음이 어느 정도 내려갔다. T가 정직하게 말함으로써 F의 상한 마음이 편안하게 회복되었다.

- 자발적 책임 회복: 마음이 상해서 아빠한테 전화하려고 한 F는 S와 소통하는 중에 자기의 잘못도 인정하는 자발적 책임의 태도를 보였다.

- 관계 회복: 두 아이는 솔직하게 잘못을 인정하는 태도를 보이면서 관계가 회복이 되었다.

- 공동체 회복: F, S, T가 대화하는 모습을 학생들이 지켜보았다. 고자질, 부모님께 일르는 것은 학교 폭력 신고와 연계성이 있어 함께 토의해 보았다. 신고하는 사람이나 '신고할 거야.'라는 말을 듣는 사람의 마음은 둘 다 불편하고 힘들다는 것을 깨닫고 깊이 생각해야 할 문제임을 경험했다.

- 정의 회복 : T가 끝까지 겁이 나 S 편을 들었다면 F는 더 가슴이 답답했을 것이다. T가 용기를 내어 솔직하게 말하여 두 아이의 관계가 회복될 수 있었다. 두 학생 모두 자기가 한 말에 책임 의식이 생긴다고 본다.

분노하는 아이들

①
5교시 수업을 하려는데 J가 온다.

학생(J): L이 탱탱볼을 찾는데 화를 내요.

음악 수업을 하면서 보니 L 얼굴이 상기되어 있고 수업에 참여하지 않는다. 자세도 옆으로 앉아 있다. 짝도 책상을 조금 떼고 거리를 둔다.

교사: L, 화를 내고 있으니 선생님이 신경이 쓰입니다.

입을 달싹거리며 뭔가를 말하려고 한다.

교사: 수업 마치고 들을게.

한 시간 동안 아무것도 하지 않고 있더니, 수업이 끝나니 바로 L이 나온다.

학생(L): (퉁명스럽게) 이야기해도 돼요?
교사: J도 나오세요.

J는 얼굴을 찡그린다. L은 계속 같은 말을 한다.

학생(L): J가 내 쪽으로 탱탱볼을 찼어요. 내가 아니라고 하는데 계속 우기잖아요.

교사: 우긴다는 말은 J가 어떻게 했다는 말이니?

학생(L): (계속 퉁명스럽게) J가 내가 한 거라고 하잖아요.

교사: 아니라고 넌 몇 번 말했니?

학생(L): 아니라고 일곱 번쯤 말했어요.

교사: 그때마다 J가 뭐라고 했니?

학생(L): 내가 했다고 하잖아요. 비웃었어요. 내가 키가 작다고, 힘 약하다고 J가 무시하는 것 같았어요.

J는 L의 말을 듣지 않고 중간에 끼어들어 대화를 끊어 버린다.

학생(J): 학원 차 타야 하는데.

교사: J는 L의 이야기를 듣고 싶지 않네. 그런데 L은 화가 많이 난 것 같고. L은 J가 사과하기를 바라나요?

침묵한다.

교사: J는 뭘 바라나요?

침묵한다.

교사: 이야기를 계속해 볼까요? L이 키가 작고 힘이 약하다고 무시해서 탱탱볼을 L쪽으로 찼다고 하는데, 어떻게 생각하나요?

학생(J): 아니예요. 그냥 찼어요.

"그냥 찼어요." 뒤의 욕구를 찾아 말한다.

교사: J는 L과 노는 것이 재미있나요?

학생(J): 놀 때만 재미있어요.

"놀 때만 재미있어요."라는 말은 교사가 판단하게 만드는 문장
이다.

교사: "나는 탱탱볼을 발로 찼다."라는 말은 사실인가요? '나는
　　　탱탱볼을 발로 찼다. 탱탱볼이 L의 뒤쪽 근처로 갔다.'라는
　　　문장이 사실인가요? → **관찰**

J가 맞다고 한다.

교사: J가 가도 되겠니?

침묵한다.

교사: L이 다른 말을 하지 않으니 J는 가고, 뭔지 모르지만 L은 J
　　　한테 화가 나 있구나. J 보내고 따로 이야기 해 볼까?

침묵한다.

교사: J는 갑니다. L은 선생님과 이야기를 하고 가자. L, '나는 탱

탱볼을 발로 찼다. 탱탱볼이 L의 뒤쪽 근처로 갔다.' 이 말이 맞니?

학생(L): 예.

교사: 또 하고 싶은 말을 하세요.

학생(L): J가 탱탱볼을 찰 때. "이거 왜 나한테 차는데, 내 거 아니야."라고 말하고 '한 번 봐주자.'라고 생각했어요. '여자니까 한 번 봐 주자.'라고 생각했어요.

교사: "이거 왜 나한테 차는데, 내 거 아니야."라는 말에서 이미 J한테 짜증이 나 있었던 것 같은데. 할 말이 없니?

학생(L): "내 거 아니야!"라고 하는데도 우겨서 내가 화를 내며 말했어요. "내 거 아니야!"라고 말했어요.

교사: 화를 내면서 말했구나.

학생(L): 내가 아니라고 하는데도 다른 아이들한테 물어보러 가고, U가 탱탱볼을 치우려고 하니 J가 치우지 말라고 하고 "내 거"라고 하잖아요.

교사: 점점 화가 나기 시작했구나. 공부를 할 수 없을 만큼.

학생(L): 예, 아무 생각이 안 나고 머리가 하얬어요.

교사: 생각이 정지되는 것 같았니?

학생(L): (계속 교실이 떠날 듯 소리를 지르며) 아, S와 J가 치우는 게 맞는데 나한테 차잖아요.

교사: L은 탱탱볼이 있는 장소의 친구가 치우는 게 맞다고 생각하는구나.

학생(L): 이상하잖아요. 나한테 찬 게. 나보고 치우라고 하는 것 같았어요. 기분이 나빴어요. 내가 화가 나 있는데, 리코더를 부니 짜증 나고 화가 났어요.

교사: L이 화가 나 있는데 선생님과 친구들이 그 마음도 모르고 계속 리코더를 불어 짜증 나고 화가 났니? 수업을 안 할 수는 없잖니? 선생님과 친구들 마음도 배려해 주렴. 그래도 수업 마치고 선생님이 L 마음 알려고 노력하고 있다는 것도 알아주고.

침묵한다.

교사: L, 선생님 말을 그대로 해 보겠니? 선생님의 말을 듣고 따라 하다가 아니면 멈춰 주세요.

생각과 관찰을 구별할 수 있도록 세 번 들려준다.

교사: J가 탱탱볼을 L쪽으로 찼다(관찰 내용). 나는 여자니까 한 번 봐주기로 하고(생각) "내 거 아니야."(관찰)라고 말했다. J는 '봐 달라.'라는 부탁은 하지 않았다. 봐주기로 한 것은 나다(관찰). 내 마음도 모르고 J가 우기니까(판단) 나는 화가 나고 짜증도 나고 서운한 마음(관찰)도 있다. 내가 키도 작고 힘이 없어 무시한다(판단)는 생각이 들었다. J가 진짜로 무시하는 생각이 있었는지는 모른다. 나는 J의 마음을 알지 못한다(관찰). 내가 생각한 것이다. 내 판단 때문에 화가 나고 짜증이 난다. 머리가 하얘지도록 화가 난다. 머리끝까지 화가 난다. 그래서 나는 J에게 짜증 나는 목소리로 계속

말을 했다. → **'관찰/생각'과 '판단/느낌'을 구분하며 들려주기**

반복하여 들려준다.

교사: 선생님의 이야기를 듣고 지금 J에 대한 생각은 어떠니?

학생(L): J가 탱탱볼로 발을 찬 것은 사실이고, 나를 무시한 것은 아닐 수도 있는 것 같고. J가 제일 잘 알 것 같아요.

교사: 처음에 "이거 왜 나한테 차는데."라고 말할 때 부터 J에 대한 마음이 즐겁지 않았던 것 같아요. 키가 작다고, 힘이 없다고 무시하는 것 같다는 생각은 탱탱볼 사건 이전에 살짝 가지고 있었던 것 같아요. 영어실에 갈 때 J와 L이 장난을 치면서 가는 것을 봤어요. 그때 마음이 어땠는지 아니면 점심시간에 놀면서 L 마음을 상하게 했나요? '키가 작아서, 내가 힘이 약해서'라는 생각을 갖도록 한 일이 있나요?

학생(L): 영어실 갈 때 옷을 당기는 장난을 했어요. 그런데 너무 세게 당겨 힘들었어요.

교사: '내가 약해서.'라는 생각이 들면서 그때부터 마음이 상한 것 아니니?

학생(L): 조금 쉬니까 괜찮았어요.

교사: 잘 생각해 보렴, 쉬니까 마음도 괜찮았는지.

학생(L): 그때는 괜찮았어요.

교사: 점심시간에 J와 놀면서는 어땠니? 오늘 하루를 생각해 보고 마음을 보렴.

학생(L): 괜찮았어요.

교사: 선생님이 L 마음을 알아볼게요.

'영어실 갈 때 했던 놀이는 L은 힘들고 J는 즐거웠다.'라고 명료화
한다. 이를 세 번 반복하여 들려주고, 놀이를 하는 것은 두 사람이
모두 충족해야 하는 즐거움의 욕구가 있다는 것을 알려 준다.

교사: 두 사람이 다 즐거워야 하는데. 즐거우려고 장난했는데 복
　　　도 바닥에 앉아 쉬고 갈 정도였으면 많이 힘들었을 텐데 L
　　　은 괜찮다고 하네? 그때 마음을 보세요.
학생(L): 사실은 많이 힘들었어요. → **진짜 마음 보기**
교사: L은 힘들어도 여자니까 봐 준다고 했는데, 그런 힘든 장난
　　　을 하도록 허락한 사람은 누구인가요?
학생(L): 나예요.
교사: L은 재미와 즐거움을 위해 J에게 장난할 것을 다 허락해
　　　준 거네. L은 힘들면 L 마음 알아주지 않는다고 화를 내는
　　　구나. '나는 널 배려했어. 여자라고 봐주기도 하는데 넌 왜
　　　날 배려하지 않는 거야.'라고 서운해하고 있구나. → **마음 추
　　　측해 주기**

고개를 끄덕인다.

L의 욕구 추측해 주기	"J, 너를 배려한다고 나는 지금 힘들어. 나는 존중이 필요해. 힘든 나를 이해해 줘."

교사: 지금 마음이 어떤가요?

학생(L): 괜찮아요.

L의 욕구를 명료화해 준다. "나는 지금 힘들어서 배려가 필요해. 나는 존중이 필요해." L과 나눈 대화 중에서 화가 난 부분을 다시 들려준다.

교사: '내가 화가 나 있을 때는 주변 친구들이 리코더를 불면 안 돼. 내가 화가 난 것을 알아줘. 내가 화가 났나구.' 어떤 생 각이 드니?

학생(L): 아까는 친구들이 피해를 본다는 생각을 못 했어요. 정신 이 사납고 짜증이 났어요. 그랬는데 지금은 제가 수업을 방해하고 친구들한테 미안해요.

'L은 기분이 좋을 때와 화가 났을 때의 행동이 너무 다르다.'라는 교사의 걱정을 들려준다.

학생(L): 그런 것 같아요.

교사: "선생님도 걱정되는 부분이에요, 엄마에게 연락해 도움을 받고 싶은데 L 생각은 어떠니?

학생(L): 다음에 또 그러면 그럴게요.

교사: 지금 마음은 어떠니?

학생(L): 괜찮아요.

교사: '괜찮아요.'라는 말을 느낌말로 찾아오겠니?

학생(L): ('편안한' 카드를 가져오며) 마음이 풀리고 놓입니다. 선생님
과 이야기를 하니 마음이 편안해요. 마음이 쭉 내려가
요. 공평해요. 편을 안 들고 이야기를 해서 공평해요. 다
른 친구들이 저처럼 해도 다른 친구들을 이해할 것 같
아 믿음이 생겨요.

교사: 이야기를 다 하고 배움이 있나요?

학생(L): 'J가 이해가 되고 수업 방해를 하지 않겠다.', '피해를 주지
않겠다.'라는 배움이 있어요.

교사: 더 할 말이 있니?

학생(L): 없어요.

우리가 화가 나는 것은 결코 다른 사람의 말이나 행동 때문이 아니다.

_『비폭력 대화』중에서

②

보건 수업 시간이 끝나 교실로 가니 B가 와 속삭인다.

학생(B): 선생님, H가 가위를 들고 G를 찌르려고 했어요.

교사: 그 모습에 놀라고 걱정되는구나. 선생님이 지도해 주기를
바라는구나. 알려 줘서 고맙다. H, 공부 시간에 화났니?
왜 화가 났는지 말해 주세요. G와 H는 남아서 대화를 하
고 가세요.

학생들이 자기 자리 청소까지 마치고 집으로 가고 둘만 남는다.

공감 대화로 만드는 행복 교실

교사: H, 가위를 들고 G를 찌르려고 했다는데 사실이니?

학생(H): (당당한 목소리로) 예.

교사: 왜?

학생(H): 화가 나서 그랬는데요.

교사: 화가 나서 그랬구나. 선생님이 궁금하고 몰라서 물어보는 거예요. → **반영하기** '나 H는 화가 나면 자주 가위를 들고 찌르려고 한다.' 이 말이 맞니?

학생(H): 아니요.

교사: H는 화가 나면 다른 방법으로도 표현하나요?

학생(H): 화가 나면 주먹으로 때려요.

교사: H는 화가 나면 주먹으로 때리는구나. 오늘 가위를 들고 찌르려고 한 것은 더 많이 화가 났다는 말이구나. → **반영하기**

학생(H): 예.

교사: H는 화가 나면 주먹으로 때리고, 더 많이 화가 나면 가위를 들고 찌르는구나.

학생(H): (당당하게) 예.

교사는 낮은 소리로 계속 질문을 한다.

교사: H가 가위로 친구에게 상처를 내면 어떤 일이 일어날까요?

가만히 있다.

교사: G가 다치면 G 치료비는 H 부모님이 다 내야 하는 경우가

생깁니다. 알고 있나요?

학생(H): 왜요?

교사: G를 H가 다치게 했기 때문에 부모님에게 책임이 있어요. H는 아직 어리잖아요. 그렇게 되면 G, H 부모님 다 마음이 슬플 것 같아요.

G는 H랑 선생님이 무슨 말을 하는지 계속 들으려고 주변을 맴돈다. G가 끼어든다. 몇 번 끼어들려는 G에게 H 이야기를 다 듣고 G 이야기도 다 들을 것이라고 약속한다. 그럼에도 이 말은 꼭 해야 한다며 이야기를 한다.

학생(G): 가위로 찌르려고 한 게 아니라 "이 가위로 너 살 뜯어 버릴 거야."라고 했는데요.

학생(H): (고개를 들고 크고 당당한 목소리로) 예, 정말 화가 났다고요.

교사: 선생님은 이 말을 들으니 무섭구나. 친구들이 들었다면 H를 무섭게 생각할 것 같은데. 'H는 화가 나면 무섭다.'라고 친구들이 생각하기를 바라나요?

학생(H): 아니요.

교사: 아니구나. 그런데 왜 그렇게 무서운 말을 했는지 말해 줄 수 있겠니?

학생(H): (화가 난 목소리, 울먹이는 목소리로) 욕하려고 했다고요.

교사: G가 욕하려고 해서 화가 나기도 하고 하지 말라는 생각으로 그랬니?

끄덕인다.

교사: 욕 듣는 것은 진짜 싫다는 말이구나.

학생(H): 예.

교사: 욕 듣는 것이 너무 싫어서 최고로 무섭게 말했구나. (잠시 침묵하다가) G가 욕하려고 했다는 것은 욕은 하지 않은 거구나.

말을 하지 못하고 울먹인다. 추측하여 계속 물어본다.

교사: H가 하는 일을 방해했나요.

학생(H): 조금요.

교사: G는 욕도 하지 않았고 조금 내 일을 방해했는데 "이 가위로 너 살 뜯어 버릴 거야."라고 말했나요?

가만히 있다.

교사: 지금 생각해 보고 후회되는 일이 있을까요?

학생(H): G를 때려야 했어요.

교사: G를 때리지 않은 것이 후회스럽구나.

학생(H): 예.

교사: 다시 6교시 수업 중에 무슨 일이 있었는지 말해 볼까요?

학생(H): 6교시에 체온계를 귀에 넣고 체온을 재는데 G가 반대로 가면 되는데 고함을 질러 귀를 아프게 하잖아요.

말하면서 울먹이고 소리가 끊긴다. 그리고 다시 연결하면서 울먹인다. H가 자극 받은 행동이나 말은 G가 고함을 질러 귀를 아프게 한 것이다.

교사: 그때 이런 생각이 들었니? '새△야, 반대로 가면 되잖아. 개△끼야. 왜 내 옆에서 고함질러. 네가 소리 질러 가지고 내 귀가 다칠 뻔 했잖아. → **자칼쇼, 판단/생각**

자칼쇼를 하게 한다. G를 보지 않고 이 말을 세 번하게 한다.

학생(H): 새△야, 반대로 가면 되잖아. 개△끼야 왜 내 옆에서 고함질러. 네가 소리 질러 가지고 내 귀가 다칠 뻔 했잖아.

H는 처음에는 소리를 내지 못하고 중얼거린다. 옆에 있는 교사가 할 수 있도록 도와준다. 다시 한번 해 보라고 하니 "새△야, 소리 질러 가지고 내 귀가 다칠 뻔 했잖아."라를 부분을 아주 크게 한다. 가장 자극 받은 말을 찾아 자칼쇼를 한다. 감정을 충분히 실어 다시 하라고 했더니 처음부터 크게 한다. 발로 쾅쾅 눌러 가며 한다. 하고 난 뒤 마음이 어떠냐고 물으니 시원하다고 한다.

- H의 지금 몸과 마음 : 시원하다.
- H의 욕구 찾아 주기 : 솔직한 자기표현

지금의 느낌과 욕구에 머무르도록 시간을 준다.

- 교실 안에서 이 말을 들은 G의 마음 : 눈물을 조금 보이며 "짜증이 난다."라고 한다.

자칼쇼를 할 때는 상대가 듣지 않는 장소에서 한다. G보고 교실 밖으로 나가라고 해도 나가지 않고 맴돌다가 자칼쇼 말을 듣게 된다.

교사: 이제부터 G말을 들을 거예요. 해 보세요.

학생(G): 체온을 재고 새치기를 하려고 한 건 아니고요. 내 자리로 빨리 가려고 "나와!"라고 했어요.

교사: H가 그 마음을 몰라 줬구나. G 목소리는 H보다는 큰데. "나와!"라는 말의 뜻은?

학생(G): 비키라는 말이었어요. 그런데 H가 자리로 오더니 "불쌍하다."라면서 색연필을 던지고 가위로 "너 살 뜯어 버릴 거야."라고 하잖아요.

교사: 그때 느낌은?

학생(G): 짜증 났어요. H가 '그거 가지고' 화를 내서 짜증 났어요.

교사: 짜증 나면서 든 생각은? "새△야, 나는 '나와!'라고 했는데, 왜 불쌍하다면서 색연필 던지고 가위로 '너 살 뜯어 버릴 거야.'라고 성질내는데?"라고 생각했나요? → **생각이나 판단의 말로 들려주기**

학생(G): 맞아요. 그런 생각이 났어요. 아, 듣기 싫어요.

"살 뜯어 버릴 거야."라는 말을 하니 G가 "아, 듣기 싫어요."라고 한다. H가 있는 반대 방향을 보면서 자칼쇼를 하도록 한다. H에게

멀리 떨어져 있거나 복도에 나가 있을 것을 부탁을 하고 G가 자칼
쇼를 하도록 한다.

학생(G): (아주 큰소리로) 새△야, 새△야, 나는 '나와!'라고 했는데,
　　　　왜 불쌍하다면서 색연필 던지고 가위로 '너 살 뜯어 버릴
　　　　거야.'라고 성질내는데? 그리고 나는 원래 소리가 크다고!
　　　　→ 세 번 말하기

교사: 지금 마음은 어떠니?

학생(G): 괜찮기는 한데, 용서가 안 돼요.

교사: G는 평소의 G의 말로 "나와!"라고 했고, H가 그 말을 무시
　　　한다고 생각한 것 같구나.

학생(G): 예, 다른 친구들도 있는데 나한테만 "나와!"라고 했어요.

교사: G는 "나와!"라고 할 때 H를 존중하거나 배려한 것 같으니?

학생(G): 크게 말 안 했다고요.

교사: G는 선생님이 G가 잘못한 것이 있는지 물어보는 것처럼
　　　들리는구나. 선생님은 그때 G의 생각과 마음이 궁금해요.
　　　G의 "나와!"라는 말을 H는 G의 마음과 상관없이 무시한다
　　　고 생각했어요. **→ 응급 공감하기**

가만히 있다.

교사: 지금 두 학생은 무엇을 하고 싶니? 사과받고 싶니?

G는 자세를 틀면서 "싫어요."라고 한다.

교사: G야, 둘 다 억울한 것이 있으면 계속 싸울 것 같아 걱정됩니다.

자세를 고치더니 말한다.

학생(G): 아, 사과받을 것 있어요. 사과받을게요.
교사: 먼저, G가 "나와!"라고 한 이유를 알리고 H한테 심한 말 들은 것을 사과받으면 어떻겠니?

교사의 도움을 받아 G가 얼른 자기표현을 한다.

학생(G): H야, 내가 빨리 내 자리로 가려고 "나와!"라고 했단다. 그때 너는 귀가 아팠고 무시한다는 생각을 해서 화가 났구나. 나는 그때 자리에 빨리 가고 싶어서 "나와!"라고 했다는 것을 알아주면 좋겠어. 그리고 내 목소리가 원래 크다는 것도 알아줘. → **세 번 말하기**
교사: H야, 지금 마음이 어떠니?
학생(H): 괜찮아요.
교사: 편안하다는 말이니?
학생(H): 예.

얼굴도 몸도 많이 편안해 보인다.

교사: G한테 말한 것 사과해도 되겠니?

학생(H): 예.

분노를 온전히 표현하고, 충분히 공감 받아야 상대의 이야기를 들을 수 있는 귀가 조금 생긴다. H가 G에게 자기 마음을 표현한다.

학생(H): G야, 넌 자리에 빨리 가고 싶어서 "나와!"라고 했는데, 내가 귀도 아프고 무시한다는 생각이 나서 화가 났어. 나는 네가 일부러 나한테만 크게 말한다고 생각했어. 그래서 너한테 불쌍하다고 말하고, 색연필 던지고 "가위로 네 살 뜯어 버린다."라는 심한 말을 했어. 지금 생각하니 내가 심하게 말해서 미안해. 내 행동과 말을 고치도록 노력할게.

세 번 말하도록 한다. H는 진심을 담아 세 번을 말한다.

교사: G, 마음은 어떠니?
학생(G): 괜찮아요.

교사의 마음을 전한다.

교사: 너희 둘 모두 선생님한테 소중한 제자란다. 선생님과 이야기하면서 공평하지 않게 생각된 부분이 있었니? 지금 마음을 보세요.
학생(H, G): 없어요.

교사: 두 제자가 앞으로 우정을 깨지 말고 잘 지내기를 바라는데
　　　어떠니?

학생(H, G): 예.

교사: 두 사람이 할 수 있는 걸 말해 볼까?

H가 말한다.

학생(H): 노력할게요.

교사: 화가 났을 때 무섭게 말하지 않고 가위 같은 것 들지 않도
　　　록 노력하겠다는 말이니? → **바꾸어 말해 주기**

학생(H): 예.

교사: G는?

가만히 있다.

교사: G는 목에서 나는 소리가 커요. 선생님은 G 소리가 큰 것
　　　이 좋을 때가 많아요. 화가 나거나 짜증이 날 때 나오는 소
　　　리는 친구에게 상처를 줄 수 있어요. → **공감하기**

가만히 듣고 있다.

교사: 오늘 일을 부모님께 알려야 할지 고민이 되는데 너희 생각
　　　은 어떠니?

H는 자기가 먼저 말을 하겠다고 한다. 전화는 하지 않아도 되겠

다고 한다. G는 한참 생각을 하더니 하지 않아도 된다고 한다. 두 녀석이 밖으로 나가서는 서로 가방을 만져 주고 다정한 모습을 보인다. 웃으면서 인사도 한다.

몇 달이 지나 H가 일부러 앞으로 천천히 나오더니 욕구가 충족된 느낌카드가 있는 쪽을 보며 말한다.

학생(H): (편안한 목소리로) 선생님, 이 낱말 카드가 좋아요.

③
D가 말한다.

학생(D): 선생님, L이 따라 하라고 해서 했어요. 두 번 따라 했어요. 그 말을 붙여서 해 보라는 거예요. 붙여서 하니 '나 무식해.'라는 말이 되는 거예요. 너무 화가 나요. 난 L이 따라하라고 해서 했단 말이에요. 너무 화가 나요. 참으려고 해도 참아지지 않아요.

D가 자극받은 말이나 행동은 "L이 하라는 대로 했더니 '나 무식해.'가 되는 거예요."라는 것이다.

교사: 넌 L이 놀릴 거라는 생각은 하지 않고 L이 하라는 대로 했는데 놀리는 게임을 한 것에 배신당한 것 같고 실망스럽고 정말로 무시당한 것 같아 마음이 상하는구나. → **공감해 주기**

학생(D): L이 놀릴 때마다 저 많이 참았거든요. L은 미안하다고 하는데 저는 계속 화가 나요. 친구들이 L 편만 들어요. 마음이 상해 있는데 M이 잘 알지도 못하면서 L 편만 들어요.

교사: 속상하기도 하고 짜증이 나기도 하니?

학생(D): 예.

학생(M): L 편을 들어 준 것이 아니고 D가 컵을 던져서 깰 것 같아 "하지 마, 그만해."라고 한 거예요.

L을 불러 이 상황을 말한다.

학생(L): (큰소리로) 계단에서 올라올 때부터 D가 나를 밀잖아요. 처음에는 내가 먼저 밀었어요. "정말 달리기 못하네."라고도 했고요.

교사: "정말 달리기 못하네."라고 할 때는 장난처럼 들리고 기분 나쁘지 않았구나.

학생(L): 예.

교사: 그러면 L은 계단에서 D가 밀어서 짜증이 나 그랬던 거예요?

학생(L): (버럭 고함을 지르며) 예, 짜증 나게 하잖아요.

교사: 두 사람 다 마음이 상했네. 장난으로 하다가 지금 화가 많이 난 것 같은데 부탁할 말이 있을까요?

학생(D): L, 내가 세 번 정도는 장난하는 걸 봐줄 수 있어. 더 이상은 하지 마.

교사: L, 부탁할 말이 있니?

학생(L): (고함을 지르며) 아, 진짜.

교사: D는 차근차근 말하는데 L이 화난 소리로 하니 지금은 대화하기가 힘들어요. 수업 마치고 하자.

L, D는 수업에 집중하지 못한다. 얼굴빛은 어둡다. L은 머리가 아프다고 보건실에 갔다 온다. L이 계속 고함을 지른다. 일단 "D야, 내일 이야기하자. L과 나중에 이야기해 볼 거야. 내일 다시 하자."라고 한다. 방과후를 마치고 L에게 오라고 하여 다시 대화를 한다.

교사: 선생님이 부탁할게. 선생님은 L 이야기를 듣고 싶어요. 화가 나면 그 당시 일이 생각나지 않을 때도 있어요. 마음도 몰라요. 그냥 L이 하고 싶은 이야기를 하는 거예요. 그때 선생님이 L 마음을 찾아볼게요.

D의 말을 NVC로 추측하여 말한다.

교사: D가 선생님께 온 것은 L이 따라 하라고 해서 했더니 '나 무식해.'라는 말을 하는 게임이었다는 것에 실망하고 배신당한 것 같은, 그래서 L에 대한 우정, 신뢰 믿음이 깨진 것에 대한 마음의 상처 때문에 도움을 청하는 것 같았어요. 하고 싶은 말 있으면 하세요.

학생(L): '나 무식해요.'라고 따라서 하라고 할 때 따라 하니 우스웠어요.

교사: 내가 하라는 대로 따라 해 준 친구가 왜 우스웠을까? D는 진짜 '그 게임이 뭘까?' 또는 '재미있는 것인가?'라는 기대가 있었던 것 같았어요. 할 말이 있으면 하세요.

학생(L): O와 M한테 귓속말로 "나 D한테 장난칠 거야."라고 그랬어요.

교사: O과 M한테 확인할게요. L은 장난칠 거라는 마음이 미리 있었고 D는 몰랐구나. D는 예상하지도 못한 일에 실망하고 마음이 상했던 거고.

학생(L): 귓속말은 아니고 했어요.

교사: '귓속말은 아니고'라는 건 그 자리에서 바로 이야기했다는 거네. D는 못 봤구나. 네가 말하는 것을.

학생(L): 말로는 안 하고 입 모양으로 M, O한테 눈치만 줬어요.

다음 날, M, O한테 확인을 하니 그런 눈치는 없었다고 한다.

교사: L의 생각을 말한 것이네요. 사실이 아닙니다.

학생(L): D가 딴 곳을 보고 있었어요. 손으로 쳐서 날 보라고 했는데, D가 진짜로 따라 해서 '진짜 속나? 아니겠지.'라고 생각했어요.

교사: '진짜 속나?'라고 생각했다고?

학생(L): 들키면 좋아할 줄 알았는데, 오히려 화를 내서 짜증이 났어요.

교사: D가 없으니 D 마음을 추측해 줄게.

D 이야기를 바탕으로 D 마음을 추측해 준다.

교사: '나는 L, 너를 믿고 하라는 대로 했는데 나를 놀린다는 생각 때문에 화가 나기도 하고 마음이 많이 상하기도 했단다. L이 나를 놀릴 거로는 생각지도 못했는데 그러니까 배신당한 것 같기도 해. 자꾸 화가 나.'

D 마음을 듣고는 L이 한숨을 쉬면서 자세를 뒤로 젖힌다.

교사: 할 말이 있는 것 같구나. 그 게임은 언제 한 거니? 왜 컵 쌓기를 하다가 그 게임을 했니?

학생(L): 그게, 컵 쌓기를 하고 있는데 "나도 할래."라고 자꾸 말하니 정신 사나웠고 집중이 안 되잖아요.

교사: "기다려."라고 했나요?

학생(L): "나 먼저 하고."라고 말했는데도 D가 누워서 "나도 할래." 하고 하니 징그럽고 그래서 내가 일으켜서 밀어 버렸어요. 계속 끈질기게 "나도 할래."라고 해서 놀려서라도 떼어 내고 싶었어요.

교사: 놀리면 화가 나서 갈 줄 알았구나. → **공감하기**

학생(L): 그런데 안 가고 교구를 던져서 그게 내 가슴에 맞았는데 엄청 아팠어요.

교사: 너도 상처받았구나. 놀라기도 하고 폭력적인 행동에 D한테 실망도 했니? → **공감하기**

학생(L): 그래서 내가 "다시는 놀리지 않을게."라고 다섯 번 말하고 "미안하다."라고 다섯 번 말했어요. 사과를 안 받아 주잖아요. 계속 화를 내잖아요. 짜증이 났어요.

교사: 사과를 받아 주지 않으니 짜증이 났구나. '자기도 잘못한 것이 있으면서 왜 사과를 안 받아 주는 거지.'라는 생각도 있었나요? → **공감하기**

학생(L): 예.

교사: 지금 말하고 나니 어때요?

학생(L): 아까는 D 때문에 머리가 아파 깨질 것 같았어요. 지금은 괜찮아요.

L 마음의 흐름 찾아 주기

- '장난이야 → 제발 내가 노는 것을 방해하지 마. (존중과 배려) → 편안하게 게임에 집중하고 싶다. → 그래야 즐겁고 재미있다. 행복하다.'

D 마음의 흐름 찾아 주기

- '(장난인 줄 모르고) 기대되는데. → L이랑 놀고 싶다. (존중과 배려) → 그래야 재미있고 즐겁다. 행복하다.'

교사: 부탁하고 싶은 말이 있나요?

〈교사의 도움을 받아 부탁하기〉

1	- "내가 다른 친구와 게임할 때는 끼어들지 마." (L이 한 말) → "내가 다른 친구와 게임을 할 때는 기다려 줘." (교사가 도움을 준 문장) - L이 선택한 문장: "내가 다른 친구와 게임을 할 때는 기다려 줘."
2	- "D야, 사과하면 받아 줄게." → "D야, 내가 사과하면 받아 줄래?" (바꾸어 말해 주기)
3	- "나한테 물건 던지지 마. 너를 때릴 수도 있어." → "나는 너랑 잘 지내고 싶어. 평화로운 방법으로 지내고 싶어." (바꾸어 말해 주기) - "우리 둘 다 물건을 던지거나 때리지 말자." (L이 선택한 문장)

　도움을 주기 전과 후의 두 문장을 세 번 읽어 주고 선택하게 한다. 또한, L이 한 말을 관찰로 정리한다.

교사: '컵 쌓기 놀이를 하고 있는데 D가 "나도 할래."라고 했다. "나 먼저 하고."라고 했는데도 D는 계속 "나도 할래."라고 했다. 나는 강제로라도 D를 이 자리에서 떼어 내고 싶어서 잡아 일으켜 세워 밀어 버렸다. 그런데도 끈질기게 와서는 "나도 할래."라고 해서 '나 무식해' 놀이를 했다. 놀리는 게임을 하면 D가 갈 줄 알았는데 가지 않고 교구를 던지고 때렸다. 내가 놀린 것은 좀 심한 것 같아 D에게 "다시는 놀리지 않을게."라고 했는데도 받아 주지 않아 짜증이 났다. 다음부터는 게임을 먼저 하고 있으면 기다려 주고 내가 사과하면 받아주면 좋겠다. 화가 나면 둘 다 때리거나 물건을 던지지 말자고 약속하고 싶다.' 혹시 L의 마음과 다른 것이 있나요?

학생(L): 아니요.

　공감 대화로 만드는 행복 교실

교사: L, 내일 D에게 L이 한 말들을 들려주고 서로 부탁할 것은 직접 해도 되겠니?

학생(L): 예.

다음 날 아침, D에게 L과 나눈 대화를 바탕으로 작성한 관찰 내용을 읽도록 한다.

학생(D): "나도 할래."라고 한 것은 맞아요.

교사: 나머지 내용은 그런 상황에서 생긴 L 생각과 마음이야. 이해가 되니?

학생(D): 예.

교사: 선생님이 네 이야기를 듣고 추측한 내용도 읽어 주겠니? 다른 마음이 있다면 알려 줘. '나는 L 너를 믿고 하라는 대로 했는데 '나 무식해.'라는 말이 되어 나를 놀린다는 생각 때문에 화가 나기도 하고 마음이 많이 상하기도 했단다. L이 그럴 줄은 생각지도 못했는데 그러니까 배신당한 것 같기도 해.' → **추측한 내용 읽기**

학생(L): 맞아요.

교사: D야, L이 '나 무식해.'라는 말을 하게 했을 때 몸은 어땠니?

가만히 있다.

교사: 게임에 대한 기대가 무너졌을 때 어땠니?

학생(D): 한 대 맞는 느낌이었어요.

교사: 어디를 맞는 느낌이었니?

학생(D): (손으로 목 밑의 가슴을 가리키며) 가슴을 한 대 맞은 느낌이었어요.

교사: L이 열 번 정도 미안하다고 해도 계속 화가 난 것은 '화'라는 감정이 D의 몸 전체를 덮었던 것 같아.

학생(D): "미안하다."라는 말이 장난 같았어요.

교사: 미안하다는 말을 장난으로 하는 것 같아서, 화가 불같이 나서, 열 번을 미안하다고 해도 그 순간에는 들리지 않았구나. '장난으로 하네.'라는 생각 때문에 화가 너무 나서 들리지 않았구나.

그림을 그려 주면서 이해를 돕는다. 그림을 보더니 맞다고 한다.

교사: 이 일이 왜 일어났니? 혹시 컵 때문이니?

학생(D): 예, 그런 것 같아요. 컵이 하고 싶어서 "나도 할래."라고 했으니까요.

교사: 우리 반 규칙은 선생님이 마련한 놀이 도구로 체험하는 것인데, 컵은 우리 반 것이 아니고 방과 후 교실에서 하는 것이니, 방과 후 교실에서 하는 것은 방과 후 교실에서만 하는 것으로 해야겠구나.

학생(D): 예.

교사: (D에게) 어떤 배움이 있었니?

가만히 있다. 교사가 몇 가지를 제안해 본다.

- 지나친 장난은 하지 말아야겠다.
- 장난을 할 때 규칙이 있어야겠다.
- 나도 화가 나면 폭력적인 학생이 되는구나. (D가 선택함)

오늘 대화를 통해 배운 것은 '나도 화가 나면 폭력적인 학생이 되는구나.'라는 것이다.

교사: D야, L이 선생님과 대화를 다 하고 갔단다. 너에게 부탁하는 말까지 하고 갔단다. L이 전해 달라고 했단다.
학생(D): 뭐라고 했어요.
교사: 들어도 되겠니?
학생(D): 예.

〈교사의 도움을 받아 부탁하기〉

1	- "내가 다른 친구와 게임할 때는 끼어들지 마." (L이 한 말) → "내가 다른 친구와 게임을 할 때는 기다려 줘." (교사가 도움을 준 문장) - L이 선택한 문장: "내가 다른 친구와 게임을 할 때는 기다려 줘."
2	- "D야, 사과하면 받아 줄게." → "D야, 내가 사과하면 받아 줄래?" (바꾸어 말해 주기)
3	- "나한테 물건 던지지 마. 너를 때릴 수도 있어." → "나는 너랑 잘 지내고 싶어. 평화로운 방법으로 지내고 싶어." (바꾸어 말해 주기) - "우리 둘 다 물건을 던지거나 때리지 말자." (L이 선택한 문장)

2번을 들려주니 D가 흥분을 한다.

학생(D): 내가 화가 나 있는데 어떻게 받아주냐고요. 엄청 화가 났어요.

D가 화를 내는 것은 L이 느낌과 욕구를 말하지 않고 부탁의 말만 했기 때문에 강요 또는 명령하는 것처럼 들리기 때문이다. 1번, 3번 문장을 들려줄 때 D는 가만히 있다.

교사: D야, 어제 L은 D와 생긴 일로 머리가 깨지듯 아프다고 했단다.

학생(D): 저도 그래요.

'L의 마음을 전하려고 하니 D는 아직 받을 마음이 부족하구나. 하고 싶은 말이 더 있고 공감이 더 필요하구나' → 교사 **응급 공감, 자기 연결**

교사: 그 상황이 L을 힘들게 했던 것 같아. 기다려 달라고 하는데 자꾸 "나도 할래."라고 하고 그래서 D를 잡아서 밀고 이러는 과정이 L을 지치게 하여 짜증이 난 것 같아.

학생(D): 나도 그래요.

그림을 그리면서 D의 마음을 보게 하였다. 그 순간 얼마나 재미가 절실했는지를 그림을 그려 보여 주었다. → **D 공감하기**

교사: (화살표를 그려 주며) 이 놀이 공간에 D는 들어오고 싶었고 L은 밀어내려고 했어요.

학생(D): (흥분한 목소리로) 맞아요. 나는 이 공간에 그냥 있고 싶었는데 밀어내잖아요.

교사: 많이 서운했네. L은 편안하게 놀이하고 싶은데 D가 자꾸 들어와 방해가 되어 밀어내려 한 것 같아요.

학생(D): 난 그냥 그곳에 있고 싶었어요. **→ D 욕구 말하기**

교사: 혹시 그 마음을 이야기했나요?

학생(D): 아니요. 장난으로 했지만 난 그냥 그곳에 있고 싶었어요.

교사: L은 D의 그런 마음은 몰랐던 것 같아. L은 컵 쌓기 하려는 공간에 방해를 받아 나가라고 했던 것 같아요.

나는 D와의 대화가 막히는 듯해 욕구 낱말로 D와 대화를 이어가고 싶었다.

교사: ('공평'을 보여 주며) 이 낱말을 보니 어떠니?

학생(D): 답답해요.

교사: ('재미'를 보여 준다.)

학생(D): 맞아요.

교사: 그때 마음이었다는 걸로 들리는구나.

교사: ('존중'을 보여 준다.)

학생(D): 그 순간은 존중하지 않은 것 같아요.

교사는 '재미', '존중', '공평'의 욕구를 찾아 계속 이야기를 이어간다. **→ 시간 두기, 천천히 하기** D와 L이 아직 이 상황을 제대로 이해하지 못하고 자신이 화가 났던 일에 다시 머물러서, 조금 더 이야기를 나누기 시작한다. 욕구로 아이들과 다시 이야기를 나눈다. D와 먼저 이야기를 나눈다.

교사: D와 L은 재미가 그 순간 아주 많이 필요했어요. 머리와 가슴에는 재미가 가득했어요. D는 재미의 욕구가 정말 가득해서 다른 친구보다는 L을 선택했어요. '컵 쌓기 놀이가 재미있다, 하고 싶다.'라는 생각에서 '하고 싶다.'라는 생각은 재미와 연결되었어요. → D의 마음과 **욕구 찾아 주기**

학생(D): (경쾌한 목소리로) 예, 맞아요.

교사: 그러다 보니 규칙과 질서를 존중해야 한다는 생각이 아예 없었어요. 그 순간. → D의 마음과 **행동 찾기**

학생(D): (반가운 목소리로) 맞아요.

교사: 우리 반은 선생님이 준비한 것으로 놀이를 한다는 학급 규칙도 생각나지 않았어요. L이 방과 후 컵을 가지고 와서 교실에서 하는 것이 공평하지 않다는 생각도 못 했어요. → D **의 마음과 행동 찾기**

학생(D): 맞아요.

교사는 '재미', '존중', '공평', '배려', '질서', '규칙'의 욕구 단어를 기억하며 계속 이야기를 연결한다.

교사: D는 정말 재미가 필요해서 그 순간 규칙, 질서 이런 것들이 생각나지 않았어요. 재미가 온통 D를 지배한 것 같아요.

눈물을 보인다.

교사: 왜 눈물이 나니? 더 하고 싶은 말이 있니?

학생(D): 말하고 싶지 않아요. 슬퍼요.

교사: 그 순간 내가 정말 재미가 필요해서 '친구 존중하기'라는 학급의 규칙을 깬 것을 생각하니 슬프니?

학생(D): 슬퍼요.

교사: 나의 재미, 친구와 나의 배려, 학급의 규칙을 지키는 공평함을 가지고 이야기를 하니 슬퍼지니?

학생(D): 예.

교사: 선생님과의 대화에서 배움이 있니?

학생(D): 예.

교사: 자신을 돌아보니 '슬프다.'라고 들어도 되겠니?

L은 재미의 욕구에 계속 머물러 있다. 재미의 욕구에 사로잡힌 자신으로 인해 친구 존중과 학급의 공평성을 생각하지 못하고 D를 계속 탓하는 말을 한다.

학생(L): 내가 K 선생님이 잠깐 빌려준 거라고 했는데 계속 물어보고, "내가 먼저하고."라고 했는데도 계속 "나도 할래."라고 해 짜증이 나요.

교사는 '재미', '존중', '공평'의 욕구 카드를 놓고 계속 이야기를 이어간다.

교사: 컵 쌓기는 어떻게 해야 할 것 같니?

학생(L): (손가락으로 공평을 가리키면서) 아, D 때문에 짜증 나요.

교사: 계속 화가 나거나 할 말이 있으면 하세요.

대화 자리에 가서 앉는다. 얼굴을 보니 시간이 지날수록 편안해진다. 두 아이는 욕구에 머무르고 있다. L이 어제부터 D에 대한 마음이 까칠했는데 욕구를 알고 점점 편안해진다.

학생(L): 아, D하고 말도 섞기 싫어요.
교사: 두 친구는 재미가 정말 중요해서 이런 일이 생긴 것 같아요.

L이 고개를 끄덕인다. 둘 다 교사만 듣도록 말을 한다.

- 솔직한 자기표현: D는 슬퍼서 L이랑 아직은 말하고 싶지 않다고 한다.
- 솔직한 자기표현: L은 아직 답답하다고 하면서 들어간다.

'천천히 공감하자.' → **관찰로 교사 자기 연결** 여기까지 한 대화를 바탕으로 욕구로 명료화해 주면서 NVC 방식의 공감 대화를 멈춘다.

교사: 재미는 나의 욕구이고, 존중은 친구 간에 필요한 것이고, 공평은 학급 전체에 필요한 것 같구나.

4교시 후에 다시 이야기를 꺼낸다.

교사: L, 하고 싶은 말 없니?

학생(L): 없어요. 괜찮아졌어요.

급식실에서 D가 말한다.

학생(D): 선생님, L이랑 사이좋게 놀기로 화해했어요.
교사: 선생님이 도움이 됐을까?
학생(D): 예.

이 활동은 이틀에 걸쳐서 했다. 수업하고, 다른 학생들과 그때 그때 응급 공감을 해 가며 한 활동이다. 오롯이 집중할 수 없는 상황이었다. 그런 가운데서도 빛났던 것은 하고자 했던 교사의 의지다. 아이들의 분노를 온전히 표현하도록 도와주고 싶다는, 그리고 NVC로 분노를 온전히 표현하는 방법을 경험해 주고 싶다는 열성으로 버티면서 한 활동이다. 아무도 나에게 강요하지 않는다. 자발적인 것이어서 나에게 감사하다. 감사의 욕구에 머무른다. 두 학생이 개인의 욕구, 친구 간의 욕구, 학급 공동체의 욕구를 알아가면서 두 학생의 분노가 두 학생의 마음 성장, 두 학생의 마음 바로 세우기를 할 수 있는 힘, 두 학생의 삶에 기여할 수 있는 에너지로 전환되는 모습을 볼 수 있었다. 이런 이유로 나는 이 활동을 멈추지 않는다.

만져요

급식실에서 N이 M의 생식기를 만지려고 시도하는 것을 교사가 본다. 바로 그 자리에서 두 학생에게 낮고 엄격한 소리로 급식 후 놀지 말고 교실로 와 대화를 해야 한다고 말한다.

> 교사: 급식실에서 N이 M의 생식기를 만지려는 것을 선생님이 봤는데 N이 만졌나요? → 관찰로 말하기

끄덕인다.

> 교사: 살짝 스쳤나요? 살짝 만졌나요? 아프게 만졌나요? 손으로 쳤나요?
> 학생(M): 만지려고 할 때 피해서 살짝요.

M에게 확인 한 후 교사가 M의 마음을 NVC 모델로 솔직한 표현하기를 한다.

관찰	"N이 내 생식기를 갑자기 만질 때
느낌	놀라고 속상했다.
욕구	살짝 만져서 아프지는 않았지만 내 몸이 완전히 안전하기를 바라기 때문에 다음에는 만지지 않기를 바란다."

> 교사: 선생님과 하는 대화는 혼내려는 것보다는 다음에 하지 않

기를 바라는 마음으로 하는 거란다.

사람들은 자신이 잘못했다고 믿으면 우리의 고통을 듣지 못한다.

-『비폭력 대화』중에서

영향을 준 N의 이야기를 듣는다.

교사: 왜 그랬을까요?

가만히 있다. 교사가 추측하여 들려준다.

교사: 심심했니?

반가운 말을 들었다는 듯 눈을 크게 뜨고 고개를 크게 끄덕인다.

교사: 선생님 말이 아니면 아니라고 해 주세요. '나는 심심해서 M
　　　생식기를 만졌다.'

고개를 끄덕인다.

교사: 또 말합니다. 듣고 맞으면 맞다, 다르면 다르다고 해 주세
　　　요. '나는 심심하면 친구의 생식기를 만지고 싶다.'

N이 크게 고개를 끄덕인다.

교사: 정직하게 말해 줘서 고맙구나. 오늘 대화로 N에게 배움이 있기를 바랍니다. 선생님과 계속 이야기를 해 볼게요. 심심할 때 생식기를 만지며 마음이 어떤가요?

학생(N): 좋아요.

교사: "좋아요."를 다른 말로 바꾸면? '재미있다, 즐겁다, 신난다, 행복하다.'

학생(N): 재미있어요.

교사: 재미있다는 말은 마음이 즐겁다는 말인가요?

학생(N): 예.

교사: 싫으면 하지 않을 텐데 '좋으니까 하는 거다.'라는 말로 들려요. 만지면 몸이 어떤가요?

학생(N): 팔이 좋아요.

교사: 팔이 어떻게 좋죠? 팔이 신나요, 찌릿한가요, 어떤 신호가 오나요, 힘이 없나요?

학생(N): '찌리리'해요.

교사: 그렇구나. 팔이 '찌리리'하고 좋다는 말이구나. 두 사람의 마음이 달라요. 잘 들어 보세요.

- M은 친구가 생식기를 만지면 놀라고 속상하다. 다시는 만지지 않기를 바란다.
- N은 친구 생식기를 만지면 마음이 즐겁고 팔은 '찌리리'하다.

교사: 두 사람의 마음이 달라요. 마음이 불공평하게 보여요. N은 어때요?

학생(N): 하지 말아야 해요.

교사: 그럼 심심할 텐데.

학생(N): 친구가 싫어해서요. 잘못했어요.

교사: 잘못했다는 것은 '내가 한 행동이 나쁘다, 하면 안 된다.'라는 것을 알고 있는 것 같아요.

학생(N): 예.

교사: 두 사람 다 즐겁고 재미있는 것을 하기를 바랍니다. M은 사과받고 싶나요?

학생(M): 아니요.

교사: 왜?

학생(M): 야단 듣는 것 같아서 사과 안 받아도 돼요.

교사: 선생님은 잘못했다는 말은 하지 않았는데. 이야기하는 과정을 들어 보니 M이 잘못해서 야단 듣는 것 같은가요?

학생(M): 예.

교사: 혹시 N이 정직하게 말해서 마음이 풀리나요? → **사과를 받고 싶지 않은 M의 마음 추측하기**

학생(M): (소리가 아주 커지며) 예.

교사: 솔직하게 말해서 용서해 주고 싶구나.

학생(M): 예.

교사: M은 친구 N이 거짓말을 하지 않고 정직하게 자기 행동을 인정한 것이 마음을 편안하게 한 것 같아요. N이 다음에 이 같은 행동을 M에게 하기를 바라나요?

학생(M): (고개를 크게 저으며) 아니요.

교사: M은 친구 N이 거짓말을 하지 않고 정직하게 자기 행동을

인정한 친구를 용서는 하나, 똑같은 행동을 하지 않기를 바라고 있어요. N에게 부탁하기를 할게요.

욕구	"나는 생식기도 중요하고 내 몸도 중요하기 때문에
부탁	내 몸을 만지지 말고 존중해줘."

교사가 추측해 주고 M의 욕구가 맞는지 확인한다. N은 세 번 말한다.

교사: 더 할 말이 있나요?
학생(M, N): 없어요.
교사: 부모님께 알리지 않아도 될까요?
학생(M, N): 예.
교사: 같은 행동을 다시 하면 그때는 부모님께 연락해서 도움을 받을게.

N과 대화하는 모습을 W가 유심히 본다. 6교시 수업이 끝나고 학생들이 교실 정리를 하고 있을 때 W가 가까이 온다. 학생들이 떠들어 W의 소리가 잘 들리지 않는다.

교사: (목청을 높이며) 누가 그랬니?

W는 "N"이라고 아주 작게 말하면서 N을 가리킨다. M과 방금 이

야기를 나눈 N을 대화 자리에 다시 앉도록 한다. 교실 안이 너무 시끄러워 W의 말이 전혀 들리지 않는다. 귀에 가까이 대고 말하는데도 너무 속삭이듯 말해 들리지 않는다. 그냥 질문을 툭 던진다.

교사: W, N이 머리를 만졌니?

고개를 흔들면서 생식기와 항문 쪽을 손으로 가리킨다. 깜짝 놀란 마음으로 묻는다.

교사: 언제 그랬니?
학생(W): 체육 시간에 그랬어요.
교사: 선생님이 바로 이해했는지 확인할게.

'N이 체육 시간에 W 생식기와 항문을 만졌다.'라는 문장을 적어서 보여 주니 맞다고 한다.

교사: W, 생식기와 항문을 살짝 약하게, 세게 어느 정도로 만졌니?
학생(W): 살짝 약하게요.
교사: 오늘 처음이니?
학생(W): (속삭이듯) 네 번이요.
교사: 친구가 살짝 해도 처음 할 때 바로 말을 해야 합니다. W가
　　　 말하지 않으면 아무도 모릅니다. 오늘, 마음이 힘든 일이
　　　 있었다면 다 말하는 겁니다. W 마음부터 찾아오세요.

카드를 보고 W가 찾은 마음들은 '놀란, 속상한, 민망한, 답답한, 부끄러운, 힘든, 화가 나는'이었다.

교사: N은 선생님이 하는 대로 하자.

N은 하지 않고 가만히 있다. 교사가 대신 말한다.

- "N이 W의 생식기와 항문을 만져 W는 놀랐구나."
- "N이 W의 생식기와 항문을 만져 W는 속상하구나."
- "N이 W의 생식기와 항문을 만져 W는 민망하구나."
- "N이 W의 생식기와 항문을 만져 W는 답답하구나."
- "N이 W의 생식기와 항문을 만져 W는 부끄럽구나."
- "N이 W의 생식기와 항문을 만져 W는 힘들구나."
- "N이 W의 생식기와 항문을 만져 W는 화가 나는구나."

교사: W야, 지금 마음은 어떠니?

가만히 있다.

교사: 여전히 답답하구나.

끄덕인다. 교사가 욕구를 찾아 만든 문장을 읽어 준다.

교사: W야, 어떤 말이 듣고 싶니?

- "네 몸은 소중하니까 만지지 않을게."
- "네 몸은 소중하니까 네 몸을 존중할게."

W는 2번을 선택한다. 2번으로 N이 5번 읽는다. 친구를 고자질한 적이 없는 W가 선생님께 와 속삭이듯 말을 했다는 것은 엄청나게 화가 났다는 신호라고 보인다. W의 강한 느낌을 녹여 내려면 반복하여 들려주는 것이 효과적이다. 다 읽고 난 후 묻는다.

교사: 어떠니?

W가 괜찮다고 아주 작은 소리로 말한다. 교사의 지도로 계속 이야기를 이어간다. 다음 문장은 모두 5번씩 말한다.

- W 부탁: "내 몸을 존중하겠다는 말 꼭 지켜 줘."
- N 약속: "약속 꼭 지킬게."
- N 사과: "미안해, 잘못했어! 용서해 줘!"

교사: W야, 지금 어떠니?
학생(W): (약간 미소를 보이며) 괜찮아요.
교사: 처음 만질 때, 혹시 하지 말라는 말은 했니?

고개를 흔든다.

교사: W야, 오늘 말을 해 줘서 정말 고마워. 친구가 하는 말과 행

동 중에서 싫은 행동이 있으면 "하지 마, 싫다고."라고 세 번 이상 말하세요. 한 번 연습해 보자. **→ 교사의 욕구 말하기**

마지막으로 W가 조금 큰소리로 N의 눈을 보고 "하지 마, 하지 마, 하지 마."라고 연습한다. 선생님과는 '마음에 걸리거나 상처가 되는 일은 바로 말하기'라는 약속을 만든다. W가 듣지 못하도록 자리를 멀리하고 작은 소리로 말한다.

교사: 이번에는 N하고 계속 이야기를 할 거예요. 왜, W에게 그랬니? 다른 친구에게 하지 않고.

가만히 있다.

교사: 선생님이 추측해 볼게. 아니면 아니라고 해 주세요. N 마음이 시키는 대로 말하세요.

- "W가 착해서 그랬다."
- "W가 싸움을 못해서 그랬다."

N은 "W가 착해서 그랬다."라는 문장을 선택한다.

교사: N, 다시 말해 볼게요. 아니면 아니라고 하세요.

- "착한 사람은 괴롭힘을 당해도 된다."

교사: 어떤 생각과 마음이 드니?

학생(N): 잘못한 것 같아요.

교사: "잘못했다."라는 건 어떤 마음이니?

가만히 있다.

교사: N, W말고 다른 친구들의 생식기를 만지고 항문을 만지면
　　　어떻게 할 것 같니?

학생(N): 하지 마.

교사: 다른 친구들은 엄청 화를 낼 거예요. 체육 시간에 W를 만
　　　질 때도 팔이랑 몸이 '찌리리'하였니?

학생(N): 예.

N, W를 가까이 오게 한다.

교사: 이 사실을 부모님께 알려야 하는데 N과 W 생각은 어떠니?

N이 고개를 크게 흔든다. 눈물을 보인다. 이 모습을 W가 본다.

교사: 엄마가 야단칠까 봐 두렵니?

학생(N): 예.

교사: W 생각은 어떠니?

학생(N): (아주 작은 소리로) 엄마한테 전화하지 마세요.

교사: 고민이 되는구나.

학생(N): (작은 소리로) 하지 마세요.

교사: 선생님도 너희들이 어리니 이 일로 두 사람에게 배움이 있기를 바랍니다. 친구가 싫은 행동을 할 때는 크게 싫다고 하고, 착한 친구도 존중과 배려가 필요하다는 것을 알기를 바랍니다. 그리고 잘못하는 행동 같다는 생각이 들 때는 하지 않기를 바랍니다. → **교사 행동부탁**

교사: 더 할 말이 있니? W야, 더 할 말이 있으면 하렴.

학생(W): 없어요.

교사: 그럼 N이 내일부터 하지 않겠다는 약속을 믿고 이번에는 그냥 넘어갈까요?

학생(W): 예.

교사: 한 번 더 하면 그때는 엄마께 전화를 할게요. 선생님은 약속을 지킬 거예요.

N이 고개를 끄덕인다. 이 활동 후 N은 똑같은 행동을 한 번도 하지 않는다. W도 친구가 괴롭히는 행동을 하면 말을 한다.

무서웠어요

①
점심시간에 놀다가 R이 말한다.

학생(R): 형들이 딱지를 하면서 "가라, 가라, 꺼져."라고 욕 썼어요.

R이 호흡하기 어려울 정도로 눈물을 보인다.

교사: R아, 호흡을 하고. 천천히 이야기를 하자. R이 우는 건 처음 본다.

학생(R): (울면서) "△끼, 너 친구 없겠다. 형들이랑 맞짱 뜨자!"라고 말하고 플라스틱 딱지로 머리를 살짝 때리고, "딱지 못 따면 네가 사 내야 해!"라고 하고요. 팔을!

교사: 아는 형들이니?

학생(R): A반 형들이요.

R이 말하는 대로 적어 A반 선생님께 이 사실을 알린다. 알릴 내용은 R이 허락한 내용으로 보낸다. 조금 있으니 A반 학생들이 온다.

교사: 어디서 대화를 할까?

고학년 학생: 교실에서요.

교사: 우리 반 학생들이 봐도 되겠니? 연구실에서 하면 안 될까?

고학년 학생: 어디 연구실요?

교사: B 교실 앞이란다.

R이 말한다.

학생(R): 다른 선생님들도 있잖아요.
교사: 선생님하고, R 그리고 형들만 있을 거야.

모두 찬성을 한다.

교사: (고학년을 보고) 그냥 이야기만 들을 거야.

고학년 두 명 아이들이 서로 보면서 "우리는 잘못이 없어."라고 말한다. 아이들이 앉는다. 서로 마주 보지 못하도록 앉히고 교사만 보도록 한다. R이 한 말을 들려준다. 이야기를 들은 고학년 학생들이 말한다.

고학년 학생: 우리가 딱지를 하고 있는데 저학년이 보잖아요. 걸리적거리잖아요. 그래서 "가라! 가라!"라고 했는데 안가잖아요.
교사: 그래서 "꺼져!"라고 했다는 말이네. 형들이 "맞장 뜨자."라고 말하고 플라스틱 딱지로 머리를 살짝 때리고 "딱지 못따면 네가 사 내야 해!"라고도 했다는데?
고학년 학생: 그 말은 우리가 아니고 다른 아이예요.
교사: 너희들이 하지 않은 것은 정직하게 말해 주세요. 한 것만

가지고 이야기를 하자. 먼저 저학년 학생 마음부터 볼게요. C학년 전체는 딱지를 못 하도록 했어요. 그래서 C학년 아이들은 딱지를 못 하고 있었어요. R도 못 하고 있었어요. A학년 형들이 하는 것을 봤다는 것은 정말 하고 싶었던 것 같아요. **→ R 공감하기**

고학년 학생: 우리 선생님은 점심시간에 해도 된다고 했어요. 급식실 앞에서.

이 말을 들은 R이 말한다.

학생(R): 급식실 앞에서 했어요.

R의 목소리가 다른 때와 달리 신중하다.

교사: 너희들도 약속을 지켰구나. C학년은 못하는데 A학년 형들이 하니 억울한 마음도 생긴 거예요. 형들이 가라고 하지만 정말 하고 싶어 가기 싫었던 거니? **→ R 공감하기**

R이 고개를 끄덕인다.

교사: 선생님은 R이 참 고마워요. 선생님과의 약속을 지킨 점이 정말 고마워요. 선생님과의 약속을 지킨 R은 형들 때문에 울었어요. **→ R 공감하기**

'선생님과의 약속, 학교 규칙을 잘 지킨 R은 형들 때문에 울었다.' 라고 명료화한다.

고학년 학생들: 미안해요.

교사: 미안하다고 하니 고맙구나. 선생님은 오늘 대화로 너희들에게 배움이 있기를 바랍니다. 잘못한 것을 따지려는 것이 아니라는 것을 알아주면 좋아요. 하고 싶은 말을 하세요.

고학년 학생: 어떤 아이가 R이 교장실에 갔다고 하잖아요. 내려오기에 "너 교장실 갔어?"라고 자꾸 물어도 대답을 안 하잖아요. 그래서 팔을 잡고 "교장실 갔어?"라고 자꾸 물으니까 울잖아요.

교사: 고학년 형은 그냥 대답이 듣고 싶었는데 대답을 하지 않고 우니까 너도 답답했구나. 울어서 당황했겠네. 짜증도 나고.

A학년 아이들이 고개를 끄덕인다. 그때 R이 말한다.

학생(R): 형들이 팔을 잡고 "교장실 갔어?"라고 물을 때 무서웠어요.

고학년 아이들이 의아한 눈을 하고 본다. R에게 공감하기 위해 그림을 그려 주면서 말을 한다.

교사: 이런 상황인 것 같구나. 중학생 3, 4명 정도가 초등학교 6학년 한 명을 잡고 '너 고발했어. 너 우리들 고발했어.'라고 묻는 상황이라고 하면 이해가 될까? R보다 큰 A학년 형들

4명이 둘러싸고 "너 교장실 갔어?"라고 물으니 R이 무서웠던 거예요. 그 분위기가 무서웠어요. 그 상황이 R은 무서웠어요.

고학년 아이들이 고개를 끄덕인다.

교사: 지금 마음은 어떠니?
고학년 아이들: 미안해요. (자발적으로) 너를 무섭게 해서 미안해.

이 말을 들은 R이 "괜찮아"라고 한다.

교사: '형들, 앞으로 친절하게 말해 줘.' → **바꾸어 말해 주기** R은 정말 딱지 치고 싶은데 규칙 지킨다고 못 하는 상황이고, A학년만 하는 이 상황을 선생님은 어떻게 지도해야 하는지 모르겠다. 고민이 되네. 너희 선생님께 말해서 못 하게 해야 하나 말아야 하나 고민이 돼. → **선생님 고민 말하기**
고학년 학생들: 우리가 조심할게요. 말하지 말아 주세요.
교사: 이런 일이 또 있으면 그때는 딱지를 하지 않는 것으로 하자.
교사: R, 지금 마음은 어떠니?
학생(R): 좋아요.
교사: 마음이 홀가분하니? 편안하다는 말로 들어도 되니? → **바꾸어 말해 주기**
학생(R): 예.

교실에 와서 종알종알한다.

학생(R): 선생님, 저 형들 잘 알아요. 이모들이랑 같이 고기도 먹고요. 그런데 아까 왜 그랬는지 모르겠어요.

교사: R은 분명히 대화할 때 무섭다고 했어요. 잘 아는 형이라도 R을 때릴 수 있어요. 조심해야 해요.

학생(R): 예.

교사: 선생님은 R에게 축하를 해 주고 싶어요. 형들에게 대들지 않고, 고함지르지 않고 선생님의 도움을 청한 것. 그리고 또 하나, 그 상황에서 무서워하는 R의 마음을 알고 눈물을 흘린 것. 축하해 주고 싶어요.

학생(R): 그런 것도 축하해요?

교사: 그럼요. 그전에는 "모른다, 왜 나만 그래요."라고 하면서 친구들에게 이기려고 고함지르고 그랬잖아요. 이번에는 형들한테 이기려 하지 않고 무서워하는 자기 마음을 알고 선생님께 온 것, 축하합니다.

②

퇴근을 하고 있는데 L 학부모의 전화를 받는다. L은 사정이 있어 잠깐 조부모와 함께 지내고 있다. L이 고학년 B에게 방과 후에 목을 잡혔다고 엄청 화를 내어 학부모가 타 도시에서 집으로 오고 있는 중이라고 한다.

교사: L이 많이 놀라고 화나고 열불 났을 것 같아요. **→ 학부모와**

L 응급 공감, 이해하기

학부모: L이 때리러 가자고 화가 나 가지고 전화를 한 거예요.

교사: L이 얼마나 억울하고, 답답하고 기분이 상했으면 그런 말을 할까요? L이 엄청 외롭고 무서웠을 것 같아요. 그 상황에 도와주지 못해 안타깝습니다.

(생략)

교사: 어떻게 하시고 싶으세요.

학부모: 학교에 연락을 하려고요.

운전 중이라 더 이상 전화를 못 하고 끊었다. 집에 도착하여 다시 전화를 하였다.

학부모: 학교 전화하니 아무도 안 받아요.

교사: 학부모님, 속상하시죠. L한테 선생님 방식으로 해도 될지 물어보고 좋다고 하면 제가 평소에 우리 반 아이들한테 하는 대화법으로 해도 될까요? 제가 하는 대화법으로 하고 난 후에 다른 방법을 찾아보시면 어떨까 합니다.

학부모: 감사합니다. 선생님 방식대로 해 주세요.

다음 날 아침이다. F는 고학년이고 L은 저학년이다. 메신저로 담임 선생님께 이 사실을 알리고 F를 L의 반으로 보내 달라고 요청을 한다. 일단 이 상황에 영향을 받은 학생 L과 주변에 있던 친구와 이야기를 나눈다. 주변에 있었던 A에게서 이야기를 듣는다.

학생(A): 오후 5시, 학원 마치고 L이랑 놀기로 약속해서 학교로 왔어요. 큰 나무 옆에서 놀려고 하는데 F 오빠가 심한 말을 했어요.

교사: 무슨 말을 했니?

학생(A): (입술을 만지며) 게임을 못한다고.

교사: 힘든 말을 들었구나.

학생(A): 게임을 못하다는 뜻의 말을 했어요.

교사: "게임 못하네!"라는 말이 아니라 혹시 "△나 게임 못하네."라고 했니?

학생(A): 예.

교사: A가 말하기 싫을 정도로 심한 욕이구나.

끄덕인다.

교사: L은 뭐라고 했니?

학생(A): (아주 크게) 짜증 나잖아요. 그래서 "가라고!"라고 했어요. 화나잖아요. 먼저 시비 걸잖아요.

교사: 그랬더니 F가 뭐라고 했니?

학생(A): "미△△끼, 씨△년."

교사: 또 뭘 들었니?

학생(A): "씨△△끼, 또△이 △끼, 미△년."

교사: 정말 말도 하기 싫은 말이구나. 제일 많이 한 욕은?

학생(A): "씨△년!"

교사: 열 번 정도 했니?

학생(A): 열 번 정도 한 것 같아요. F가 자기 핸드폰을 다른 D학년에게 주면서 "싸울까?"라고 했어요.

교사: 여러 번 했니?

학생(A): 네 번 정도 했어요.

교사: F가 욕을 할 동안 L은 무엇을 했니? 혹시 같이 욕했니?

학생(L): 안 했다고요. 하고 싶었는데 참았다고요.

교사: (A를 보며) L이 욕하지 않고 어떻게 하든?

학생(A): L은 그냥 "다른 곳에 가서 놀자."라고 했어요.

교사: (L을 보고) 도망은 가지 않았니?

학생(L): 도망 안 갔어요.

교사: 왜 도망갈 생각은 안 했니?

학생(L): 왜 가요? 때리고 싶었어요, 나도.

교사: 때렸니?

학생(L): 아니요.

교사: 욕도 하지 않았고 때리지 않았구나. 많이 참았네. 욕 듣는 것은 정말 힘들고 마음 상하는 일인데. 억울하기도 하고, 속상하기도 하고. 목은 언제 잡았니?

학생(L): F가 "싸울까? 싸울까?"라고 하다가 목을 졸랐어요.

교사: 그때 넌 뭘 했니?

학생(L): "놔."라고 했어요.

교사: 그 뒤 무슨 일이 일어났니?

학생(L): 더 세게 목을 졸랐어요.

학생(A): 옆에 있는 형, 누나들이 말렸고 L이 울었어요.

교사: 큰일 날 뻔했구나. 많이 무서웠겠구나. 위험한 상황인데 운

것은 위험하다는 신호고.

공감하기

- 'L은 그때 자기 보호가 필요했고 누군가의 도움이 필요한 상황이었다. 웬만하면 울지 않고 씩씩하게 행동하는 L이 울었다는 것은 아주 위험한 상황이고 도움이 필요한 상황이라는 것을 주변 사람들에게 알린 것 같다. 칭찬하고 싶다. 많이 힘들고 돌아버릴 정도로 갑갑했겠다. L은 그냥 같은 학년 친구들과 즐겁게 놀고 싶었다. 그런데 형이 갑자기 나타나더니 욕을 했다. 진짜 기분이 나빠 나도 기분 나쁘게 말했다. 나는 잘못한 게 없는데 형이 욕하고 그러니까 나도 "개△끼" 등과 같이 욕하고 싶었다. 때리고 싶었다. 목을 조를 땐 진짜 돌아 버릴 것 같았다. 무섭기도 했다. 지금 생각해도 억울해 미치겠다. 때리고 싶다. "저런 나쁜 형은 맞아야 해. 내가 아무 잘못도 없는데 내가 왜 형한테 욕을 듣고 목 졸려야 하는데, 개△△야."라고 하고 싶었는데 참은 거다.
- '나는 형이 게임하고 있는 나에게 "△나 게임 못하네."라고 할 때, 짜증이 났다. 나는 친구들과 재미있게 노는 것이 중요하다. 형이 그런 내 시간을 방해했다. 진짜 짜증이 났다. 욕하는 형을 볼 때 같이 욕하고 싶었다.'
- '나는 안전하게 게임을 하고 싶었다. 방해받고 싶지 않았다. 나를 방해해 때리고 싶었는데 참았다. 참는 것 진짜 힘들다.'

고개를 끄덕인다. 이 말을 세 번 반복해 준다. L은 고함지르는 행동을 멈추고 아무 말도 하지 않고 듣고 있다. 어제 일로 힘든지 기운도 없어 보인다. L에게 여러 번 공감하기를 한 이유는 강한 감정이 있는 학생에게는 한두 번의 공감으로는 깊게 얼룩진 마음이 회복되지 않는다. 여섯 번 정도는 공감을 받아야 깊은 상처가 조금씩 회복이 된다. L에게 오늘 선생님이 할 과정을 설명한다. 처음부터 오늘 할 일을 설명해야 하지만 L이 다른 사람의 말을 들을 마음이 없다는 것을 이해하고 L의 목소리가 낮아지고 조용히 말할 때 오늘 할 일을 설명한다.

교사: 평소에 선생님이 하는 대화 방법으로 할 거야. 더 하고 싶은 말이 있니?

학생(L): (편안하고 낮은 목소리로) 목을 잡았을 때 손을 떼고 싶었는데 너무 힘이 세서 못 뗐어요.

교사: 많이 무서웠지? 많이 힘들었지? 많이 외로웠지?

고개를 살짝 끄덕인다. F가 선생님과 함께 교실 앞 복도에 있다.

교사: F야, 선생님은 F를 존중하는 마음으로 대화를 할 거예요. 우리 반까지 담임 선생님과 같이 와 줘서 고마워요. 우리 반 학생의 이야기도 듣고 F 이야기도 충분히 들을 거예요. 모두 우리 학교 학생들이라 선생님은 공평하게 사랑하는 마음으로 들을 거예요. 지금 마음이 불안하고 불편한가요?

학생(F): 억울해요.

교사: 억울하구나.

몸에 힘을 주고 고개를 빳빳이 들고 말을 한다.

교사: 그 억울한 이야기를 선생님께 할래? 다 들어 줄게. 어디서
　　　이야기를 하고 싶나요?

학생(F): 교실에서요.

교사: 저학년 교실?

학생(F): 예.

교사: 동생들이 선생님과 이야기하는 모습을 봐도 마음이 편안
　　　하겠니?

학생(F): 상관없어요.

교사: 선생님은 F를 존중하고 싶어요. F가 편안한 장소에서 이야
　　　기하고 싶어요.

학생(F): 여기서 할래요.

교사: 선생님은 우리 반 학생들과 수업을 해야 하니 쉬는 시간,
　　　점심시간, 방과 후 시간에 이야기를 나누어야 해요. 오늘
　　　마음과 시간을 내어 줄 수 있겠니?

학생(F): 예.

우리 반 전체 학생들에게 알린다.

교사: F 형이 심한 욕을 많이 하고 L의 목을 졸랐다고 하여 선생
　　　님 방법으로 이야기를 할 거예요. 쉬는 시간에 교실에서
　　　놀 사람은 교실 뒤에서 놀아 주세요. 그리고 형을 보지 않
　　　기를 부탁합니다. 정말 궁금하여 듣고 싶은 사람은 교실

공감 대화로 만드는 행복 교실

앞 가까이 앉아서 듣습니다. 부탁합니다. 혹시 형이 선생님께 욕을 하거나 고함을 질러도 무서워 말고 선생님을 믿고 기다려 주세요.

아이들은 이 약속을 잘 지켜 주었다. F는 쉬는 시간마다 내려와 이야기를 한다.

교사: L과 이야기한 것을 들려줄 테니 다른 것이 있으면 말하세요.

오후 4시에서 5시, F는 L한테 말한 것이 아니라 C에게 말을 했다며 C에게 "너 게임 잘해?"라고 했는데 L이 잘못 알아듣고 "너 안 가냐?", "우△"라고 했다고 한다. 그러나 다시 L에게 확인을 하니 "무슨 말을 하는지 모르겠어요. 저만 게임을 했는데요."라고 해서 다시 F에게 말을 하니 얼버무린다. L은 도망가지 않았다. F는 도망을 가 잡았는데 나한테 "너, 너 안 가냐?"라고 해서 급식실 앞에서 목을 졸랐다고 한다.

교사: L이 어떻게 말해 주기를 바라니?"
학생(F): 형, 딴 데로 가 줬으면 좋겠어. → F가 듣고 싶은 말
교사: 넌 그때 너를 배려하는 말, 네가 형이니까 나이의 질서도 필요했니?
학생(F): 나도 잘 끝내려고 했는데, L이 "너, 너, 너"라고 말을 해 화가 났어요.
교사: F가 심한 욕도 했다고 들었는데.

'미△△끼, 씨△년, 씨△△끼, 또△이, △끼, 미△년'이라고 욕을 적은 메모지를 들어 F에게 보여 준다. 약간의 시간을 갖는다.

교사: 동생들이 열 번 정도 욕을 했다고 하는구나.
학생(F): 욕은 했는데 두 번 했어요.
교사: 동생들은 '씨△년'을 제일 많이 들었다고 하는구나.
학생(F): '씨△년'하고 '씨△△끼'를 서너 번 한 것 같아요.
교사: 넌 서너 번 했고, 동생들은 열 번 정도 들었다고 해. 심한 욕을 한 것은 사실이구나. 지금 마음은 어떠니?
학생(F): 미안한 것 같아요.

수업 종이 친다. 다음 쉬는 시간에 다시 온다.

교사: 선생님은 F가 욕을 했다는 말을 들을 때 슬프기도 하고 F가 그런 말을 하는 순간 외롭고 쓸쓸했을지도 모르겠다는 생각이 들어. F는 누군가 F를 존중해 주는 것, 배려해 주는 것이 중요했던 것 같아. F야 '존중, 배려'라는 낱말을 한 번 봐 줄래요?

F가 두 낱말을 가만히 본다.

교사: 존중, 배려가 중요한가요?

끄덕인다. 가만히 교사를 본다. 교사도 F를 본다. 눈을 1분 정도

맞춘다.

교사: 지금 어떠니?

학생(F): 괜찮아요.

교사: 선생님하고의 대화를 빨리 끝내고 싶어 "괜찮아요."라고 말
하는 것은 아닌가 걱정이 되는구나. 불편하면 불편하다고
해 줘. 선생님과 대화를 하면서 불편하고 답답한 것은 있
니?

학생(F): 없어요.

교사: 고맙구나. L과 마주해서 이야기하는 시간도 갖고, 사과할
시간이 되면 사과하고 싶기도 해. 선생님과 이야기하다가
사과하기 싫으면 안 해도 돼.

학생(F): 사과하고 싶어요, 지금.

교사: 그러니? 너랑 목 조른 것을 가지고 이야기를 하지 않아서
조금 더 시간이 필요해. 쉬는 시간에 와서 다음 이야기를
해도 되겠니?

학생(F): 예.

교사: 어쩌면 오늘 이야기가 길어질 수도 있어. F의 마음과 시간
을 많이 내어 줘야 할 거야. 괜찮겠니?

학생(F): 예.

교사: 고맙다. 쉬는 시간에 보자. 과자라도 먹고 갈래?

학생(F): 아니요.

F는 나가면서 공손하게 고개를 숙이고 간다. F는 약속을 계속 지

킨다. L에게는 형이 심하게 말한 것은 미안하게 생각한다고 한 것을 전했다. 선생님이 계속 만나 이야기를 하고 있으니 기다려 달라는 부탁도 한다. 영향을 받은 학생이 피해를 입은 사건을 가지고 선생님이 성의 있게 풀어나가는 장면을 보는 것은 중요하다. 영향을 받은 학생의 마음이 그 장면을 봄으로써 조금씩 풀어질 수도 있다.

점심시간에 온 F가 말한다.

> 학생(F): 목 조른 것도 잘못한 것 같아요. 우리 반 선생님과도 이야기했어요. 동생이 그렇게 말해도 내가 목을 조른 것은 잘못했어요. 안 그럴게요, 선생님. 한 번만 저를 믿어 주세요.

말을 하면서 고개를 숙인다.

> 교사: 선생님은 F의 사과도 중요하지만 이야기를 더 듣고 싶어요, 사과를 하더라도 선생님 방법으로 할게요.

또 5교시 수업 종이 친다. F를 보내면서 5교시 후에 만날 것을 약속한다. 5교시 전담 시간에 두 학생의 이야기를 다시 되새기며 사과할 문장을 기록한다.

F의 마음과 사과할 내용을 교사가 제시하고 F가 선택하게 한다. F는 세 개를 다 선택하며 자기 마음과 비슷하다고 한다.

- "휴대폰 게임을 하고 있는 L에게 '△나 게임 못하네.'라고 놀리듯

말하고 심하게 말을 해서 넌 화가 나서 나에게 '뭐, 가라고!'라고 고함을 질렀어. 사실 동생들에게 잘해 주고 싶은 마음도 있었는데 마음과 달리 비웃듯 말한 것을 지금은 후회해. 내가 형으로서 저학년에게 친절하게 말하지 못한 것도 미안해."

- "네가 나에게 '뭐, 뭐, 뭐, 가라고.'라고 하는 말에 화가 나서 너에게 '씨△년, 미△년'이라고 욕한 것은 지금 생각하니 부끄럽고 창피하기도 해. 내가 너에게 심한 욕을 할 때 너도 날 때리고 싶었고 욕하고 싶었는데 참았다는 걸 내가 알아주기를 바라니? 형을 배려해서 욕을 하지 않았다는 걸 알아주기를 바라니?"

- "그리고 내가 화가 났다고 네 목을 점점 세게 졸라 넌 억울하고 화가 나고 열 받고 돌아 버릴 것 같았니? 많이 무서웠니? 그리고 형답지 못하게 행동하는 나를 때리고 싶기도 했니? 내가 형이라고 너를 배려하지 않고 행동한 것 미안해. 지금 나는 내 행동에 후회하고 있단다. 앞으로는 노는 데 가서 방해하지 않을 거야. 나를 믿어 줘."

L에게도 문장을 제시하고 선택하게 한다. L은 두 번째를 선택한다.

- "형이 노는 데 와서 '게임 △나 못하네.'라고 말할 때 화가 나서 '뭐, 가.'라고 했어. 나는 그때 편안하게 즐겁게 놀고 싶었어. 방해를 받고 말투가 귀에 거슬려 나도 화가 나 '뭐, 가.'라고 크게 말했어. 처음부터 화가 난다고 형을 배려하지 않은 것은 후회가 돼. 형은 같은 형들과 놀아 주면 좋겠어."

- "형이 심한 욕을 할 때 나도 욕하고 싶었고 때리고 싶었어. 욕하지 마. 나도 욕 잘하는데 형이라서 참는 거야. 내가 형을 배려한 거라고. 정말 욕하고 싶은데 참는 거라고. 나도 존중받고 싶다고. 동생들한테 친절하게 말해 줘. 그래야 형이 더 멋지게 생각될 것 같아."

두 학생을 앉힐 때 F는 칠판 쪽을 보고, L은 친구들이 보이는 쪽으로 앉도록 하였다. 학급 아이들이 자기 자리 청소한다고 뒤에서 잡음을 내고 있다. F는 동생들이 보고 있어도 된다고 했지만 정확히 말해 준다.

교사: 선생님은 F도 존중하고 싶어. 저학년이 보면 네 마음이 불편할 수도 있어서 그래요. 선생님은 F를 배려하고 싶거든.

L이 이 장면을 보고 있다.

교사: L, 선생님은 두 학생이 모두 U 초등학교 학생들이라 L도 존중하고 싶고 F 형도 존중하고 싶단다.

F가 사과문을 한 번 읽고 난 뒤 마음을 확인하니 L은 마음이 괜찮다고 한다. L이 선택한 문장을 읽는다. F도 괜찮다고 한다. 한 번 더 서로 읽고 다시 마음을 확인한다. 교사가 두 학생의 마음이 어떤지 확인한다.

교사: 더 할 말이 있니?

학생(F, L): 아니요.

교사: 이 활동을 한 선생님에 대한 마음은 어떠니?

학생(F): 이렇게 이야기를 하고 잘 해결되도록 해 주어 감사해요.

학생(L): 형하고 말로 하니까 좋고 선생님께 감사해요.

→ 약속하기: 고학년 F는 저학년 학생이 노는 곳에 가지 않는다.

L을 부른다.

교사: 형의 사과를 받아 주고 용서해 주어 고맙다. 아까는 형에
　　　게 욕하고 때리고 싶다고 했는데 지금 마음도 그러니?

학생(L): 아니요, 말로 잘 풀어서 이게 더 좋아요.

교사: 형이 약속을 했지만 화가 나면 실수로 이런 일이 또 일어
　　　날 수 있어요. 형이 선생님과 대화할 수 있는 기회를 몇 번
　　　더 줄 수 있니? 선생님이 형도 돕고 싶거든?

학생(L): 예.

L에게 엄마와 통화하여 선생님과 함께 한 일들을 말하도록 한다.
다음 날 다시 L을 부른다.

교사: 하고 싶은 말 없니? 혹시 F형 만났니?

학생(L): 형을 강당에서 만났거든요. 180도로 바뀌었어요.

교사: 어떻게?

학생(L): 형이 날 보더니 웃으면서 하이파이브를 하고 그러잖아요. 180도 달라졌어요.

교사: 안심이 되는구나. L, 형이 네 목을 조를 때 가슴이 답답하면서 많이 무서웠죠. 힘들었지?

학생(L): 당연히 힘들고 무섭죠.

전체 학생들에게 말한다.

교사: 어제 선생님이 F랑 하는 활동을 보고 어떤 생각이 들었어요?

학생: 정말 저 오빠가 그렇게 심한 욕을 했나? 의심이 갔어요.

학생: 선생님께 고함지르지 않고 조용조용히 말하고 인사도 잘 하고요. L 목을 졸랐다는 것이 믿어지지 않아요.

학생: 선생님이 혼내는 소리를 못 들었어요.

학생: 정말 조용하게 해서 좋았어요.

학생: 선생님이 큰 소리로 하지 않고 화도 내지 않고 해서 좋았어요.

학생: 진짜로 조용하게 해서 선생님이 신기했어요.

학생: 형이 욕하고 L을 괴롭힌 것이 맞나 의심했어요.

고학년 학생 F는 이 활동 후 그런 행동을 하지 않았다.

체육 시간

체육 수업을 마치고 아이들이 하나둘 들어오면서 말한다.

학생: 선생님, 체육 시간에 친구들이 공을 잡으려고 하면 M이 점
　　　프를 하면서 달려와 잡았어요. 나도 잡을 수 있었어요. 그
　　　리고 공 던지려고 하면 고함을 지르며 "공 달라고! 공 달라
　　　고!"라고 여러 번 말해 던지지 못했어요. M 혼자서 공을
　　　다 던졌어요. 그리고 자기편이 이겼다고 고함지르고 뛰고
　　　했어요.
교사: M의 공 던지는 모습이 '불공평하다.' 그런 생각이 드니?
학생: 예. M이 "공 던져."라고 하면서 나한테 패스를 했는데 내가
　　　공을 놓치니 "아, 씨"라고 했어요.
교사: 체육 시간에 한 피구가 너희들 마음을 '불편하게 했다.'라
　　　는 말로 들려요. 이야기 시간을 가질게. 놀이, 피구를 할
　　　때 감사하고 싶은 친구를 생각해 보고 마음을 전해 보자.

이야기 주제는 '놀이, 피구를 할 때 감사하고 싶은 친구에게 감사
마음 전하기'라고 정하고 메모지를 활용해 적은 내용을 보고 서로
이야기를 한다. 편안하게 앉은 곳에서 번호순으로 이야기 나누기
를 한다.

- 친밀한 관계, 즐거움: "나는 점심시간에 S, J, G, B, O가 공으로
　맞추는 게임을 나랑 같이 해 주어 마음이 즐거웠습니다."

칠판에 부착된 욕구 카드를 찾아 칠판에 차례대로 붙여 나간다.

- 공동체 즐거움, 소속감: "나는 G, S, M, O, S가 우리 팀인데 다른 팀을 잘 맞춰서 마음이 즐거워 고맙습니다."
- 정서적 안정: "술래잡기를 할 때 K가 도망 다니면서도 '나 잡아 봐라.'라고 하지 않고 도망을 다녀 마음이 편안했습니다. 고맙습니다."
- 배려, 따뜻함: "피구 게임에서 우리 팀이 졌을 때 H가 위로해 주어 감사합니다."
- 수용, 지지, 인정, 존재감: "S가 고맙습니다. 왜냐하면 놀이를 할 때 내 말을 잘 들어 주어 고맙습니다."
- 정서적 안정, 친절: "G가 고맙습니다. 게임을 할 때 짜증을 내지 않습니다."
- 즐거움, 규칙, 상호성 : "O가 달리기가 느려도 타임 장소에 있지 않고 다른 곳으로 가서 즐거웠습니다. O야, 고마워."
- 따뜻함, 소속감: "피구할 때 내가 맞아서 죽으려고 했는데 B가 뒤에서 공을 잡아 주어서 안심이 되고 마음이 즐거웠습니다. B야, 고마워."
- 따뜻함, 친밀한 관계, 우정: "G가 타임 장소에서 나랑 같이 나가 잘해 주어 마음이 즐거웠습니다. G야, 고마워!"
- 소속감, 재미: "K가 피구를 할 때 끝까지 살아남아 주어 고맙습니다."
- 정서적 안정: "오늘 피구를 할 때, H가 맞아도 화를 내지 않아 고맙습니다."

공감 대화로 만드는 행복 교실

- 즐거움, 신뢰: "S와 W가 술래가 되었을 때 열심히 해 주어 고맙습니다."
- 즐거움, 재미: "친구 모두가 수비가 되었을 때 열심히 해 줘서 재미있고 고맙습니다. 친구들아, 고마워!"
- 수용, 지지, 인정, 존재감 : "술래하면서 E와 J보고 따라오라고 했을 때 따라와 주어 고맙습니다."
- 인정, 존재감, 이해: "M이 '공 잡아.'라고 할 때 내가 힘이 났습니다. M, 고마워."
- 협력, 발전: "Y가 피구 실력이 성장한 것을 볼 때 고맙습니다."
- 배려, 따뜻함, 정서적 안정: "H와 게임을 했어요. 내가 이겼는데도 H가 화를 내지 않을 때 고맙습니다."
- 소속감, 책임감: "S, M이 게임을 할 때 우리 편을 이기도록 해 줘 고맙습니다."
- 배려, 친밀한 관계, 우정: "O와 P가 밖에 나가지 않고 알까기를 해 줄 때 즐겁습니다."
- 공평, 정직: "K가 S보고 규칙을 어겼다고 말해 줄 때 고맙습니다."
- 배려, 지원: "U가 나에게 공을 줄 때 즐겁습니다."
- 지원, 배려, 소속감: "같은 팀인 K가 나에게 공을 줄 때 감사합니다."

학생들의 발표를 다 듣고 말한다.

교사: '우리 편이 이기고 싶어!', '우리 편이 이겨야 해.'라는 마음으

로 피구 게임이나 다른 게임을 하면 내 마음이 어떤지 느
낌을 말해 주세요.

- "내가 공을 잡으려고 하는데 친구가 가로채면 화가 납니다."
- "공을 놓치면 아까우면서도 화가 납니다. 친구가 뭐라고 할까
  봐 걱정됩니다."

교사: 선생님은 여러분들의 소리를 들었어요. '아씨', '아'라는 소
　　　리를 듣기도 했어요.

- "못 이길 것 같으면 갑갑하기도 합니다."
- "공을 놓치는 친구를 보면 짜증이 납니다."
- "처음에는 걱정스럽고 상대편 친구들이 없어지면 더 재미있습
  니다."
- "'내가 더 잘해야 해.'라고 생각합니다."
- "이겨야 하는데 지면 아쉬움이 있습니다."
- "더 재미있습니다. 공을 더 많이 던지고 싶습니다. 못 던지는
  친구를 보면 갑갑합니다. 흐르는 공을 잡으면 되는데 놓치면
  답답합니다."

잘하는 학생, 혼자만 많이 던진 학생을 공감한다.

교사: 이기고 싶은 건 사람의 마음입니다. 잘하고 싶은 사람의
　　　마음입니다. 잘하는 사람은 게임을 하면 더 재미있습니다.

나쁜 마음이 아닙니다. 도전하는 마음입니다. 성장하는 마음입니다.

- "우리 팀이 지고 있으면 열 받고 답답합니다."
- "다른 팀에게 공이 넘어가면 속상합니다."
- "꼭 이기고 싶은데 공을 놓치면 내가 더 잘해야 합니다."

교사: 게임을 할 때 이기기 위해 하지 말고 우리 반 모든 친구들이 '재미, 즐거움'이 있도록 하는 체육 시간이 되기를 바랍니다.

이야기 나누기를 한 후, 체육 시간이 끝나고 들어오는데 한 명의 학생도 불만을 이야기 하지 않는다. 어떻게 피구 게임을 했는지 학생들과 이야기 나누는 시간을 가진다.

교사: 재미와 즐거움이 있는 체육 시간을 위해 노력한 친구가 있나요?
학생: K, M, S, H, Y, G가 공을 받아 친구에게 주었어요.
학생: M이 배려를 많이 했어요.
교사: M이 많이 던지고 싶었을 텐데, 친구들이 공을 던질 수 있도록 배려를 많이 했구나. 오늘 피구 활동을 할 때는 우리 반 전체 학생들이 다 돌아가면서 던질 기회를 얻었나요? →
      M 공감하기
학생들: 예.

교사: 오늘 활동은 '즐거웠다.'라고 들려요.

학생들: 예, 오늘 체육은 배려가 많아 만족해요.

교사: 모두가 재미가 있으려면 배려하는 마음이 중요하구나.

평소에 친구들에게 "괜찮아."라고 하면서 늘 양보를 하는 두 학생이 "A, B가 내가 받을 공을 받아 주어 고맙다.", "우리 팀인데 다른 팀을 잘 맞춰서 마음이 즐거워. 고마워."라고 발표를 한다. 두 학생을 부른다.

교사: "A, B가 내가 받을 공을 받아 주어 고맙다. 우리 팀인데 다른 팀을 잘 맞춰서 마음이 즐거워. 고마워."라는 말의 의미는 우리 팀을 이기게 해 주어 '고맙다.'라는 뜻인가요?

학생: (고개를 끄덕이며) 예.

교사: 피구를 할 때 나는 공을 받거나 던진 적은 있나요?

학생: 아니요. 없어요.

교사: 그래도 재미있었나요?

학생: 예.

교사: 우리 편이 이겨서 재미있었구나. 우리 편이 이기면 나에게 어떤 좋은 점이 있나요?

가만히 있다. 둘 중 한 명의 학생은 없다고 한다. 옆에 있던 한 학생은 어리둥절한 표정을 한다.

교사: 두 사람이 이런 마음을 가지는 게 나쁘다는 의미가 아니

공감 대화로 만드는 행복 교실

예요. 꾸중하려는 게 아니란다. 선생님이 걱정되어 도움을 주려고 불렀단다. 선생님이 걱정이 되는 것은 너희 둘은 '무엇을 배웠지?', '진짜로 즐거웠나?', '이겨서 다행인가?' 등 여러 가지 궁금해서 너희 둘의 마음을 물어보는 거예요. 너희 둘은 무엇을 했는지도 궁금해요.

침묵한다.

교사: 너희 둘도 '공이 무척 던지고 싶을 텐데.'라는 마음이 들어서 물어본 거예요. 공이 던지고 싶다면 던지기를 바랍니다. 선생님은 너희 둘도 자신이 즐겁기를 바랍니다.

아이를 이해하려면 노는 모습을 잘 관찰하면서 아이의 여러 감정을 유심히 살펴보아야만 합니다.

- 크리슈나무르티

학부모와 NVC

①

학부모: 선생님, 방과 후 선생님이 S가 오지 않았다고 전화가 왔어요.

교사: 아, 그래요? 지금 바로 보낼게요. S랑 이야기도 하고 느낌 찾는 카드놀이를 하고 있었어요.

학부모: 저번에도 방과 후에 늦게 가서 왜 늦었냐고 했더니 S가 선생님하고 이야기를 한다고 하더라고요. (목소리를 높이며) 우리 아이가 문제가 많나요?

교사: (침묵하다가) 아닙니다. S가 하고 싶은 걸 하다 보니, 지금 보내겠습니다.

아이들의 마음을 읽어 주는 느낌 카드 찾는 활동을 꾸준히 하던 어느 날, 고함을 지르던 S가 고함지르지 않고 갑자기 눈물을 흘린다. S의 학교생활을 지켜본 담임 선생님으로서 S가 여리고 바른 마음, 학습을 잘하려는 마음, 따뜻한 마음을 지닌 아이라는 것을 느끼고 있다. 그런 마음을 알기에 안쓰러운 마음으로 침묵하고 있다. S가 울음을 멈출 때 말한다.

교사: S야, 누가 말을 할 때 마음이 아파?

학생(S): (1초도 안 쉬고) 엄마.

교사: 가끔 그래?

학생(S): 많이 그래요.

교사: 아빠는?

학생(S): 아빠는 일 나가고 늦게 오고 엄마랑 있는 시간이 많으니 엄마죠.

교사: 엄마가 말할 때 여기가 아프면 엄마가 이렇게 말하니 "여기가 아프다."라고 하면 어떨까?

학생(S): 싫어요.

교사: S가 하고 싶은 말을 여기 두지 말고 꺼내면 어떨까? 시원할 것 같은데.

침묵한다.

교사: 항상 이야기하고 싶을 때 해.

학생(S): 안 할 거예요.

S가 다시 눈물을 흘린다. "휴지"라고 손가락질을 하면서 교사에게 말한다.

학년 전체 아동이 나와 줄넘기 대회도 하고 다른 게임도 하는 날이다. 줄넘기 예선 대회를 하는데 S가 3등을 한다. 고개를 푹 숙이고 울고 있다. 아이들이 S가 줄넘기를 집어 던지고는 어디를 갔다고 한다. 2교시 다른 게임을 준비하는데 S가 보이지 않는다. 주차장에 있단다. 숨어 있단다. 아이들이 "선생님, 저기 보여요."라고 한다. O보고 데리고 오라고 하니, S가 오지 않는다고 한다. O에게 다시 부탁을 한다.

교사: 지금 다른 재미있는 게임을 할 텐데 안 하고 싶으면 안 해도 된다고 전하고 오세요. 다른 곳은 가지 말고 끝날 때까지 거기에 있어야 한다고 말해 주세요.

게임이 시작되려는 순간 한 아이가 말한다.

학생: 선생님, 저기 S가 와요.

고함을 지른다.

교사: 하기 싫으면 안 해도 된단다. 다른 친구가 두 번 하면 된단다.

S는 한다고 한다. 공감 대화를 하기에는 학년 체육 활동으로 마음의 여유가 하나도 없다. S가 선택하는 데 도움을 주고 싶다. 점심 먹고 S랑 이야기를 한다.

교사: S야, 줄넘기 끝나고 왜 그리 많이 울었니? S도 잘했지만 J, M도 잘하지 않았니?
학생(S): 몸컨디션도 안 좋았고요. 숨 쉬기도 어려웠고요. 그랬다고요.

이 말을 두 번 한다.

교사: 왜 1등 하지 못했는지 선생님께 이유를 말하는 거예요?

학생(S): 예.

교사: S는 1등이 중요하구나.

학생(S): 예.

교사: 친구들이 있는 자리에 있기 싫을 정도로 1등 못 한 것이 아쉬웠구나.

학생(S): 몸컨디션도 안 좋았고요, 숨쉬기도 어려웠고요, 엄마도 내 몸 안 좋다고 했어요. 내 몸이 안 좋았다고요. 학교 밖으로 나가려 했다고요.

교사: 많이 서운했구나. 학교 밖으로 나가고 싶을 정도로 서운했구나. 속상했구나. 3등도 하기 힘든 거예요. 1등만 좋다고 생각하는구나. 줄넘기 3등을 하려고 S가 힘든데도 참으면서 하는 것을 다 봤단다. 친구들도 보고. → **공감하기**

가만히 있다.

교사: S야, 1등 하려고 줄넘기를 많이 연습해서 3등을 한 거란다. 3등 한 S가 선생님은 자랑스러워요. 대단해요. 1등 하면 더 신바람 나고 아주 만족스럽겠지만 3등 한 S도 아주 자랑스러워요. 친구들에게 자랑하고 싶어요. 3등 못 한 친구들도 많잖아요. 1, 2등 한 M, J를 선생님은 칭찬할 거예요. 1, 2등 해서 칭찬하는 것이 아니라 1, 2등 하려고 노력한 것을 칭찬할 거예요. J한테 "2등 해서 섭섭하니?"라고 물었더니 아쉽다고 말하더구나. 그리고는 M을 축하해 주었어

요. 기분 나아지면 M을 축하해 주면 좋겠는데 어떠니? →
공감하기

고개를 흔든다.

교사: 하고 싶지 않으면 안 해도 된단다. S가 1등 하려고 얼마나
애썼는지, 줄넘기할 때 몸컨디션이 좋지 않은데도 불구하
고 최선을 다했다는 것, 몸이 아파 줄넘기하기 힘든데도
참고 했다는 것을 생각하니 S가 대단한 것 같아. 칭찬하고
싶구나. S야, 오늘 같은 마음이 들면 다음부터는 선생님과
이야기를 나누도록 하자. 늘 선생님이 S 마음을 들어 주지
않니?

오늘 일도 알리고 다른 사람과 대화를 할 때 쓰는 용어도 알려
드리면서 학부모께 도움을 청해야 한다는 마음의 소리가 들려온
다. 눈을 잠시 감고 호흡을 한다. 숨을 고른다.

교사: 어머니, 안녕하세요? 담임입니다.
학부모: 무슨 일이 있나요?
교사: 좋은 일이 있어요. 오늘 줄넘기 대회에서 S가 3등을 했어
요. 그런데 S가 많이 울고 속상해했어요. S가 학교 밖으로
나가고 싶을 정도로 속상하다고 해서 마음이 쓰여 전화드
립니다.
학부모: 예, 선생님.

교사: S의 모습이 아이답고 잘하려는 마음이 대견스러워요. 앞으로 학교 행사가 많은데 S가 염려가 되어 전화드렸어요. 담임은 S의 잘하려는 마음을 아낍니다.

학부모: S도 선생님께 잘 보이려고 하더라고요.

교사: S가 선생님께 잘 보이려는 마음은 공부를 잘해서 칭찬받고, 인정받고 싶은 마음이 많아서일 거예요. 학생으로서는 최고죠. 발표도 잘하고 성적도 좋아요. S는 마음도 여리고 정직해요. 좋은 점이 많은데 아쉬운 것이 있더라고요.

학부모: 아쉬운 것이라면?

교사: 친구하고 마음이 다르면 화를 내면서 하는 말이 아쉬워요.

학부모: 다른 사람들은 S가 말을 예쁘게 한다고 해요.

교사: '개△△', 이런 욕은 하지 않아요. 엄마 상처받으실까 봐 말을 꺼내기가 망설여지네요. (잠시 멈추었다가) 사랑하는 제자 S를 위해 용기를 내려 해요. 말하는 투라고 해야 할까요? 아주 큰 소리로 손가락질을 하며 "뭐요?", "난 이야기하기 싫어요.", "그냥 싫어요.", "난 얘가 처음부터 싫었어요. 앉기 싫다고요.", "그것도 몰라?", "멍△이", "양△이"라고 하니 걱정스러워요.

학부모: 집에서는 안 하는데.

교사: 놀라셨죠. 당황스럽기도 하시죠. 집에서 하지 않는 말을 학교에서 한다고 하니, 믿기 어려우실 것 같아요. 담임이 S를 아껴요. 어른들이 도우면 변화가 있을 거예요. S가 방과 후에 남아서 선생님과 대화한다고 기분 상하지 않으셨으면 해요.

학부모: S가 남아서 대화를 한다고 해서 야단 듣는 건 줄 알았어요.

교사: 담임이 하는 대화는 자기 마음과 친구 마음을 찾으면서 대화를 하는 겁니다. 선생님하고 하는 대화를 S가 싫다고 하면 할 수 없지만 저는 도움을 주고 싶어요.

학부모: 선생님하고 대화를 한다고 해서 "선생님과 대화하는 것 좋아?"라고 물으니 좋다고 했어요. 선생님이 어떠냐고 물으니 "우리 선생님, 충분히 훌륭하다."라고 하더라고요.

"우리 선생님, 충분히 훌륭하다."라고 했다니, S의 긍정적인 평가로 나는 용기를 얻는다. 용기를 내어 학부모께 전화 상담을 한 것은 나쁘지 않은 것 같다. S는 말을 하는 데 조심성을 보인다. 난 내가 할 수 있는 것으로 S의 삶에 진심으로 기여하고 싶다. S가 쓰는 언어가 S가 갖고 있는 많은 장점을 묻어 버리는 것을 안타까워하는 담임의 마음이 전달되어 S는 시간이 갈수록 느낌말과 욕구 언어를 찾으면서 천천히 변화를 보인다.

②
Y가 귓속말로 말한다.

학생(Y): 선생님, 다른 반 M이 내 거기를 만졌어요.

교사: (놀라서 작은 소리로) 어디를 말하니? 위, 아래?

학생(Y): (귓속말로) 아래.

잠시 호흡을 한다. 세 번 더 호흡을 한다.

교사: 지금 느낌을 말해 줄 수 있겠니?

여러 장의 느낌 카드를 보며 '난감한' 카드를 고른다.

교사: 다른 느낌은 없니? 속상하지는 않니? 화나지는 않니? 당황
　　　하지는 않니? 어리둥절하지는 않니?

여러 느낌을 말해도 Y는 "난감해요."라고 반복해서 말한다.

교사: 선생님도 아주 난감하구나. 어디에서 그랬는지 말해 줄 수
　　　있니?

아이가 편안하게 말할 수 있도록 걸상에 앉도록 하고, 초콜릿을
주어 다 먹을 때까지 기다린다.

학생(Y): 미끄럼틀 옆 모래가 있는 곳을 걸어가고 있는데 M이 손
　　　　으로 만졌어요.
교사: 선생님이 궁금해서 다시 물을게. 지나가면서 부딪힐 수도
　　　있고, 손으로 칠 수도 있고?
학생(Y): 예, 앉아 있었는데 M이 손을 올려 만졌어요.

교사: 그랬구나. 세게, 약하게, 이느 정도의 느낌이니?

교사가 아이의 손등을 활용해 만진 정도를 알아본다.

학생(Y): 약하게.

교사: 약하게 하긴 했으나 정말 난감하구나. 미끄럼틀 옆 모래가 있는 곳을 걸어가고 있는데, M이 손을 올려 생식기를 만졌다. → **관찰** 난감했구나.

학생(Y): 난감했어요.

교사: 선생님한테 기회를 줄 수 있겠니? 우리 반 대화 모임 하듯이 M과 M의 엄마와 먼저 이야기를 나누고 싶어요. M도 많이 어리니 배우고 발전할 수 있는 기회를 주고 싶은데 허락해 주겠니? Y 마음도 전할 거예요.

끄덕인다.

교사: 지금 마음이 난감하고 힘들 텐데 선생님한테 M과 대화할 기회를 줘 고마워. 먼저, Y의 엄마와 M의 담임 선생님, M의 엄마께 알리고 우리 반에서 하는 것처럼 M을 불러 대화 모임을 할 거야. M과의 대화 모임이 끝나면 M의 엄마와 대화 모임을 할 거야. 집에 가지 않고 기다려 줄 수 있니?

Y는 또박또박 자기 생각을 말한다.

학생(Y): 방과 후 활동하고 오면 돼요. 엄마한테는 제가 연락할게요. 선생님이 하는 것도 말할게요.

교사: 선생님이 엄마한테 전화를 안 해도 될까? 걱정되는구나.

학생(Y): 매일 엄마가 전화해요. 그때 말하면 돼요.

교사: 선생님도 지금 많이 난감하단다. 도움이 되는구나. 고맙다. Y가 엄마께 선생님이 할 것을 알려 주세요. M의 엄마와 대화 모임 끝나면 직접 엄마께 말할게.

M을 만나 이야기를 나눈다. M과 나눈 대화는 기록으로 남기고 M에게 기록한 것을 읽어 주면서 내용이 다르면 말할 것을 부탁한다. 이 기록은 M 엄마와 상담을 할 때 활용을 한다. M의 지금 마음도 공감해 준 뒤 느낌을 찾아가며 대화를 한다. M은 자신이 잘못한 것을 교사가 말하지 않아도 알고 있다. 그런 상황에서 아이의 행동이 잘못되었다고 다시 교사가 말한다면 M의 마음 이야기를 듣는 것은 어렵다. 그래서 M을 충분히 공감해야 한다. Y의 느낌도 찾도록 한다. M의 욕구와 Y의 욕구가 다를 경우, Y는 많이 억울하고 슬프다는 것도 알린다. M이 엄마에게 알릴 것을 한사코 말렸지만 친구 바지를 내리려 한 행동이 이미 한 번 있었기 때문에 약속대로 알릴 것을 확고하게 말한다. 그 대신 저번에 한 일은 절대로 엄마한테 말하지 않겠다는 것을 M과 약속하고 지킨다. M과 대화가 끝날 무렵에 M의 엄마가 교실에 도착하였다. 조마조마하고 걱정스러운 마음으로 다른 반 선생님을 만나러 오셨을 M 엄마의 마음을 충분히 공감을 한 후 이야기를 시작한다. 먼저 M과 나눈 대화를 읽어 준다. 다 듣고 난 뒤 M의 엄마께서 하신 첫 마디는 이렇다.

M의 엄마: 선생님, 저도 몹시 당황스럽고 믿기지 않아요. 선생님

과 우리 아이가 나눈 대화 내용을 들으니 선생님께 감사하네요.

M의 엄마와 대화를 하고 있는데 마침 여학생 Y가 교실 문을 열면서 "선생님, 방과 후 다 마쳤어요."라고 한다. M의 엄마께 Y라고 한다.

M의 엄마: 선생님, 제가 여학생 Y에게 사과를 할게요.
교사: (진심 어린 마음으로) 감사합니다.

M의 엄마는 진심을 담아 자발적인 사과를 한다.

M의 엄마: (무릎을 꿇듯 자세를 낮추고, Y의 두 손으로 잡고) 많이 놀라고 난감했지? 정말 미안해. 아줌마가 대신 사과할게. 다시는 그런 짓 못 하도록 아줌마가 M을 혼낼 거야. 약속할게. 다시는 그러지 못하도록 할게. 이번만 용서해 줘. 아줌마가 정말로 미안해. (목이 메더니 눈시울을 붉히며) 정말 미안하다. 정말 미안하다.

Y는 얼굴에 약간의 미소를 보이며 고개를 끄덕인다.

교사: Y야, 지금 마음이 어떠니?
학생(Y): 괜찮아졌어요.
교사: 마음이 편안해졌다는 말로 들어도 되니?

공감 대화로 만드는 행복 교실

고개를 끄덕거린다. 볼이 발갛게 상기되어 있다. Y가 나간 뒤 말한다.

교사: (작고 조심스러운 목소리로) Y 엄마께는 어떻게 할까요.
M의 엄마: 선생님께서 전화를 해 제 마음을 전해 주세요. 제 자식에게 이런 일이 일어났다면 저도 당황스럽고 어떻게 해야 할지 모를 만큼 마음이 화가 날 거라고, 그래서 정말 미안하다고 전해 주세요.
교사: 더 하고 싶으신 말은 없으세요.
M의 엄마: 예, 부탁이 있어요. 제 아이랑 나눈 대화 중 느낌은 전하지 말았으면 합니다.
교사: 예, 알겠습니다.
M의 엄마: Y 엄마께 다시는 우리 아이가 이런 행동을 하지 않게 혼을 내 줄 거라고 전해 주세요.
교사: 혹시라도 Y 엄마가 전화번호를 물으면 가르쳐 줘도 될까요?
M의 엄마: 예.
교사: 이 일로 M이 긍정적인 성장이 있기를 바랍니다. 이 일이 교육적인 일이 되기를 바랍니다. 저도 난감했습니다. 어머니께서 진심을 담아 Y에게 사과를 해 주시니 감사한 마음이 듭니다.

M 엄마가 가고 난 뒤 Y 엄마와 통화를 하였다. Y 엄마는 Y의 전화를 받고 운동장 벤치에 이미 와 계셨다고 한다. Y가 M 엄마께 사과를 받았다는 말도 들었다고 한다.

Y의 엄마: 선생님께서 대화 모임도 해 주시고, 우리 아이가 M 엄마의 사과도 받았어요. 이 일이 기분은 썩 좋지 않지만, 커 가는 과정에서 일어난 일이라 생각하고 그냥 넘어갈게요.

교사: M 어머니께서 정말 미안해하셨고, 전화번호를 달라고 하시면 드리라고 했어요. 눈물을 흘리시면서 Y에게 사과를 하셨어요.

Y의 엄마: Y에게 들었어요. Y도 괜찮다고 하고 그냥 넘어갈게요.

교사: 더 할 말은 없으세요?

Y의 엄마: 없습니다. 이런 일이 없기를 바라는 거죠. 선생님, 수고 많으셨고 감사합니다.

학교 폭력 신고 사안일 경우에는 피해 학생 회복을 위하여 노력해야 한다. 영향을 준 학생도 수치심이나 죄책감을 느끼도록 하기보다는 자발적 책임을 갖도록 하는 것과 배움과 성장의 기회를 얻도록 하는 것이 중요하다. 영향을 준 학생은 학부모를 불러 자기 잘못을 말하는 것을 절대 원하지 않는다. 그래도 담임 교사는 학부모와 상담을 할 경우에는 학생에게 먼저 할 것이라고 진술하게 말한다. 영향을 준 학생과 학부모도 공감이 필요하다. 영향을 준 학부모에게 사과할 것을 재촉하지 않는다. 영향을 준 학생 학부모의 느낌과 욕구 그리고 상대 학생 학부모의 느낌과 욕구를 담임 교사가 들려주면서 대화를 이끈다. 영향을 준 학생 학부모가 사과하고 싶다고 할 때 사과할 수 있는 기회를 주도록 한다. 영향을 준 학생 학부모의 진심 어린 사과는 영향을 받은 학생과 학부모의 난감하고 당혹한 마음을 가라앉게 한다. 학교 폭력으로 신고하기 전에 학부모를 만나 담임 교사가 중재자 역할을 하는 활동은 매우 중요하다. 이 활동 후 M은 이와 같은 행동을 하지 않는다.

③

방과 후 있던 일이다. K가 상급생 H의 뺨을 때렸다고 한다. H는 즉시 엄마께 연락을 했고 지금 오고 계신다고 한다. 학교 폭력이긴 하나 먼저 아이들의 이야기를 충분히 듣고 두 학생의 어머니를 오시게 하여 이야기 나누는 시간을 가지면 좋겠다는 생각을 한다. 내가 하는 NVC 방식의 공감 대화 시간을 갖겠다는 의지를 H의 담임 선생님께 말하고 협조를 얻는다.

두 어머니의 마음을 응급 공감하고 내가 할 NVC 방식의 공감 대화로 이야기를 나누는 것에 대한 두 분의 의견을 물어본다. 두 분의 허락을 받고 학부모 두 분, 아이 두 명, 중재하는 교사 한 명이 둥글게 앉아 이야기를 나눈다. 학부모는 중재자 역할을 하는 담임에게서 먼 쪽에 앉고, 아이들이 중재하는 교사 양옆으로 앉는다.

교사: 선생님은 여러분의 이야기를 모두 들어 줄 겁니다. 한 사람씩 이야기를 해 주세요. 다른 사람이 이야기할 때 끼어들지 말고 기다려 주세요. 그럼 시작하겠습니다. → **부탁하기**

두 사람을 보고 말한다.

교사: 누가 먼저 말할래요?

가만히 있다.

교사: K야. H가 먼저 말해도 되겠니?

K는 학부모가 계시니 고개를 푹 숙이고 있다. 그 모습이 안쓰럽다.

학생(K): 예.
교사: 고마워.

갈등 상황을 관찰로 정리한다.

교사: 선생님이 들은 말은 K가 H의 뺨을 때리고 발로 찼다는 것입니다. 어떤 놀이를 했는지 말해 줄 수 있나요?

영향을 받은 H의 말을 듣고 갈등 상황을 관찰로 정리한다.

교사: H는 영어 수업 시간이 다 되어 총놀이 하는 K의 팔을 잡아 교실로 끌고 가는데, 그때 K가 H의 뺨을 때리고 발로 찼다고 해요. K는 H의 말을 듣고 생각을 말해 줄래요?

가만히 있다. 다섯 번을 말해도 가만히 있다.

교사: 말하지 않고 있으면 H가 말한 것이 사실이라고 생각해야

됩니다. K는 말하지 않아도 억울하지 않겠니? 선생님은 두 학생 모두가 소중하고 도움을 주고 싶어요.

기다리고 있으니 낮은 소리로 말한다.

학생(K): 누나가 S를 괴롭혀서 그랬어요. 누나가 S의 팔을 잡아 내가 뺨을 때리고 발로 찼어요. 그리고 들어가라고 했어요. S는 친구니까 그랬어요.

교사의 마음에 들어온 말은 "S는 친구니까 그랬다."라는 말이다.

교사: "누나가 S를 괴롭혀 뺨을 때렸다."라는 말은 K는 S가 괴롭힘을 당한다는 생각에 뺨을 때리고 발로 찼다는 말로 들리는구나. S가 끌려가는 모습이 괴롭힘을 당하는 것처럼 보였구나. 'S는 친구니까 S를 보호해 주고 싶었다.'라는 말로도 들리는구나. → **K 행동 뒤의 욕구를 찾아 바꾸어 말해 주기**

두 아이의 이야기를 듣고 관찰로 말하여 주고 확인한다.

교사: 'H는 영어 수업 시간이 되어 총놀이 하는 S의 팔을 잡아 교실로 끌고 가는데, 그때 K가 H의 뺨을 때리고 발로 찼다. 내 친구 S가 괴롭힘을 당한다는 생각에 뺨을 때리고 발로 찼다.' H, 지금 마음을 카드에서 찾아 주세요.

'화가 나는' 카드를 찾아온다.

> 교사: '화가 나는'이라는 마음 안에는 또 어떤 마음들이 있는지
> 찾아볼까요?

'놀란, 화가 나는, 불편한, 마음이 아픈, 조마조마한, 슬픈, 섭섭한' 카드를 가지고 온다.

> 교사: K, 지금 마음을 카드에서 찾아 주세요.

'미안한' 카드를 들고 온다.

> 교사: '미안한'이라는 마음 안에는 또 어떤 마음들이 있는지 찾아
> 볼까요?

'두려운, 힘든, 조마조마한, 긴장되는, 창피한' 카드를 가지고 온다.

> 교사: K는 이유를 말할 수 있을까?
> 학생(K): 혼날까 봐 두렵고, 힘들고, 조마조마하고, 긴장되고, 이
> 상황이 창피해요.

H에게도 말할 기회를 줘야 하는데 H는 고개를 들고 꼿꼿하고도 당당하게 앉아 있고, K는 고개를 푹 숙이고 죄인처럼 앉아 있다. K 엄마 얼굴도 어둡다. H는 엄마가 올라오셔서인지 표정이 편안해

보이고 당당하다. 지금 상황에서는 H 엄마와 대화를 하는 것이 낫다는 판단이 선다.

교사: 두 학생은 잠시 편안하게 있으세요. 어머니와 이야기를 할게요. K 어머니, H 어머니와 먼저 이야기를 나눌게요. 괜찮을까요?

끄덕끄덕하신다.

교사: K가 H의 뺨을 때렸다는 말을 들을 때 팔과 다리가 떨리고, 화가 나고, 가슴이 답답하고 갑갑했을 것 같습니다. → **추측하여 말하기**

H의 엄마: 갑갑해요.

교사: 갑갑하시죠. 그렇다고 내 아이가 K에게 뺨을 맞았다고 내가 대신 똑같이 K의 뺨을 때린다고 지금 당장은 H 엄마의 마음이 후련할 수 있으나 나중에 후회할지도 모르는 일이고. 이러지도 저러지도 못해 혼란스러우실 것 같아요. 내 딸이 학교 안에서는 안전할 줄 알았는데 그렇지 못해 답답하고 갑갑하실 거예요. → **공감하기**

H 엄마, 눈물을 흘리다.

교사: 내 소중한 딸을 위해 아무것도 할 수 있는 것이 없다는 마음에 갑갑하고 속상하시죠? → **느낌으로 공감하기**

H 엄마는 계속 눈물을 흘린다.

교사: 어떻게 하고 싶으세요?

H의 엄마: 사과받고 싶어요.

교사: H 어머니, 지금 K도 이 상황이 두려운지 목소리를 내지 못
　　　해요. 내일 아침에 제가 지도하는 방법으로 사과를 하도록
　　　할게요. 오늘은 K 엄마가 대신 사과를 하면 어떨까요?

K 엄마가 진심으로 H 엄마와 H에게 사과한다. H 어머니께 앞에
공감한 내용으로 다시 공감을 한다. 교사는 K 엄마도 공감을 해
준다.

교사: 저도 K의 선택이 슬프고 안타까워요. K 어머니도 놀라고
　　　속상하시죠. 당황스럽기도 하죠? → **K 엄마 공감하기**

K의 엄마: 이런 일이 없었는데 당황스럽죠. 미안하고요.

H 엄마를 보며 다시 "미안해요."라고 사과한다. 교사는 잠깐 멈
춘다.

교사: H 어머니, 더 하시고 싶으신 말이나 부탁하고 싶은 말이
　　　있을까요? 걱정되는 일이 있을까요?

H의 엄마: 아이들이 보는 앞에서 저학년 남학생이 고학년 여학
　　　생 뺨을 때려서 저학년에게 맞았다고 놀림을 당할까
　　　걱정되어요. 그 생각을 하면 갑갑해요.

교사: 저학년에게 맞았다는 것이 알려져 아이들이 놀릴까 봐 걱정도 되시고 갑갑하시죠? 그리고 혹시라도 H가 수치심을 느낄까 걱정되시죠? 학교가 안전하기를 바랐는데 H의 마음에 상처를 줘 속상하고 갑갑하시죠? 제가 담임 선생님께 어머니의 걱정 내용을 전하고, 그런 일이 없도록 부탁드리고 저도 그런 일이 발생하지 않도록 우리 반 아이들과도 다시 이야기를 해 보고 지도할게요. 지도 방법은 오늘처럼 할 거예요. 제 이야기 듣고 어떠신지요? → **반영하기**

H의 엄마: 선생님만 믿고 갈게요.

교사: 두 아이에게 오늘 일이 조금이라도 배움이 있고 성장하는 시간이기를 바랍니다. 그리고 계속 잘 지내기를 바랍니다.

H 엄마가 먼저 가고, K 엄마와 K가 남아 이야기를 계속 이어간다.

교사: 오늘 S가 괴롭힘을 당한다고 뺨 때리고 발로 차고 한 것은 S가 아프고 괴로우니 팔을 놓으라는 강력한 신호라고 봅니다. 누군가를 보호해야 한다는 강한 마음을 가지고 있는 것 같아요. 누군가를 보호하기 위해 폭력을 했다는 것이 걱정이 됩니다. → **K 마음 추측하여 말하기**

K 엄마, 침묵으로 눈물을 흘린다. 엄마가 울고 있는 모습을 K가 보고 있다.

교사: S가 아프면 아프다고 할 거예요. K, 친구가 정말로 걱정이

되면 큰 소리로 선생님이나 주변에 알리자. S에게도 이야기
할게. → 제안하기

K도 당황하고 놀라고 힘이 들 거예요. K의 친구를 위한 마음이
뺨 때리고 발로 차는 심한 행동으로 갈 것이라는 것을 미처 몰랐
을 거예요. 엄마까지 오시게 되는 상황이 되어 엄마한테 정말 미안
할 거예요. 엄마랑 가서 쉬면 좋겠어요. 더 하실 말씀이 있을까요?
→ K 공감하기

다음 날, H를 불러 사과받고 싶은지 물어보니 괜찮다고 한다.
고개를 푹 숙이고 있던 K의 모습이 안쓰럽다. 죄의식을 가지지
않고 이 갈등 상황이 K에게 배움이 있고 성장할 수 있는 기회가 되
기를 바라면서 활동하였다. NVC에 따르면 지금 여기서 일어난 일
만 가지고 활동을 해야 하며, 어떤 편견도 없이 해야 한다고 한다.
어떤 선입견도 없이 진행한 활동이다. 학교 폭력까지 가지 않도록
사전에 두 학생과 학부모가 함께 참여하는 가운데 서로의 느낌과
욕구를 찾아보고 진심 어린 사과와 부탁까지 한다. NVC 모델인
공감 나누기는 학교 폭력 예방과 관련 학생과 그 학부모까지 모두
를 회복시키는 데 필요한 활동이다. 이 활동 후 교사도 공감받으면
몸과 마음을 회복하는 시간을 절약할 수 있다.

이 활동 후 K는 친구를 보호하기 위해 폭력적인 행동을 하기 보
다는 바로 선생님께 알리거나 정직하게 말하는 것을 선택한다.

공감 대화로 만드는 행복 교실

④

학부모 상담 기간 중 M의 학부모께서 방문을 한다. 방과 후 오신 M 엄마의 마음을 알아주고, 편안하게 말할 수 있는 분위기를 만든다. 급하게 하지 않고 천천히 한다.

M의 엄마: 선생님, 우리 반 대화 모임을 하고 선생님한테는 좋다고 하지만 아이들이 스트레스를 더 받는 것 아닌가요?

응급 교사 공감하기가 필요하다. 호흡을 한다. 순간 멈추고 마음을 관찰한다.

교사: "우리 반 대화 모임을 하고 선생님한테는 좋다고 하지만 아이들이 스트레스 더 받는다."라는 말씀은 속상한 일이 있으신 것 같아요. 속상한 일이 궁금해요.

M의 엄마: M이 4월에 J 때문에 학교 가기 싫다고 했어요. 무슨 일인지 다 들으니 M 말이 다 옳더라고요. J도 이유가 있겠지만, 그래서 J 엄마한테 전화를 했어요.

다시 교사 자기 응급 공감을 위해 잠시 호흡에 집중한다.

교사: 그렇지 않아도 M이 J를 싫어하는 기운을 감지했어요. 그때 기록된 것이 있을 것입니다. 제가 보면서 말하겠습니다. 지금 몇 달이 지나 정확하게 기억이 나지 않습니다. (기록한 것을 보면서) M에게 물으니, "J가 자꾸 일러서 억울해요. 나

는 J를 고자질하지 않는데, J는 내 마음도 모르고 날 자꾸 일러서 억울해요."라고 하더라고요. 그래서 "M은 선생님과 친구들에게 좋은 친구, 잘하는 학생으로 인정받고 싶은데 선생님께 일러 야단 듣게 될까 봐 걱정되는구나."라고 하니 "예, 저도 잘하려고 하는데 자꾸 일러서 짜증 나요."라고 말했습니다. 이렇게 하는 게 대화 모임입니다.

계속 이야기를 이어간다.

교사: M 이야기를 듣고 J를 불러서 M의 마음을 전했습니다. J야, M은 J가 "선생님께 말할 거야."라는 말을 들으면 정말 화가 난대요. 이 말을 M이 전해 달라고 했어요. J하고 한 대화를 다시 M에게 전했습니다. J는 자기 잘못도 말하고 M이 큰 소리로 말하면 서운하다고 했어요. 그래서 큰 소리로 말하지 않기를 바랐어요. 그 뒤로 아무 일이 없습니다.

교사: 아, 그래요. 선생님도 아셨군요.

교사: 방금 제가 J와 M에게 어떻게 했는지 들으시고 어떤 마음이 드세요? 불편하신가요?

M의 엄마: 아니요.

교사: 제가 하는 대화 방법이에요. 어머니가 편안하시면 아이들도 편안합니다. 다른 것을 또 해 볼게요. M 때문에 축구 못 하겠다고 아이들이 말합니다. 그러면 저는 이렇게 대화를 합니다. "너희들이 답답하고 속상하구나. 그래도 축구를 하면서 M이 잘한 점이 있을 거예요."라고 먼저 물으면

친구들이 말을 해요. 그때 M도 듣게 해요. 친구들이 내 이야기를 어떻게 하는지 M도 궁금하잖아요. 친구들 말을 듣기 전에도 먼저 M에게 말할 기회를 주고, 친구들 말을 다 듣고 난 뒤에도 M에게 말할 기회를 줍니다. M이 자기 마음을 표현하기 어려우면 제가 M의 마음을 읽어 줘요. "게임에 정말 이기고 싶었구나. M이 게임의 규칙을 잘 아니 이기는 방법도 잘 알아서 팀에 도움을 주려 했구나. 그 행동이 다른 팀에게는 불편하고 공평하지 않았구나."라고 이야기를 풀죠. 어머니, 지금 이야기를 들으면서 불편한 내용이 있나요?

M의 엄마: 없네요.

그러면서 M의 엄마는 고개를 끄덕인다.

교사: M에게는 장점이 많아요. 큰 소리로 발표를 하면 전 행복해요. 친구들과 재미있게 게임을 하려고 전술을 세우는 행동도 긍정적이고, 담임으로서는 흐뭇하죠.

M의 엄마: 선생님과의 면담으로 안심이 됩니다.

교사: M의 말을 들었을 때는 놀라고 답답하고 속상하셨을 것 같아요. 지금은 안심이 된다고 하니 담임도 대화 모임을 계속해도 될 것 같아 안심이 됩니다. 더 하실 말씀이 있을까요?

⑤

S의 엄마: 선생님, 오늘 S가 혹시 대화 모임을 하였나요? 저는

항상 이런 일이 있을 때마다 S의 말을 다 믿지는 않습니다만, S가 적지 않게 억울해합니다. (생략) 평소 대화 모임에서도 선생님이 다른 친구들의 의견은 들어주시고 S한테는 "변명하지 마, 핑계 대지 마."라는 식으로 말조차 할 수 없게 한다고 많이 억울해합니다. (생략) S가 학교에도 가기 싫다고 합니다. (생략) 우리 S 마음도 헤아려 주십시오. 어떻게 친구들이 하나같이 S를 몰아붙이는지.

S 부모와 소통하고 싶다는 욕구가 있었기 때문에 반갑기도 하고 안타깝기도 하다. 다행히 아이들과 대화한 내용을 기록한 것이 있어 올라오셔서 이야기를 나누면 좋겠다고 하니 흔쾌히 힘든 걸음을 한다. 어쩌면 S를 이해하고 도움을 줄 수 있는 유일한 분이기에 소중한 마음으로 S 엄마를 맞이한다.

아이들이 모두 가고 난 뒤, NVC '네 귀로 듣기' 연습을 한 후 학부모를 만난다.

교사: S가 문자 내용처럼 어머께 말했다면 놀라고 서운하고 당황했을 것 같아요. 저도 그러니까요. S가 학교에서 편안한 마음으로 지내야 하는데 힘든 마음으로 지내는 것 같아 많이 속상하셨을 것 같아요. 아이들 간에 서로 소통이 되지 않아 대화할 때 어려움이 있어요. 아이들이 말을 할 때 하나하나 확인을 한 대화 기록을 보면서 어머니랑 대화를 해 볼게요. 궁금한 것을 하나하나 이야기해 주세요.

공감 대화로 만드는 행복 교실

S의 엄마: O가 스탠드에서 넘어졌을 때 웃은 것은 맞아요. 아이들도 웃었는데 자기만 대화 모임을 했다고 해요.

교사: S가 그렇게 생각하고 있었다면 많이 억울할 것 같아요. 오늘은 S가 교실에서 고함을 질러 대화 모임을 할 수 없었어요.

S의 엄마: 선생님이 자기 이야기는 들어 주지 않는다고 억울해합니다.

교사: 자기 이야기를 들어 주지 않는다는 생각이 들면 화도 나고 답답하고 억울할 거예요. 그런데 오늘은 S 이야기만 들었습니다. 친구들이 이야기할 때마다 못 하도록 고함을 질러 하지 말라고 했습니다. 교실에서 수업을 해야 하는 상황이고 선생님이 수업해야 한다고 말해도 어찌나 당당하게 고함을 지르는지 아이들이 숨죽여 있었습니다. 그러다가 S가 고함을 지르지 않고 책상에 엎드려 있기에 제가 O, D, G, B, H한테 가서 물었습니다.

S의 엄마: S의 말과는 정말 다르네요.

교사: 당황스럽지요. 저도 당황스럽습니다. S가 집에 가서 하는 말이 정말 달라 당황스럽습니다. O에게 확인하셔도 됩니다.

S의 엄마: B가 머리를 맞았는데 체육 시간 규칙이라고 나가지 않았다, B, H의 말만 들어 준다, 그런데 체육 시간 규칙은 10초 있다가 하는 거라고 하더라고요.

교사: 체육 규칙은 제가 모릅니다. 오늘은 B와 H는 한 마디도 하지 않았습니다. B가 말을 하려 할 때 S가 고함을 지르면서 못 하게 했습니다. B는 계속 말하고 싶어 했는데 S가 고함

을 질러 말하지 말라고 담임이 말했습니다.

S의 엄마: 아, 예.

교사: 우리 반에 고함지르는 학생이 다섯 명 정도 있습니다. 그 아이들이 고함을 지를 땐 무슨 말을 해도 들을 수가 없습니다. 그럴 때 저는 말하지 않습니다.

S의 엄마: 그렇지요. S도 화가 나면 듣지 않습니다.

교사: B, H 이야기는 S가 제게 들려준 이야기입니다.

S의 엄마: B가 말했다고 하던데요.

교사: B는 말할 수 없었습니다. S가 고함을 질러서 한 마디도 못 했습니다. 전화해서 확인해 보세요. 다 가고 B한테 S 말을 확인하니 "머리 맞아도 체육 시간에는 안 나가잖아."라는 말만 했고 무섭게 말한다고는 하지 않았다고 합니다.

S의 엄마: 예, S 이야기와는 정말 달라서.

교사: 당황스러우시죠? S는 그동안 대화 모임을 할 때 친구들의 마음을 들으면 자기가 잘못한 것 같은 생각이 들어 갑갑했던 것 같아요. 갑갑한 마음을 표현한 게 아닌가 추측합니다. 더 궁금하신 점이 있으세요?

S의 엄마: S 이야기와 정말 달라서, 선생님이 "변명하지 마, 핑계 대지 마."라고 한다고 억울하다고 했어요.

교사: S하고 대화하고 싶어서 늘 기다리는 담임입니다. "변명하지 마, 핑계 대지 마." 이런 말을 하면 대화가 안 되잖아요. 학급에서 "선생님." 하고 부르면 항상 대화로 푼다는 것 알고 계시죠?

S의 엄마: 예.

교사: 저는 원래도 변명, 핑계라는 용어를 잘 사용하지 않지만 오늘은 결단코 쓴 적이 없습니다. 오늘은 S와 대화해야 하는데 S가 그냥 가서 담임이 서운했답니다.

S의 엄마: S 이야기랑 정말 다르네요.

교사 응급 공감이 필요해 침묵을 지킨다. 지금의 욕구를 본다. 호흡한다.

교사: S 어머니, 어려운 걸음 하셨으니 한 달 동안 아이들과 대화한 내용 중에 S와 관련된 내용 중 S가 하는 말을 중심으로 들려 드려도 될까요? S를 이해하는 데 도움이 될까요?

S의 엄마: 아, 예.

교사: 대화 모임은 아이들이 대화 모임을 요청해야 합니다. 혹시라도 담임이 S를 미워한다고 생각하실까 봐 염려도 됩니다. 잠시 마음이 혼란스러워지네요. 해야 할지 말아야 할지.

S의 엄마: 해 주세요.

교사: 조심스럽네요. 대화 모임 기록들을 보면 사레들려 기침하는 친구에게 "가래침 뱉었다."라고 말해 H가 서운해하면서 울었어요. 둘이 많이 친해요. 체험 활동하는 날은 B가 공으로 D 머리를 맞혔다고 고함을 지르고, B를 보고 "네가 머리 맞혔잖아."라고 말해 B가 어깨를 들썩이며 울었어요. S가 B하고도 잘 지내요.

S의 엄마: 왜 울어요?

교사 응급 자기 공감으로 마음을 관찰하고, '후후' 호흡을 한다.

교사: B가 머리를 때리지 않았다고 하면서 계속 울었어요. 맞았
다는 D한테 직접 물으니 머리가 아니고 등을 맞았다고 했
어요. B가 많이 억울했나 봐요. 또 1교시 수업 전에 "체육
하느냐?"라고 물어서 분명히 하지 않는다고 했는데 아이들
이 강당에 가 있고, 선생님이 오지 않으니 나를 찾으러 온
거예요. 저는 교실에 아이들이 없으니 당황했고요. 아이들
과 이야기를 하다 보니 S가 당당하게 "5교시에 체육 해."라
고 해서 아이들이 의심을 하면서도 강당에 앉아 있었다는
거예요. 왜 그랬는지 S에게 물으니 체육을 할 것 같아서 그
랬다는 거예요. "체육이 정말 하고 싶다는 생각에 그런 말
을 한 것 같네."라고 하니 고개를 끄덕이더라고요.

S의 엄마: 그럼 S가 상상을 한다는 거예요. 상상을 말하는 거
예요.

다시금 교사는 마음을 관찰하고 잠깐 멈춘다.

교사: 상상이 아니라 생각이라고 말씀드렸어요. 확실하게 알아보
거나 상대의 말을 듣지 않고 말한다는 아쉬움이 있어요. S
는 친구가 말을 하면 친구에게 말할 기회를 주지 않아 답
답해요. (잠깐 멈추었다가) 친구가 말을 하는데 고함을 지를
땐 자기가 잘못한 것이 들키고 싶지 않거나 잘못했다는 것
을 시인하는 게 아닌가 하는 생각이 들어요. 어머니 생각

은 어떠세요?

S의 엄마: 예, 그렇죠.

교사: S 마음이 친구, 선생님, 부모님께 바르게 전달되지 않는 것 같아 안타까워요. 저는 S를 포함한 우리 반 학생들이 다 소중합니다. S도 소중한 제자입니다. S는 장점이 많아요.

S의 엄마: S하고 한 번 더 이야기를 해야겠네요.

교사: 담임과 부모님이 함께 S 마음을 알아주면 좋겠다는 생각이 드네요.

S의 엄마: 선생님, S 말만 듣고 다 믿은 것은 아니지만 문자를 보낸 건 경솔했던 것 같습니다.

교사: 제가 학생 모두를 사랑하는 마음으로 하는 대화 모임이 조금이라도 이해받은 것 같아 감사합니다. 혹시 담임과 대화하면서 불편한 마음이 있었나요?

S의 엄마: 아닙니다.

교사: S도 친구들과 대화하는 것이 편안했으면 해요. 더 하고 싶은 말, 궁금한 점, 부탁하고 싶은 말이 있을까요?

S의 엄마: S랑 대화 모임을 하실 때는 바로 하시지 말고 나중에 해 주시면 어떨까요?

교사: 예, 다른 부탁이나 하시고 싶은 말씀이 있을까요?

아이들이 "선생님."이라고 부르며 도움을 청하러 올 때, 그때그때 공감해 주면서 영향을 준 학생의 말과 행동 뒤의 욕구도 찾아주려고 애쓴 내용을 기록으로 남긴 것이 학부모 상담에 큰 도움이 되었다.

⑥

Q의 학부모가 올라와 고함을 지르기 시작한다.

Q의 학부모: (목소리를 올리면서) 선생님, J가 저번에도 우리 아이 물건을 갖고 있었고, 오늘도 가지고 있어요. 그 물건은 우리 아이 것이 틀림없어요. 살 수 없는 물건인데 J한테 우리 아이가 물어보니 문방구에서 샀다고 하잖아요. 내가 J한테 물어보려고요.

J에게 말을 할 때는 작은 소리로 할 줄 알고, J를 복도로 불렀는데 고함이 복도 천장을 뚫을 기세다. 바로 J의 귀를 막다가, 학부모의 앞을 가로막다가 J를 교실로 들어가게 한다.

교사: 이 방법은 곤란합니다. J는 지금 보호자가 없습니다.
Q의 학부모: (목소리를 올리며) 이건 도둑이라고요.
교사: 도둑이라는 말이 몹시 당황스럽습니다. 도둑이라는 말을 J가 들었을까 봐 걱정됩니다.
Q의 학부모: (학교 복도 전체가 울릴 정도로) 선생님은 저번에도 그렇고 왜 J 편만 들어요?

교사 자기 응급 공감으로 올라오는 생각을 잡고, 호흡을 하며 잠시 멈춘다.

교사: "편든다."라는 것은 어머니의 생각이시고 판단이세요. 저는

두 학생의 말을 아직 듣지 못했습니다. 지금 화가 많이 나신 것 같아요. 목소리를 조금 낮추시면 어떨까요?

Q의 학부모: (목소리를 올리면서) 화 안 났어요.

교사: 수업해야 하는데 계속 소리를 내시면 J 아버지께 연락을 해서 오시라고 하겠습니다.

Q의 학부모: (더 크게 목소리를 올리면서) 선생님, J 아버지 전화번호 주세요. 내가 말할게요.

교사: (아주 단호한 소리로) 못 줍니다. 꼭 말하셔야 한다면 지금 J 아버지께 전화를 해 허락을 받고 드리겠습니다.

교실 문을 여니 교실 안에서 J가 어깨를 들썩거리며 울고 있다.

교사: (목소리를 낮추며) 울지 말거라. 선생님이 널 보호할 거야. 우리 반 보호하라고 선생님이 있는 거야. 아버지께 전화를 할까?

어깨를 들썩거리며 눈물을 흘린다.

학생(J): 아빠께 전화해 주세요.

교실을 보니 무섭다고 우는 학생도 있다. 아이들에게 귀를 막고 엎드려 있을 것을 부탁한다. J 아버지와 통화를 할 때 교사는 두 학생을 옆에 불러 혹시 선생님이 잘못 말하는 부분이 있으면 말해 달라고 부탁을 하고 통화를 한다. J 아버지께 J가 안심할 수 있도록 공감해 줄 것을 부탁한다. J는 아버지와 통화한 후 울음을 그친다. J와 응급 공감한 후 J아버지와 통화한 내용을 학부모께 전한다.

Q의 학부모: 선생님은 우리 아이 말은 듣지 않고 왜 J 편만 드는 거예요.

교사 자기 응급 공감으로 올라오는 생각을 알아차린다. 잠깐 멈춘다.

교사: 자꾸 선생님이 편든다고 하시는데, 어머니 생각과 판단이세요. 저는 누구라도 지금처럼 할 거예요. 지금 수업을 해야 하니 저는 교실로 들어갑니다. 수업 마치고 이야기하기 바랍니다.

아이들에게 한 번 더 주의 사항을 말하고, 우리 반 약속을 알림장에도 적어 준다.

교실의 분위기가 어수선하고 울적하다. 아이들이 J를 위로하고 K를 비난하려 한다. 아이들이 모두 있는 곳에서 일어난 일이라 우리 반 아이들이 J의 마음을 먼저 알아주고 K의 마음도 알아준다. J의 마음을 아이들이 훨씬 더 많이 알아주고 K의 마음은 별로 알려 하지 않는다. K의 모습을 보니 몹시 안쓰럽다.

교사: K는 정말 자기 물건이 찾고 싶었고, 엄마는 K 물건을 찾도록 도움을 주고 싶어 교실로 오셨는데 너무 소리가 커 우

리 모두가 놀라고 당황했단다. K는 자기 물건이 정말 찾고 싶었을 뿐 친구에게 상처 줄 생각은 없었죠?

눈을 반짝거리며 고개를 크게 끄덕인다. 반복하여 들려준다.

교사: K도 엄마가 교실 복도에서 너무 크게 말해 놀라고 당황했을 것 같기도 해. 속상하기도 하고. 선생님은 K가 걱정되기도 하네. 엄마가 화가 나면 K에게 고함을 칠까 봐 많이 걱정 되는구나.

눈을 크게 뜨고 가만히 본다.

교사: 엄마가 너무 크게 말하면 엄마한테 작은 소리로 해 달라고 부탁하세요. 선생님은 K도 소중해요. 느낌을 말하면서 부탁해 보세요. J 마음도 알아주었더라면 하는 아쉬움은 있어요. 다음에 이런 일이 있을 때는 내 마음, 친구 마음도 알아주면서 선생님과 부모님께 말하도록 하자. 어려우면 선생님 도움을 받도록 합니다. 지금 K 마음도 힘들 거예요. → **전체 학생들을 보고 추측하여 K 마음 알아주기**

다음 날, K 학부모로 인해 에너지가 방전이 되어 힘없이 앉아 있다. 그런 교사의 모습을 본 K 모둠 아이들이 놀지 않고 열심히 활동한다. 조금 있으니 4명의 아이들이 손편지를 갖고 온다. 먼저 K가 삐뚤삐뚤 정성스럽게 쓴 편지를 보인다.

- "말썽만 부려서 선생님 죄송해요. 선생님과 대화하면서 배움이
  있었어요."
- "선생님은 화를 내지 않고 K 엄마만 화를 냈어요."
- "선생님은 끝까지 화를 내지 않았어요. 멋졌어요."
- "선생님이 J를 보호해 주어 '짱'이에요."
- "선생님은 K에게 이런 일이 일어나도 그랬을 거예요."

우리 반 학생들이 내 마음을 녹여 준다. 아이들에게서 충분히
공감을 받은 느낌이다.

⑦

B의 엄마: 안녕하세요, B 엄마입니다. 밤늦게 전화를 드려 죄송
        합니다. 방금 B한테 문방구 얘기를 들었습니다. 제가
        내일 아침에 학교를 방문할까 합니다.

오후 8시 이후에 온 문자였다. 전화도 여러 번 했다. 나는 새벽에
이 문자를 봤다. B의 일로 에너지가 다 소모되었는지 퇴근하자마
자 잠이 쏟아진 것 같다. 학부모의 문자를 확인하고 NVC '네 귀로
듣기' 활동을 하면서 올라오는 생각을 알아차리고 호흡에 집중한
다. 잠이 쉽게 오지 않아 어제 있었던 B와의 일을 기록한 내용을
챙긴다.

B 일의 전말은 이러하다. H가 B를 찾는다. 계속 B를 찾는다. 무
슨 일인지 궁금하여 H에게 물어본다.

학생(H): 고학년 형들이 B를 오라고 합니다.

교사: 어디에서?

학생(H): 1층 입구에서요.

B를 본다. 늘 그렇듯 걱정스러운 얼굴이다.

교사: B가 갈래?

겁먹은 표정이다. 선생님이 가 본다고 말하고 1층 현관에서 밖을 보니 두 명의 학생이 있다.

교사: B를 찾았니?

고학년 학생 둘: 예.

교사: (낮은 소리로) 이유는?

고학년 학생 둘은 'D 슈퍼에서 뽑기를 했는데 B가 걸렸다. B가 다른 것을 가지고 갔다. 우리가 뽑은 상품이 하나밖에 없는 것인데 그것을 B가 가지고 있다. D 슈퍼 아줌마가 오라고 한다.'라고 말한다.

교사: 확실한가요? 확신을 하고 선생님께 말하는 건가요?

고학년 학생 둘: 사실이에요.

교사: B한테 물어볼게. 확인해 볼게. 기다려 주세요.

B를 복도로 조용히 불러낸다.

교사: B야, 네가 D 슈퍼에서 뽑기를 했는데 잘못 가져갔다고 하네. 방과 후에 가 봐야 할 것 같은데.

학생(B): (아주 작은 소리로 몸과 고개를 벽 쪽으로 기울이면서) 아닌데. 내 것 갖고 왔는데.

교사: D 슈퍼에 가서 사실대로 말하렴.

B는 고개를 숙이고 답을 하지 않는다.

교사: 마음이 힘드니?

고개를 *끄*덕인다.

교사: 선생님과 같이 갈래요?

아무 말도 하지 않는다.

교사: 가기가 싫구나.

*끄*덕인다.

교사: 방과 후에 선생님 혼자 갔다 올게. 걱정 말아라. 편안한 마음으로 있어. 교실에서 하는 대화 방법으로 할 거야.

점심시간, 교무실로 내려가고 있는데 아침에 이야기한 고학년 학생 둘이 올라오면서 키가 작은 학생을 가리키며 "주인이다."라고 나에게 말한다. 나는 학생 세 명을 보고 잠깐 이야기하자고 한다. 아이들이 따라온다.

교사: '주인'이라는 말의 뜻이 뭐니?
학생 둘: 뽑기 주인이요.

교사: 다시 물을게. '내가 뽑은 뽑기 상품을 B가 가지고 가는 것을 보았다.'라는 말 맞니?

학생 세 명이 자신 있게 "예."라고 한다. 반복해서 물어도 "예."라고 한다. 고학년 담임 선생님께 허락을 받고 대화 모임을 방과 후 교실에서 한다.

교사: 고학년 형이 "B, 너 오래."라는 말을 들으면 어떤 마음일까? → **B 마음 찾아 주기**

B가 가만히 있다. 교사가 추측하여 찾아 준다. '두려운, 놀란, 무서운' 카드를 가지고 온다.

교사: 그러니 B야?

B는 울 것 같은 표정으로 고개를 크게 끄덕인다.

교사: (고학년 학생 1을 보며) B 마음이 이해가 되니?

고학년 학생 1: 예.

교사: (고학년 학생 1을 보며) 중학생 형이 "너 좀 보자."라고 하면 어떤 마음일까?

고학년 학생 1: 무서워요.

교사: 지금 대화를 할 거야. 이 자리에서 중요한 것은 뭘까요?

잠시 침묵한다.

교사: 지금 중요한 것은 '정직'입니다. 정직하게 말하지 않으면 선생님은 거짓을 가지고 대화를 하게 되는 거예요. 그러면 두 사람 다 억울해요.

- "어제 6교시 마치고 M 슈퍼에서 뽑기를 했다. '메타드래곤'이 걸렸다. 내 상품이 없어졌다." → **고학년 학생 1의 말을 토대로 문제 상황 알기**
- "나는 내가 뽑은 상품을 가지고 갔다." → **B의 말을 토대로 문제 상황 알기**

교사: B가 가져갔다고 생각할 때는 이유가 있을 것 같아요.

고학년 학생 1: 상품이 없어졌고 B가 갖고 있는 것을 보았다.

교사: B가 갖고 가는 것을 보았니?

고학년 학생 1: 봤어요.

교사: B가 어디에 있었고 너는 그 상품을 어디에 두었는지 말해

주겠니?

고학년 학생 1은 머뭇거린다.

교사: '상품이 없어졌는데 B가 갖고 간 것이다.'라는 말은 어떻게
　　　생각하니? 선생님이 한 말이 맞니?
고학년 학생 1: 예.
교사: B가 갖고 간 것을 확실히 보았니?
고학년 학생 1: 예.
교사: 내 마음이 정직한가 한 번 더 생각해 보겠니?

약간의 시간을 가진다.

교사: '나는 B가 내 뽑기 물건을 가지고 가는 것을 확실히 봤다.'
　　　맞니?
고학년 학생 1: (크게) 아닙니다.

한 번 더 확인한다.

교사: 왜 그렇게 생각하니?
고학년 학생 1: B 말고 다른 사람인 것 같다. B가 아닌 것 같다.
교사: 왜지? 조금 전까지만 해도 자신 있게 보았다고 했는데. 선
　　　생님은 너도 억울하면 안 된다고 생각해. 고학년 학생 1아,
　　　'내가 정직한가?'라고 너에게 다시 물어보렴. 선생님이 도움

을 주어도 될까?

교사가 추측하여 들려준다.

교사: '고학년 학생 1은 메타드래곤이 정말 갖고 싶었다. 나는 B가 메타드래곤을 가지고 있는 것을 보았다. B가 갖고 갔다고 말하면 줄 것 같았다.'

고학년 학생 1은 머뭇거린다. 다시 말한다.

교사: B가 오더니 상품을 갖고 가는 것을 보았니? 다시 정직한가 네 마음을 보렴. 그때 네 마음은 어땠는지.

시간을 가진다.

교사: 넌 어디에 있었고 B는 어디 있었니?

다시 시간을 가진다. '고학년 학생 1은 메카드래곤이 정말 갖고 싶었다. 나는 B가 메카드래곤을 가지고 있는 것을 보았다. B가 갖고 갔다고 말하면 줄 것 같았다.'라는 문장을 다시 말해 준다. 고학년 학생 1은 침묵한다. 다시 문장을 바꾸어 말해 준다.

교사: 저학년 B에게 내 뽑기 상품 "네가 갖고 갔지."라고 하면 줄 것 같았다.

고학년 학생 1: (눈가가 붉어지며) 예.

교사: 억울한 일이 없기를 바라요. 고학년 학생 1, 가지고 가지 않은 물건을 가지고 갔다고 하면 많이 억울하겠죠? 정직하게 말하면 마음이 편할 거예요. '나는 지금 정직한가?'라고 한 번 더 자신에게 물어보세요. '나는 거짓말을 하였다.' 이 말은 어떻게 들리니?

급하고 당황한 목소리가 조금 커지면서 자세도 바로잡는다.

고학년 학생 1: 나는 거짓말을 하였습니다.

고학년 학생 1은 말을 하며 눈가가 촉촉해진다.

교사: 한 번 더 확인할게. '나는 거짓말을 하였습니다.' 아니면 아니라고 해 주세요.

고학년 학생 1: 맞습니다.

교사: 혹시 억울하지는 않은지 다시 네 마음에게 물어보렴. 선생님은 두 학생 모두 소중하단다. 더 할 말은 있는지 네 마음에게 다시 확인하길 바란다. 선생님이 혹시 B 편만 들어 억울한지도 보렴.

침묵한다.

교사: 사실대로 말해 주어 고맙다. 정직하지 않으면 상대는 엄청

난 고통과 억울함이 있다는 것을 알려 주고 싶었다. 그리고 바르게 일을 잡아 B뿐만 아니라 너도 돕고 싶었다.

'나는 B가 메카드래곤을 가지고 갔다고 거짓을 말했다.'라고 관찰로 명료화한다.

교사: (B를 보며) B가 형의 상품을 가지고 가지 않았는데 갖고 간 사람이 되었다면?

학생(B): (아주 작은 소리로) 억울해요.

교사: 공부가 될까요?

학생(B): (아주 작은 소리로) 안 돼요.

교사: 그 일이 계속 생각날까요?

학생(B): (아주 작은 소리로) 계속 생각나요.

교사: 그 일이 계속 생각나 가슴이 답답하고 공부에 방해가 된다?

학생(B): 예.

교사: 지금 B의 마음은?

학생(B): (아주 작은 소리로) 처음에는 두려웠는데, 지금은 괜찮아요. 편안해요. 대화 모임을 하여 편안해요. 억울함이 없어져 편안해요. 선생님께 고마워요.

고학년 학생 1: (눈가가 촉촉해지며) 이야기를 하고 나니 마음이 편해요.

교사: 우리 반 학생에게 할 말이 있으면 교실로 직접 와서 말해 주세요. 선생님이 우리 반 학생을 보호하고 싶어요. → **교사 부**

탁

방과 후에 잠시 쉬려고 하는데, 복도에 B가 보인다. 얼른 일어나 B한테 가서 할 말이 있는지 물으니, B가 복도에서 아주 작은 소리로 몸을 비틀면서 말한다.

> 학생(B): D 슈퍼 아줌마가 뽑기 물건을 가지고 오지 않으면 신고한다고 했대요. 진짜 내가 뽑은 것 맞는데.
>
> 교사: D 슈퍼 아주머니는 선생님이 형들하고 이야기한 것 모르고 계시나 보다. 점심시간에 형들하고 이야기 다 했지? 그대로 말하렴.

복도 벽에 몸을 비비며 말하는 얼굴이 아주 어둡다.

> 교사: 선생님이 형들과 이야기 나눈 것 전달하고 올까?
>
> 학생(B): 고개를 끄덕인다.
>
> 교사: 신분증을 목에 걸고 D 슈퍼로 간다.

D 슈퍼 아주머니의 말씀에 따르면 그 시간에 아이들이 한꺼번에 우르르 많이 몰려왔고, 고학년 학생이 뽑기 상품 표를 들고 왔다고 한다. 그러면서 뽑기 표를 보여 준다. 그래서 고학년 학생의 상품이 맞다는 생각이 들어 B를 찾았고 자신도 바르게 일을 잡아 주고 싶었을 뿐이라고 한다. B가 자기 것이 아닌데 가져가는 것은 안 되기 때문에 바르게 잡아 주고 싶었고 표만 보면 고학년 학생 것이 맞아서 그랬다고 한다. 표만 보면 고학년 학생 것이 맞다고 생각된다.

표가 문제였다. B가 표를 아주머니 손에 주지 않고 다른 곳에 두고 간 것 같다.

아이들과 대화 모임 한 이야기를 M 슈퍼 아주머니께 들려준다. 서로 학생들을 위한 일임을 확인한다. 나도 고학년 학생이든 우리 반 학생이든 억울한 학생이 생기지 않도록 보호하고 싶어서 온 것을 알리고 교실로 온다.

교실에서 학생 B한테 D 슈퍼 아줌마가 그렇게 생각한 것은 '표' 때문이었다는 사실을 알리고 슈퍼 아주머니의 마음도 전한다. 선생님도 표만 보면 그런 생각이 들 것 같다는 것도 전한다.

교사: B야, 걱정 안 해도 돼. 엄마한테 지금 전화할까?

학생 B는 망설인다.

교사: 하지 말까?

대답이 없다.

교사: 선생님은 B가 소중하단다. B의 마음을 존중하고 싶단다. B가 하라는 대로 할게.
학생(B): 전화하지 마세요. 제가 할게요.
교사: 용기 내어 엄마한테 말해 볼래? 선생님이 고학년과 한 대화, D 슈퍼에 간 일까지 말할 수 있겠니? 용기 내 볼래?
학생(B): 예.

교사: 엄마한테 말하기 힘들면 선생님이 할게.

학생(B): (아주 작은 소리로) 제가 할게요.

교사: 또 하나 약속하자.

B와 '주인에게 뽑기 한 종이를 반드시 보인다.'라는 약속을 한다.

학생 B 학부모가 교실 방문을 하면 기록한 내용을 가지고 상담을 하려고 정리를 한다. 학생 B와의 일을 정리한 후 잠을 설치고 출근한다. 출근한 뒤 학생 B 학부모께 전화를 한다.

교사: 문자에 아침에 오신다고 해 전화했습니다. (생략) 몇 시쯤 오실는지요?

B의 엄마는 어제 B가 삼각자를 D 슈퍼에서 사려고 했더니 아줌마가 나를 의심하는 말을 했다며 B의 말만 들었는데, 밤 9시에 B 할머니가 알아보고 오셔서는 이해가 되었다고 말한다. 할머니가 학교에 가지 말라고 말리며 어제 있었던 일을 말했고 B에게서도 들었다고 한다. B의 엄마에게 어제 일어난 일을 관찰로 알리고 관련 학생 모두 이 일로 처벌과 죄의식보다는 배움과 성장이 되는 기회가 되도록 대화를 했다는 것을 말한다.

예전에 학생 B 엄마와 통화를 한 후, 학생 B에 대한 판단과 연민이 동시에 올라왔던 기억이 있다. 오늘은 B의 엄마가 감사하는 마음으로 통화를 하는데도 학생 B에 대한 안타까운 마음은 가시지 않는다.

교사인 나는 교사 신분증을 목에 걸고 학생 B를 보호하기 위해 D 슈퍼를 방문했다. 나의 의도는 영향을 준 학생과 영향을 받은 학생의 마음이 손상되거나 침해당하는 것을 막는 것이다.

바른 교육이란 서로 인내하고 배려하고 애정으로 대하면서 교사와 부모가 함께 수행해야 할 과제입니다.

_ 크리슈나무르티

❖ **NVC 대화로 회복된 생활 교육 요소**

- 피해자 회복: 학생 B가 고학년 학생의 뽑기 물건을 가지고 간 사람이 될 뻔 했지만 가지고 가지 않았다는 것이 밝혀지면서 억울한 마음이 회복된다.
- 자발적 책임 회복: 스스로 나는 거짓말을 했다고 말함으로써 내가 한 행동을 인정한다.
- 관계 회복: 고학년 학생1이 자기가 거짓을 말했다는 것을 말함으로써 영향을 받은 B, D 슈퍼, B 학부모의 관계까지 회복되었다고 본다.
- 공동체 회복: 급우들의 의심에서 벗어나 학급 공동체 안에서 학생 B는 신뢰를 회복한다. D 슈퍼 아줌마의 의심, 고학년 형들의 의심에서 벗어나 학생 B는 학교 전체 공동체에서 신뢰가 회복된다.
- 정의 회복: B, 고학년 학생1은 각자 책임 의식을 가진다.

| 제3장 |

NVC를 활용한
독서 교육

1. 독서 교육 활동

독서 교육 활동은 그 자체로만 끝나면 교육적 의미가 줄어든다. 책을 읽는 행위는 정보를 찾고 지식을 넓히는 지적 행위인 동시에 감동을 느끼며 정서를 순화하는 정서적 행위이므로 사고의 통합이나 점검, 정서의 조절이 가미되어야 한다. 따라서 독서는 이야기를 나누는 활동(독서 토의, 이야기 나누기, 작품 감상하기 등)을 하면서 독서 교육을 할 때 독서 교육의 효과는 배가 된다고 한다. 이야기 나누기는 한 아이의 느낌과 생각을 말하면 학급의 모든 친구들에게 자기의 느낌과 생각을 주는 것이고, 나머지 학생들은 느낌과 생각을 선물처럼 받는 것이다. 아이들의 느낌과 생각은 아이들의 경험에서 오는 것이다. 아이들의 경험은 아이들의 삶이다. 아이들의 삶과 독서가 통합되는 효과가 있다고 생각한다. 이야기 나누기를 할때도 각자의 독서력에 따라 내용에 차이가 있다. 이야기 나누기를 할 때는 학급의 모든 친구에게 기회가 가도록 한다. 아이들이 책을 읽기 전, 읽는 과정, 책을 읽은 후에 느낌과 생각을 나눈다. 교실 앞 작은 칠판에 부착한 느낌과 욕구 카드를 보고 이야기 나누기에 참여한다. 학급 학생 모두에게 기회를 주고 발표하는 방법을 알려준다.

- **발표하는 방법**

- "A는 (느낌말) 입니다. 왜냐하면 (   ) 때문입니다."

- "B는 (욕구말 넣기) 필요(중요)합니다. 왜냐하면 (   ) 때문입니다."

- "C는 (   ) 할 때 (느낌말) 합니다."

느낌 카드를 활용하여 이야기 나누기

- "투루는 답답합니다. 왜냐하면 저녁까지 줄넘기를 해서입니다."
- "무툴라는 '깜짝 놀란'입니다. 왜냐하면 갑자기 '우두둑, 뚝, 쿵!' 이라고 부러지는 소리가 들렸기 때문입니다."
- "투루는 '놀란'입니다. 왜냐하면 무툴라가 줄다리기로 이길 수 있다고 했기 때문입니다."
- "무툴라는 '짜증 난'입니다. 왜냐하면 투루와 쿠부가 인사를 했는데 말을 하지 않았기 때문입니다."
- "무툴라는 나쁜 친구입니다. 왜냐하면 쿠부와 투루가 열심히 줄다리기를 하고 있는데 무풀라는 깔깔 웃었기 때문입니다."
- "쿠부와 투루는 '신경전이 넘치는'입니다. 왜냐하면 따지고 싶지 않아서 해가 질 때까지 줄다리기를 했기 때문입니다."
- "쿠부와 투루는 '배가 고픈'입니다. 왜냐하면 해가 뜰 때 시작해서 해가 질 때까지 줄다리기를 했기 때문입니다."
- "쿠부는 불편했습니다. 왜냐하면 아침잠을 방해받았기 때문입니다."
- "무툴라는 '웃긴'입니다. 왜냐하면 투루가 덜덜 떨었기 때문입니다."
- "무툴라는 '화가 난'입니다. 왜냐하면 투루가 무툴라는 꼬맹이라서 힘이 더 약하다고 했기 때문입니다."
- "투루는 '화가 난'입니다. 왜냐하면 무툴라가 아침 식사를 방해

했기 때문입니다."

- "산토끼는 '짜증 난'입니다. 왜냐하면 투루에게 인사를 했는데, 투루는 인사를 안 받아줬기 때문입니다."
- "투루는 '짜증 나는'입니다. 왜냐하면 아침밥을 먹는 데 무툴라가 계속 안녕이라고 했기 때문입니다."
- "쿠부는 '자신만만'입니다. 왜냐하면 자신은 무툴라보다 크고 힘이 세기 때문입니다."
- "무툴라는 '울적한'입니다. 왜냐하면 투루가 자기에게 인사를 몇 번이나 받아주지 않고, 계속 무시했고 아무 말도 하지 않기 때문입니다."
- "투루는 '당황한'입니다. 왜냐하면 줄다리기를 했는데 마지막의 무툴라가 포기한 줄 알고 투루도 포기했는데 무툴라가 뛰어가서 줄을 당겨서 투루가 당황했습니다."
- "무툴라는 '홀가분한'입니다. 왜냐하면 꾀가 많아서 투루와 쿠부를 줄다리기로 놀렸기 때문입니다."
- "투루는 '거만한'입니다. 왜냐하면 무툴라가 인사를 했는데 투루는 질겅질겅 풀만 씹고 있었기 때문입니다."
- "무툴라는 '재미있는'입니다. 왜냐하면 쿠부가 영차영차 끙끙 밧줄을 잡아당기자 코끼리 투루가 몸을 부르르 떨었기 때문입니다."
- "무툴라는 '힘든'입니다. 왜냐하면 아주 아주 길고 무시무시한 튼튼한 밧줄을 열심히 만들었기 때문입니다."
- "투루는 귀찮습니다. 왜냐하면 무툴라가 아침식사를 방해했기 때문입니다."
- "무툴라는 화가 났습니다. 왜냐하면 투루와 쿠부가 거만하게

군다고 생각했기 때문입니다."

- "무툴라는 '힘이 난'입니다. 왜냐하면 자신이 이길 수 있기 때문입니다."

- "투루와 쿠부는 '힘든'입니다. 왜냐하면 줄다리기를 포기해야 하는 생각 때문입니다."

- "무툴라는 투루와 쿠부에게 줄다리기 대결을 신청하였습니다. 왜냐하면 투로와 쿠부가 무툴라 말을 무시했기 때문입니다."

- "투루는 '귀찮은'입니다. 왜냐하면 무툴라가 계속 투루를 놀렸기 때문입니다."

- "하마쿠부는 '힘든'입니다. 왜냐하면 줄다리기를 하다 힘이 빠졌기 때문입니다."

- "산토끼 무툴라는 '화가 난'입니다. 왜냐하면 무툴라가 코끼리 투루에게 아침인사를 했는데 투루는 들은 체도 안하고 풀만 씹어 먹었기 때문입니다."

- "코끼리 투루는 '귀찮은'입니다. 왜냐하면 코끼리 투루가 아침 식사를 하는데 무툴라가 귀찮게 했기 때문입니다."

- "하마쿠부는 '웃긴'입니다. 왜냐하면 토끼가 힘이 약한데 하마 쿠부를 이긴다고 했기 때문입니다."

- "산토끼 무툴라는 '아픈'입니다. 왜냐하면 정말 재미있어서 깔깔 웃느라 배가 아팠기 때문입니다."

- "투루와 쿠부는 '아쉬운'입니다. 왜냐하면 무툴라와 줄다리기를 했는데 1초라도 더 버틸수 없었기 때문입니다."

- "투루는 '귀찮은'입니다. 왜냐하면 무툴라가 아침 식사를 하는데 무툴라가 귀찮게 했기 때문입니다."

인물의 마음을 느낌 카드로 찾기

- "파트라슈는 아플 것 같습니다. 왜냐하면 목줄 때문에 목이 아플 것 같고 이빨로 수레를 밀어서 아플 것 같습니다."
- "파트라슈는 아프다고 생각합니다. 왜냐하면 발을 얼음 조각에 베어서 아픈 것 같은 느낌입니다."
- "할아버지는 수레를 끌지 못하게 되었습니다. 왜냐하면 할아버지의 다리가 굳었기 때문입니다."
- "파트라슈, 넬로는 운하 옆에서 무성한 풀밭에 파묻히듯 누워 여름 꽃향기 사이로 짐을 가득 실은 배들이 상쾌한 바다 소금내를 풍기며 오가는 모습을 지켜보는 것 말고는 아무것도 바라지 않았습니다. 왜냐하면 푸른 이곳은 넬로와 파트라슈에게는 충분히 아름다웠기 때문입니다."
- "넬로는 정말 대단합니다. 아픈 할아버지 대신 우유도 배달하고 나도 넬로처럼 누군가를 도와줄 것입니다."
- "넬로와 파트라슈는 즐겁습니다. 왜냐하면 즐거운 마음으로 곧장 해내기 때문입니다."
- "넬로와 파트라슈는 춥고 힘듭니다."
- "넬로는 부지런합니다. 왜냐하면 넬로는 우유를 팔고 돈을 받아 우유 주인들에게 갖다주는 것이 부지런하고 성실하기 때문입니다."
- "할아버지는 고맙습니다. 왜냐하면 넬로와 파트라슈가 일을

잘하기 때문입니다."
- "넬로는 행복합니다. 왜냐하면 사람들이 좋아하기 때문입니다."
- "파트라슈는 행복합니다. 왜냐하면 할아버지와 넬로가 잘 돌봐 주기 때문입니다."
- "파트라슈는 슬픕니다. 왜냐하면 주인이 무거운 짐을 들게 하고 채찍을 휘두르기 때문입니다."
- "넬로는 예의 바르고 성실하여 사람들이 넬로를 기특하게 여겼습니다."
- "파트라슈는 힘듭니다. 왜냐하면 무거운 수레를 끌기 때문입니다."
- "파트라슈는 피곤하고 배고플 것 같습니다. 왜냐하면 깜깜한 새벽, 살을 에는 추위에 일어나야 했고, 끼니도 잘 먹지 못했기 때문입니다."
- "할아버지는 '슬픈'입니다. 할아버지는 류머티즘으로 다리가 굳어 더 이상 수레를 끌지 못하게 되었기 때문입니다."
- "파트라슈는 편안합니다. 왜냐하면 넬로가 도와주기 때문입니다."
- "마을 사람들은 나쁜 것 같습니다. 할아버지를 도와주려는 마음은 좋지만 자기들이 키우는 동물, 농작물을 더 좋아하기 때문입니다."
- "산이나 숲에 사는 사람들은 지루합니다. 왜냐하면 아름다운 풍경을 찾기 힘들기 때문입니다."
- "파트라슈는 매일이 천국 같은 날들입니다. 예전 주인 밑에서

엄청난 무게의 짐을 메고 갔는데 지금은 조금 가벼운 짐을 들고 가기 때문입니다."

- "'넬로의 발자국은 거의 지워지고 말았다.'라는 부분에서 파트라슈가 넬로를 찾는 장면이 떠오릅니다."

- "'거리를 휩쓸고 지나가는 바람이 삐걱거리는 간판을 때리고 높다란 가로등을 흔들며 내는 요란한 소음 말고는 거의 아무런 소리도 들리지 않았다.'라는 부분에서 그들은 으스스하고 추웠을 것 같습니다."

- "넬로가 일을 잘하는 것을 보니 참 가난한 넬로와 파트라슈가 서로 든든할 것 같습니다. 넬로와 파트라슈는 서로에게 정말 감사합니다."

- "할아버지께서 돌아가시자 넬로와 파트라슈만 슬픈 게 아니라 저도 섭섭하고 마음이 무겁고 미안합니다."

- "넬로와 파트라슈 둘이서 잘 살 수 있을지 걱정이 됩니다."

- "넬로와 파트라슈가 적어도 하늘나라에서 잘 살면 좋겠습니다."

- "'영원히 쉴 수 있도록'이라고 할 때 제 기분이 안심이 되고 따뜻하고 기쁘고 든든했습니다."

- "'진짜 예술가들이 자신이 그림을 봐 주길 바란다.'라는 부분에서 넬로가 정성을 다한 그림이라는 것이 느껴져요."

- "'파트라슈는 크나큰 사랑과 힘과 끈기로 버티며 넬로를 찾아다녔다.'라는 부분에서 파트라슈가 넬로를 사랑한다는 것이 느껴집니다."

- "'여기 누워서 함께 죽자. 사람들한테는 우리가 필요가 없어.

우리는 외톨이야!'라는 부분을 보고 저는 넬로에게 말하고 싶어요. '넬로야, 너는 필요한 아이야. 외톨이가 아니야.' 넬로가 꼭 죽지 않고 파트라슈와 함께 살았으면 좋겠습니다."

- "파트라슈는 용기가 있습니다. 왜냐하면 넬로를 격려해 주기 때문입니다."

- "넬로는 '슬픈'입니다. 할아버지가 돌아가시고 파트라슈와 살고 있기 때문입니다. 사람들에게 구박받고 외톨이기 때문입니다."

- "저는 넬로와 파트라슈가 죽으니 슬펐지만 한편으로는 기뻤습니다. 왜냐하면 넬로는 그토록 보고 싶던 루벤스의 그림 앞에서 파트라슈는 사랑하는 생명의 은인인 넬로 옆에서 떠났기 때문입니다. 저는 코제 씨가 넬로가 죽은 뒤 사과하니 조금 화가 났습니다. 하지만 넬로가 대단하고 대견하게 느껴졌습니다. 왜냐하면 끝까지 자기 몫을 하고 또 그림을 잘그려 상과 상금을 받아야 하기 때문입니다."

- "저는 파트라슈가 '내가 의리 없이 널 버릴 거라고 생각했니? 내가 개라서?'라고 생각했을 때 파트라슈가 정말 대단했습니다. 그리고 넬로에게 저런 든든한 친구가 있어서 마음이 놓였습니다. 저는 넬로와 파트라슈가 하늘나라에서도 잘 살고 언제든지 단짝이 될 것 같습니다. 넬로가 존중하는 루벤스의 그림 앞에서, 사랑하는 파트라슈 옆에서 죽으니 그나마 슬픔이 한결 나아진 것 같습니다."

- "저는 넬로에게 마지막으로 '넌 정말 대단한 아이야. 어떻게 힘든 고난 속에서도 참을 수 있었니? 파트라슈가 매일 옆에 붙어 있으니 든든했었니? 나도 널 보고 싶네!'라고 말해 주고 싶습니

다. 그리고 파트라슈에게는 '넌 정말 대단한 개야. 그리고 주인에게 모진 고문을 받았는데도 어떻게 넬로의 개가 되려고 생각했니? 나도 너처럼 대단한 대형견이 있었단다. 하늘나라에서도 행복해.'라고 말하고 싶습니다."

- "넬로는 능력 있고 대견합니다. 왜냐하면 할아버지를 넬로가 돌보았기 때문입니다."

- "넬로가 파트라슈에게 '빵 부스러기라도 주시겠어요.'라고 할 때 나는 불쌍했습니다."

- "파트라슈는 불안합니다. 왜냐하면 넬로와 떨어져 있기 때문입니다."

- "파트라슈는 불쌍합니다. 왜냐하면 둘째 문에 몸의 감각을 잃었기 때문입니다."

감사하고 싶은 사람에게 책에 나오는 물건을 골라 선물하기

- "어머니께 우유를 선물하고 싶습니다. 왜냐하면 어머니께서 우유 드시는 걸 좋아하고 목이 마를 때 우유를 즐겨 드시기 때문입니다. 그리고 어머니께서 우유를 선물로 드리면 좋아하실 것 같아서입니다."

- "가족 모두에게 강이나 바닷가를 선물하고 싶습니다. 왜냐하면 가족과 같이 강가나 바닷가에서 아름다운 풍경과 바닷가에서 물놀이를 한 번씩 하고 싶기 때문입니다. 가족들이 나와 잘 놀아 주어 즐거울 것 같기 때문입니다."

- "엄마가 개를 좋아해서 파트라슈를 선물하고 싶습니다."

- "우리 반 친구 J에게 넬로와 파트라슈의 용기를 선물하고 싶습니다. J가 발표를 할 때, 글을 읽을 때 수줍어하는 것 같기 때문입니다."
- "아빠께 초록색 수레를 선물하고 싶습니다. 왜냐하면 요즘 우리 아빠는 힘든 일을 해 집에 못 들어오십니다. 아빠 얼굴을 한 번만이라도 보고 싶습니다. 내 생일에도 못 와서 보고 싶습니다. 우리 아빠가 힘든 일 좀 그만하고 이 수레를 타고 빨리 왔으면 좋을 것 같기 때문입니다. 아빠를 영상 통화로만 볼 수 있기 때문입니다. 아빠 힘내세요."
- "엄마에게 꽃을 선물하고 싶습니다. 왜냐하면 엄마는 내가 일찍 일어나 배고프다고 해도 주방에서 바로 밥을 해 주십니다. 내가 사 달라고 하는 것도 바로 사 줍니다. 엄마께서 저를 낳아 주셨는데 제가 제멋대로 해서 꽃을 엄마께 드리고 싶습니다. 엄마, 사랑해요."
- "친구 G에게 물감을 선물하고 싶습니다. 왜냐하면 그림 그리기를 좋아하고, 잘 그리기 때문입니다. 지난번에 '동식물 그리기'에서 수많은 친구에게 도움을 주기도 했기 때문입니다."
- "우리 반 친구 L에게 우유를 선물하고 싶습니다. L이 우유를 먹고 키가 꼭 컸으면 좋겠습니다. 우유를 먹고 나보다 더 컸으면 좋겠습니다."
- "내 동생 O에게 오리를 선물하고 싶습니다. 왜냐하면 내 동생이 동물을 키우는 것을 좋아하기 때문입니다."
- "엄마에게 『플랜더스의 개』에 나오는 아름다운 꽃다발을 선물로 드리고 싶습니다. 왜냐하면 엄마 생신 때 선물을 못 줘서

공감 대화로 만드는 행복 교실

아름다운 꽃다발을 드리고 싶습니다. 그리고 우리 엄마가 꽃을 좋아하기 때문입니다."

- "엄마한테 목도리를 드리고 싶습니다. 왜냐하면 겨울에 추워서 목노리를 드리면 따뜻하고 행복할 것 같습니다. 엄마 생신 때 선물을 드리지 못해서 목도리를 드리고 싶습니다. 엄마가 밥도 해 주시고 저를 챙겨 주셔서 감사하고 고마워서 드리고 싶습니다."

- "동생에게 파트라슈의 방울이 달린 목걸이를 주고 싶습니다. 왜냐하면 곧 있으면 동생 생일이고, 선물을 많이 주지 못해서 미안한 마음이 있기 때문입니다. 이 선물을 동생이 받으면 같이 놀 수 있을 것 같기도 합니다."

다양한 독서 활동은 사고력과 긍정적인 행동 발달에도 좋은 영향을 끼친다. 자신감뿐만 아니라 자존감 향상, 친밀한 우정을 쌓고 독서의 즐거움을 만끽한다.

욕구 낱말 한 가지 이상을 넣어 말하기

- "이중섭은 **행복**이 필요합니다. 왜냐하면 그림만 그리고 산책, 자유로운 활동 등을 거의 하지 않았기 때문입니다."

- "이중섭은 그림을 좋아하는 것 같습니다. 왜냐하면 쉬는 시간 때도, 시간이 조금 남아도 그림을 그렸기 때문입니다. 그래서 이중섭은 **정성**이 좀 더 필요한 것 같습니다."

- "이중섭은 좋은 마음을 모두 가지면 좋겠습니다. 왜냐하면 그림을 그릴 때도 생각이 필요하고 쉴 때도 **여유**가 필요하기 때문입니다."

- "이중섭이 살던 때는 어두운 바다를 상징합니다. 왜냐하면 모두 다 가난하고 돈이 없고 고통과 슬픔이 많기 때문입니다."

- "이중섭이 사는 시절은 깜깜한 밤이지만 이중섭은 **행복**합니다. 왜냐하면 자신은 힘든 시절을 살지만 그림으로 행복하다는 것을 보여 주기 때문입니다."

- "이중섭은 슬픕니다. 왜냐하면 가족 곁에서 죽지 않고 병원에서 죽었기 때문입니다."

- "이중섭은 건강이 나쁩니다. 그래서 병이 나을 수 있고 **건강**에 좋은 오곡밥과 부럼을 깨물 수 있는 정월 대보름이 필요합니다."

- "이중섭은 참 힘듭니다. 왜냐하면 이중섭이 살던 그 시절엔 전쟁이 일어났기 때문입니다. 그래서 이중섭은 **평화**의 상징인 소

와 새를 많이 그렸습니다."

- "이중섭은 착합니다. 왜냐하면 잘 그린 그림을 팔았는데 돈이 올 때도 있고 안 올 때도 있는데 따지러 가지 않았기 때문입니다."

- "이중섭은 **행복**합니다. 왜냐하면 마사코와 공원을 같이 걷는 사이가 되었기 때문입니다."

- "이중섭은 **재미**가 필요합니다. 왜냐하면 그림만 그리고 가족들이랑 놀러 간 적이 없기 때문입니다."

- "이중섭은 하얀 비둘기를 좋아합니다. 왜냐하면 비둘기도 **평화**를 표현하여 부럽기 때문입니다. 그래서 하얀 비둘기가 있는 새장이 있으면 좋겠습니다."

- "이중섭은 그림을 그리기 때문에 피곤합니다. 그래서 **휴식**이 필요합니다."

- "이중섭은 외롭습니다. 왜냐하면 사랑하는 가족과 아내를 떠나 외롭게 지내 사랑과 따듯함이 필요합니다. 이중섭은 생각이 많습니다. 왜냐하면 한 장면을 보고 그림을 그리기 때문에 도전이 많은 이중섭은 그림을 그리면서 행복이 더 필요한 것 같습니다. 이중섭은 **용기와 희망, 도전**이 필요합니다. 왜냐하면 밥값, 술값을 내지 않고 참는 도전, 가족과 만날 수 있다는 용기, 자기가 죽을 때까지 희망이 있을 수 있다는 마음만 가져도 되는데 그 마음을 가지지 못하고 죽은 것이 안타깝기 때문입니다. 이중섭은 사랑하는 가족을 떠나 홀로 있어서 외롭습니다. 그래서 이중섭은 따듯하고 푸근한 가족의 **사랑**이 필요합니다."

- "이중섭은 헤어진 지 1년 만에 가족을 만나서 **행복**합니다. 그래

서 이중섭은 따뜻한 가족이 필요합니다."

- "이중섭은 소, 닭, 새 등을 끝까지 그림을 그려서 대단합니다. 이중섭은 그림 상이 필요합니다."

- "이중섭이 그림을 그릴 때 '안타까운'입니다. 그래서 그림 도구가 필요합니다. 이중섭은 멋집니다. 왜냐하면 그림뿐만 아니라 운동에도 뛰어나기 때문입니다. 이중섭은 **행복**합니다. 왜냐하면 헤어진 가족을 볼 수 있기 때문입니다."

- "이중섭이 살 때는 참 가난한 시절입니다 그래서 이중섭은 **인내**가 필요합니다. 왜냐하면 이중섭은 그림을 팔고 아내가 있는 일본으로 가려고 했는데 밥을 사고 술값을 냈기 때문입니다."

- "이중섭은 친구가 없기 때문에 외롭습니다. 그래서 친구가 필요합니다."

- "이중섭은 평화를 상징하는 소, 물고기, 게를 좋아합니다. 그러므로 바닷가에 있는 집과 소가 있는 집이 필요합니다. 왜냐하면 목장에는 소가 있어 소를 잘 그릴 수 있고 바닷가가 있어 물고기와 게를 그릴 수 있기 때문입니다."

- "이중섭은 **감사**합니다. 왜냐하면 많은 사람들이 그를 도와주었기 때문입니다. 그래서 그도 다른 사람을 많이 도와줍니다."

- "이중섭은 새가 부럽습니다. 왜냐하면 새는 공중으로 자유롭게 날 수 있기 때문입니다. 그래서 이중섭은 **자유**가 필요합니다."

- "이중섭은 사랑하는 가족들과 떨어져서 외롭습니다. 그래서 이중섭은 가족들과 함께하는 **행복**이 필요합니다."

- "이중섭은 죽어도 행복할 것입니다. 왜냐하면 장례식에는 화가,

시인, 소설가, 음악가 등 그를 좋아하는 사람들이 몰려왔기 때문입니다. 그래서 이중섭은 미래의 후배들에게 그의 지식을 나눠 줍니다."

- "이중섭은 그림 그리기를 좋아합니다. 그래서 이중섭은 그림을 그릴 도구와 재료가 필요합니다."

- "이중섭은 절망합니다. 그래서 **희망**이 필요합니다. 이중섭은 가족의 그림을 많이 그려 더 외롭습니다. 그래서 **재미와 자유**가 필요합니다."

- "이중섭은 소를 그리고 닭을 그렸습니다. 왜냐하면 이중섭이 좋아하는 것이기 때문입니다."

- "이중섭은 입원을 해서 힘들어합니다. 그래서 이중섭은 **자유**가 필요합니다."

- "이중섭은 행복합니다. 왜냐하면 가족을 만나는 꿈을 꾸어서이고 **평화로운 마음**이 필요합니다."

- "이중섭은 **안심**이 됩니다. 왜냐하면 전쟁이 일본으로 갔기 때문입니다."

- "이중섭은 하늘을 나는 새가 부럽습니다. 왜냐하면 이중섭은 자신이 새가 되어 헤어진 가족과 함께 살고 싶기도 하고 새가 되어 하늘을 날고 싶기도 하기 때문입니다. 그래서 이중섭을 날개를 갖고 싶습니다."

- "이중섭은 슬프고 **행복**합니다. 왜냐하면 이중섭이 죽어도 그의 예술은 많은 사람의 가슴에 남아 따뜻한 이야기로 전해지고 있기 때문입니다."

- "이중섭은 슬픕니다. 병원에서 퇴원과 입원을 반복하다가 병원

에서 숨을 거두었습니다. 그래서 이중섭은 하늘에서의 **행복**이
필요합니다."

- "이중섭은 슬퍼합니다. 왜냐하면 아들이 태어나고 1년 뒤 디프
테리아로 사망했기 때문입니다. 그래서 이중섭은 **용기**가 필요합
니다."

- "이중섭은 외롭습니다. 왜냐하면 가족이 떠났기 때문입니다.
이중섭은 그림을 그리기 때문에 피곤합니다. 그래서 이중섭은
휴식이 필요합니다."

- "이중섭은 가난합니다. 그래서 이중섭은 돈의 **절약**이 필요합니
다."

자신과 비슷한 점, 다른 점 찾아보기

- "이중섭과 비슷한 점을 말하겠습니다. 이중섭도 행복한 그림을
그리고 저도 행복한 그림을 그립니다. 이중섭도 그림 그리기를
좋아하고 저도 좋아합니다. 이중섭도 아이들을 그리는데 저도
아이들을 그립니다. 이중섭과 다른 점을 말하겠습니다. 저는
많은 그림 도구를 쓰는데 이중섭은 볼펜이나 연필로만 그림을
그립니다. 이중섭은 소 그림을 잘 그리는데 저는 사람을 잘 그
립니다. 나는 종이에만 그림을 그리는데 이중섭은 엽서에도 그
림을 그리고 다양한 곳에 그림을 그립니다."

- "이중섭이 저와 비슷한 점은 그림 그리기를 좋아하는 것입니
다. 이중섭은 노래를 좋아하는 것이 저와 비슷합니다. 저도 아
이들을 그리는데 이중섭도 아이들을 그립니다. 이중섭과 저는

공감 대화로 만드는 행복 교실

그림 그리기 말고도 잘하는 것이 많다는 것이 비슷합니다. 이중섭과 저는 꿈을 이루어 나가는 것이 비슷합니다. 이중섭이 저와 다른 점은 '사귀는 것'입니다. 이중섭은 사람을 사귀지만 저는 사귀지 않습니다. 이중섭은 멋진 사람입니다. 하지만 저는 노력해야 할 것이 많은 아이라는 점이 다릅니다. 이중섭은 '볼춘이'라는 별명이 있지만 저는'볼춘이'라는 별명이 없습니다. 저는 외톨이가 아니지만 이중섭은 어렸을 때 외톨이였습니다. 이중섭은 저와 같이 그림을 좋아하지만 작품에 나타내는 것은 저와 다릅니다."

- "이중섭이 저와 비슷한 점은 그림을 그리는 것을 좋아하는 것입니다. 이중섭과 저는 운동하는 것을 좋아하는 것도 비슷합니다. 이중섭이 일본에서 미술 평가를 잘 받은 것처럼 저도 미술 시간에 좋은 평가를 받습니다. 이중섭과 다른 것은 이중섭은 그림 그리는 도구가 많지 않은데 저는 그림 그리는 도구가 많습니다. 이중섭은 8세에 가족 곁을 떠났지만 저는 그렇지 않습니다."

- "이중섭이 저와 비슷한 점은 달리기, 철봉을 잘하는 것입니다. 이중섭은 뭐가 잘 되면 기뻐합니다. 저도 잘하면 기쁩니다. 이중섭과 다른 점은 이중섭은 그림을 잘 그리고 저는 못 그립니다. 이중섭은 부모를 떠났지만 저는 그렇지 않습니다. 이중섭은 혼자 지내지만 저는 부모님과 같이 지냅니다."

이중섭 그림 중 한 그림을 골라 나의 느낌과 욕구로 다시 그려 보기

- "이 그림은 닭고기가 생각나서 그렸습니다."
- "이 그림을 그린 이유는 부족한 부분을 그리고 싶었고 흰색과 검정색으로도 충분히 멋지다고 생각했기 때문입니다."
- "이 그림을 그린 이유는 아이들이 과일을 따는 모습이 재미있고 즐거워 보이기 때문입니다."
- "이 그림을 그린 이유는 멋지고 활기 넘치고 돌을 잘 부술 것 같았기 때문입니다."
- "자는 모습이 재미있습니다."
- "이 그림을 그린 이유는 목장에서 보았던 소를 오래 기억하고 싶고 우리 민족을 표현해 내는 것이 내 마음에 와닿았기 때문입니다."
- "이 그림을 그린 이유는 슬퍼 보이기 때문입니다."
- "이 그림을 그린 이유는 쓸쓸한 기분이 든 그림을 아름답게 표현하고 싶기 때문입니다."
- "저는 닭을 그렸습니다. 왜냐하면 시골의 할머니 집에서 닭을 키웠는데 없어졌기 때문입니다."
- "이 그림을 그린 이유는 새가 기분이 좋아 보였기 때문입니다."
- "이 그림을 그린 이유는 멋지게 잘 그렸고 배경 마을이 마음에 들었기 때문입니다. 그리고 그림이 재미있고 가난한데도 이런 그림을 그렸기 때문입니다. 또 제가 본 그림 중에서 가장 힘들어 보이는 그림이라는 생각이 들었기 때문입니다."

- "이 그림을 그린 이유는 새를 끌어당기는 모습이 재미있고, 행복하고 아이가 새한테 오줌을 갈기는 모습이 신기하고 재미있고 기쁘기 때문입니다."
- "바다를 보니 제 마음이 평화롭기 때문에 그랬습니다."
- "차가움과 따뜻함을 다르게 표현해 보고 싶어 이 그림을 그렸습니다."
- "제가 이 그림을 그린 이유는 이 그림을 본 순간 마음이 따뜻해졌기 때문입니다."
- "이 그림을 그린 이유는 쓸쓸한 그림이 있기에 예쁘게 그려 주고 싶었기 때문입니다."
- "이 그림을 그린 이유는 이 그림을 보는 것만으로도 즐거워지기 때문입니다."
- "바다가 아름답고 나무가 예뻐서 이 그림을 그렸습니다."
- "제가 이 그림을 그린 이유는 이중섭 아저씨가 이 그림을 제일 잘 그리셨기 때문입니다."
- "이 그림을 그린 이유는 평화로워 보이고 바다가 정말 예쁘기 때문입니다."
- "이 작품은 '길'입니다. 저는 길이라는 말을 들으면 집으로 가는 길이 생각나서 따뜻한 마음이 듭니다. 그래서 이 그림을 그렸습니다."
- "이 그림은 뭔가 쓸쓸하지만 친구처럼 따뜻한 느낌이 있는 것 같기 때문입니다. 그리고 저는 이런 곳에서 살고 싶습니다."

〈나의 느낌과 욕구로 다시 그려 보기〉

공감 대화로 만드는 행복 교실

(읽기 전 활동) 제목을 보고 든 생각이나 느낌을 느낌·욕구 카드 보고 말하기

- "제목을 보고 처음에는 짜증이 났지만 인내를 갖고 이겨 내면 우정이 아름다운 친구가 될 것 같습니다."
- "제목을 보고 배려가 생각납니다."
- "제목을 보고 겸손, 존중이 생각납니다."
- "제목을 보니 안심이 되지만 가방을 들어 주는 아이는 기분이 상할 것 같습니다."
- "제목을 보고 희망을 느꼈고 편안한 마음이 듭니다."
- "제목을 보니 친구와 우정이 있을 것 같고 그 친구를 도와주는 배려가 생각납니다. 나라면 그 친구를 편히 쉬게 해 주고 같이 놀아 줄 것입니다. 그 친구에게 사정이 있다면 가방을 들어 주고 없다면 안 들어 줄 것입니다. 저 아이는 다리 아픈 친구에게 희망을 주어 멋집니다. 그리고 우정이 있습니다. 다리 아픈 친구에게 희망을 주고 미래의 꿈을 이루어 주는 것 같아서 배려라는 단어가 생각납니다."
- "가방을 들어 주는 친구가 처음에는 놀 수 없어서 귀찮을 것 같았습니다. 나중에는 우정을 쌓을 수 있을 것 같습니다."
- "제목만 보고 있으면 마음이 평온하고 따뜻한데 책 표지에 있는 아이의 얼굴을 보니 마음이 무겁고 답답합니다. 힘들어 보이고 피곤해 보이고 불만스러워하는 것 같습니다."

- "가방 들어 주는 아이는 용기가 있고 마음이 따뜻한 것 같습니다."
- "제목을 보니 '고마운, 따뜻한, 희망, 감사, 배려, 우정'이 생각납니다."
- "제목을 보고 우정이 생각나며 따뜻하고 편안했지만 책 표지를 보니 귀찮은 것 같기도 합니다. 뭔가 가방을 들어 주는 것밖에 못 해 줘서 미안하고 속상한 것 같기도 합니다. 또 같이 이해하고 함께한다는 생각이 들기도 합니다."
- "가방을 들어 주는 아이는 민망할 것 같습니다. 이유는 가방을 들어 주기 싫기 때문입니다."
- "제목을 보고 '아름답다.'라는 생각이 듭니다."
- "제목을 보니 따뜻한 마음과 배려하는 마음이 생각납니다."
- "제목을 보고 두 친구의 '우정, 배려, 따뜻함'이 떠오릅니다. 표지를 보니 가방 들어 주는 아이는 힘들고 억울한 마음일 것 같습니다. 그래도 가방을 들어 주는 아이는 막상 들어 주면 뿌듯할 것 같은 생각이 듭니다."
- "제목을 보고 배려심이 있고 친절하다고 느꼈지만 가방을 들어 주는 아이의 표정을 보니 힘들 것 같습니다."
- "제목을 보고 따듯했고 우정이 생각납니다."
- "제목을 보니 가방을 들어 주는 아이는 귀찮을 것 같고 가방을 들지 못하는 친구는 고마울 것 같습니다. 그런데 뒤로 갈수록 가방을 들어 주는 아이는 가방을 들어 수고 싶은 마음이 커지고 가방을 들지 못하는 친구는 우정을 쌓고 싶은 마음이 들어 두 친구는 아주 친한 친구가 될 것 같습니다."

공감 대화로 만드는 행복 교실

- "제목을 보고 감사했고 안심이 됩니다."
- "제목을 보고 가방을 들고 있는 아이는 몸도 무겁지만 마음이 더 무거울 것 같다는 생각이 들었습니다. 그리고 그 아이가 힘들 것 같다는 생각도 듭니다."
- "제목을 보니 가방을 들어 주는 아이는 속상해 보이고 뒤에 오는 아이는 민망한 마음이 들 것 같습니다. 가방을 들어 주는 아이는 억울할 것 같기도 합니다. 목발을 갖고 있는 아이는 서운한 마음이 들 것 같습니다."

기억나는 낱말을 중심으로 생각과 느낌 말하기

- "'꿀밤'이라는 단어가 생각납니다. 왜냐하면 석우가 자기 잘못을 깨우친 게 뿌듯하기 때문입니다."
- "'축구'라는 단어가 생각납니다. 영택이가 가방을 놔두고 잠시 축구를 했기 때문입니다."
- "석우는 짜증이 납니다. 가방을 두 개나 들고 있으니 친구들이 바보라고 놀리기 때문입니다."
- "석우는 '다음에 잘해 주고 웃는 얼굴로 반겨 줘야지.'라는 깨달음이 있습니다."
- "'원망'이라는 낱말이 생각납니다. 왜냐하면 석우가 축구를 하다가 늦게 갔는데도 석우를 원망하지 않고 고마운 마음에 초콜릿을 주었기 때문입니다."
- "영택의 어머니가 석우에게 초콜릿을 준 게 기억납니다. 왜냐하면 제 마음이 감동했고 초콜릿을 좋아하기 때문입니다."

- "'꿀밤'이라는 단어가 생각납니다. 왜냐하면 늦어도 초콜릿을 줘서 다음에는 늦지 않아야겠다는 생각이 들어 영택이랑 석우가 더 좋은 친구가 될 것 같기 때문입니다."
- "'초콜릿'이라는 낱말이 생각납니다. 영택이 엄마가 가방을 가져왔다고 초콜릿을 줄 때 내 마음이 따뜻했기 때문입니다."
- "'책임'이라는 낱말이 생각납니다. 선생님이 영택이 가방을 들어 주라고 했는데 석우는 중간에 축구를 1시간이나 했습니다. 영택이는 집에 도착해 있었습니다. 석우는 선생님이 하라고 한 것에 대한 책임이 필요합니다."
- "저는 '짤뚝이'라는 낱말이 생각납니다. 왜냐하면 저도 키가 작아서 놀림을 받은 적이 있기 때문입니다. 저도 기분이 상했습니다."
- "'짤뚝이'라는 단어가 가장 기억에 남습니다. 왜냐하면 다리가 아픈 영택이를 놀리는 게 안타깝기 때문입니다. 그리고 꼭 다리를 고쳐 걸을 수 있으면 좋겠습니다. 그리고 '짤둑이'라는 단어를 처음으로 들었을 때 걱정스럽고 실망했습니다."
- "저는 '한심스럽다.'라는 낱말이 생각납니다."
- "저는 '한심스럽다.'라는 낱말이 떠오릅니다. 왜냐하면 석우가 반성하는 모습이 생생했기 때문입니다."
- "영택이의 어머니가 석우에게 '이거(초콜릿) 먹으면서 가. 고생했다.'라고 했던 말이 저한테는 흐뭇하고, 뿌듯하고, 행복하고, 감동이었습니다. 그중에서도 저는 '고생했다.'라는 낱이 가장 기억에 남았습니다. 왜냐하면 그 '고생했다.'라는 말에서 따뜻하게 석우를 걱정해 주는 마음이 느껴졌기 때문입니다."

- "'목발'이라는 낱말이 생각납니다. 왜냐하면 새 학기 당시 영택이가 절뚝거리며 짚고 있던 것이 목발이기 때문입니다."
- "'짤뚝이'라는 낱말이 생각납니다. 왜냐하면 영택이의 '짤뚝이'라는 별명이 안쓰럽기 때문입니다. 게다가 영택이도 자기가 몸이 불편하고 싶어서 그런 게 아니기 때문입니다. 그리고 영택이는 그 별명이 싫을 수도 있고 그 말을 들어서 속상할 수도 있기 때문입니다."
- "'초콜릿'이라는 낱말이 가장 생각이 납니다. 석우에게 영택이 어머니가 초콜릿을 주니 따뜻했기 때문입니다."
- "'한심스럽다'입니다. 왜냐하면 석우가 스스로 '그런 방법을 왜 생각 못 했지?'라며 한심스럽다고 했을 때 저도 '아, 이 생각을 왜 못했지! 아, 진짜.'라고 생각했던, 석우와 비슷한 경험이 생각나 더 가슴에 와닿았기 때문입니다."
- "'사고'라는 낱말이 생각납니다. 왜냐하면 영택이의 엄마가 석우에게 늦게 왔을 때 원망을 안 하고 초콜릿을 주었기 때문입니다. 영택이 엄마는 사고 날까 걱정을 한 것입니다."
- "'초콜릿'이 가장 인상 깊습니다. 왜냐하면 저도 오해로 인해 무엇을 받은 적이 있기 때문입니다."

책 속 인물의 처지를 생각하고 필요한 것을 선물하기

- "영택이에게 다리가 다 낫는 약을 선물하고 싶습니다. 왜냐하면 영택이가 석우랑 같이 뛰어놀면 좋을 것 같기 때문입니다."
- "석우에게 축구공을 주고 싶습니다. 석우는 축구를 잘하니 석

우에게 새 축구공을 선물해 주고 싶습니다."

- "석우가 겨울에 입고 싶어 했던 오리털 파카를 선물해 주고 싶습니다. 석우가 파카를 갖고 싶어 하기도 하고 겨울엔 추워서 주고 싶기도 합니다."

- "영택이에게는 '할리갈리'를 주고 싶습니다. 석우와 영택이가 우정을 쌓으면서 놀이를 신나게 하면 좋겠습니다."

- "영택이가 지팡이를 짚고 다닌다 해도 공을 찰 수 없으니 축구 게임을 선물로 주고 싶습니다. 석우와 게임을 하면서 우정을 쌓으면 좋겠습니다."

- "석우에게는 큰 가방을 선물하고 싶습니다. 왜냐하면 영택이의 가방을 넣고 다닐 수 있기 때문입니다."

- "석우에게 장갑을 선물하고 싶습니다. 겨울에 손이 시릴 것 같기 때문입니다."

- "영택이에게는 휠체어를 선물하고 싶습니다."

- "석우에게는 축구 선수 사인이 있는 공을 주고 싶습니다."

- "영택이에게 다리 수술기를 주고 싶습니다."

- "영택이에게 축구공을 주고 싶습니다. 왜냐하면 다리를 고쳐서 석우와 함께 뛰어놀면 좋을 것 같기 때문입니다."

- "석우에게는 고급 파카를 사 주고 싶습니다. 왜냐하면 석우의 집은 조금 가난하기 때문입니다."

- "석우에게는 귀마개를 선물하고 싶습니다. 영택이에게는 다리를 지탱해 주는 로봇을 선물하고 싶습니다. 왜냐하면 다리를 지탱할 수 있게 도움을 주어서 석우와 같이 뛰어놀면 좋을 것 같기 때문입니다."

공감 대화로 만드는 행복 교실

- "영택이에게 로봇을 주고 싶습니다. 영택이가 힘드니까 영택이를 도와주는 로봇이 있으면 좋겠습니다."

인상 깊었던 장면(관찰), 생각이나 느낌 나누기

- "'봄비'라는 시에서 '찰카닥찰카닥'이라는 낱말은 빗물이 뚝 떨어지는 느낌이라 재미있습니다."
- "'빈자리'라는 시를 읽고 할머니, 할아버지 중 누구 한 명이 없으면 쓸쓸할 것 같다고 느꼈습니다."
- "'분갈이'라는 시를 읽고 나도 가족이 내 마음 몰라 줘서 답답했는데 누나가 알아줘서 속이 뚫리면서 날아갈 것 같았습니다."
- "'소리 통로'라는 시를 읽으니 안심이 됩니다."
- "'불법 주차한 내 엉덩이'라는 시를 읽으니 뭔가 위로해 주는 것 같습니다."
- "'사과밭'을 읽으니 시원한 느낌이 납니다."
- "'말의 화살'이라는 시를 고른 이유는 내가 나쁜 말을 하면 그것들은 상대방에게 화살이 날아간다고 하니 말조심을 해야겠다는 생각이 들었기 때문입니다."
- "'불법 주차'라는 시에서 '잠시만 세워 두는데, 금방 끝날 건데 괜찮겠지? 불법주차한 내 엉덩이 엄마가 끌고 갑니다.'라는 부분이 가장 인상 깊습니다. 이 시를 아빠께 보여 드리고 싶습니다."
- "'사고 다발 지역'이라는 시를 읽고, 화나고 짜증 나고 그래서 뿔이 있는 것 같아 무섭습니다. 그리고 우르르 달리는 소리는

뛰는 것 같아 신기합니다. 그리고 얼마나 책이 좋으면 '원더걸스 최고.'라는 말이 나왔는지 궁금하고 신기합니다."

- "'사다리는 네모가 아니야'라는 시를 읽으니 희망이 느껴지고 성장이 됩니다. 그래서 정말 재미있습니다."

- "'택배'라는 시를 읽으니 김복남을 보았을 때 웃깁니다. 재미도 있고 기쁜 마음도 들었습니다."

- "'엄마의 장바구니'를 읽으니, 할머니가 쉬지 않고 일을 하시는 것이 안쓰러웠습니다. 구석진 곳에서 하는 것은 더 안쓰럽습니다. 엄마가 시들시들 말라가는 산나물을 다 사 주니 감동적이었습니다."

- "'종합 선물 세트'라는 시를 읽고 내가 좋아하는 종합 선물 세트라고 하니 웃기고 재미있고 관심이 갑니다."

- "'급수 중단'이라는 시를 읽고 '언제나 내 편이던 할머니가 돌아가실 때처럼'이라는 부분에 감동을 받았습니다. 그리고 나와 이 글쓴이가 비슷한 경험을 하여 그때의 모습을 상상할 수 있었습니다."

- "'산타클로스가 구시렁구시렁'이라는 시를 읽으니 옛날에 방과 후에 지루한 것만 다녀 투덜대는 주인공의 모습이 나와 비슷해서 인상 깊었고 산타 할아버지가 벌을 서는 모습을 생각해 보니 재미있습니다."

- "'말의 화살'을 읽고 '어제 말싸움을 하다가 내가 정말 큰 화살을 박아서 속상하고 화가 나서 그다음 날 친구를 무시한 것 같아.'라는 부분이 인상 깊습니다. 왜냐하면 나도 친한 친구와 그런 적이 있었는데 정말 미안했고 후회가 됐다. 그래서 내가

미안하다고 화살을 빼 주니 다시 예전처럼 친해졌습니다."

- "'전학'이라는 시를 읽었는데, 저도 2학년에 전학을 왔습니다. 그래서 저는 옛날 친구들이 그리웠습니다. 그런 뜻에서 저는 친구들과 헤어지기 싫은 '내 마음 아직 거기 있을 테니까.'라는 부분이 인상 깊었습니다. 이 시 주인공의 상황을 알아서 저는 슬프고 안타까웠습니다. 꼭 격려하고 싶었습니다."

- "'60점짜리'라는 시를 읽으니 재미있고 흥이 납니다."

- "'말의 화살'이라는 시를 고른 이유는 보자마자 제가 생각나기 때문입니다. 왜냐하면 저는 그저 '너 어제 수학 왜 안 갔어.', '우리 절교래.', '거짓말하지 마.' 같이 나에게 억울함과 슬픔을 주는 미움의 화살 대신 나에게 행복함을 주는 사랑의 화살을 맞고 싶기 때문입니다. 이 시는 보자마자 저에게 답답함을 안겨 주었습니다."

| 제 4 장 |

NVC와 감사

1. NVC로 감사 표현하기

우리가 고마운 마음을 표현하기 위해 NVC를 사용하는 것은 무엇을 돌려받기를 원해서가 아니라, 순수한 마음으로 서로 기쁨을 나누기 위함이다. 우리가 다른 사람에게 고마워하는 의도는 오로지 그들 덕분에 충만해진 삶을 함께 기뻐하기 위해서이다.

그 기쁨은 우리 모두가 서로의 삶에 기여할 수 있는 능력을 갖고 있다는 사실을 축하하는 데에서 나온다. NVC 모델로 감사를 표현하면 말하는 사람도 자기표현의 기쁨을 경험한다.

• 감사 표현의 세 가지 요소

NVC로 감사를 표현할 때는 다음 세 가지 요소를 명확히 한다.

첫째, 그 사람이 한 일 중 우리가 무엇을 축하하고자 하는지, 그가 한 어떤 행동이 우리의 삶을 풍요롭게 했는지를 명료하게 표현한다.

둘째, 그 행동으로 인해 우리의 어떤 욕구가 충족되었는지를 말한다.

셋째, 그로 인해 우리가 어떻게 느끼는지, 우리 안에 어떤 느낌들이 생동하는지를 표현한다.

공감 대화로 만드는 행복 교실

"감사합니다."라는 말을 NVC로 표현하는 방법은 "당신이 (무엇)을/를 했을 때, 나는 (무엇)을/를 느꼈습니다. 그리고 내 (어떤) 욕구는 충족되었습니다."라고 하는 것이다.

NVC에서는 감사하는 말을 들을 때도 다른 말을 들을 때와 같이 공감의 자세로 들을 것을 권한다. 곧 다른 사람의 행복에 기여한 자신의 행동, 그 행동으로 생긴 그 사람의 느낌과 충족된 욕구를 듣는다. 그래서 우리 모두가 서로 삶의 질을 높일 수 있다는 사실을 즐거운 마음으로 받아들이는 것이다.

_『비폭력 대화』중에서

자기 감사

자기 평가 대신 느낌과 욕구 낱말을 보고 '자기 감사하기'를 한다. '평가'라는 낱말이 주는 부담감을 덜어 주고 '감사'라는 낱말을 사용함으로써 아이들의 마음을 편안하게 해 주고 싶다. 충족된 작품이든 충족되지 않은 작품이든 아이들이 쏟은 열정을 존중하고 싶다. 자기 감사는 아이들이 작품을 만들 때의 과정을 이해할 수 있는 '축하'가 있다. 아이들이 발표를 하면서 바른 문장으로 말하는 방법도 자연스럽게 터득하게 된다.

모둠 인형극 발표 후 자기 평가를 대신한 자기 감사

- "베짱이 기타 소리를 리코더로 표현한 것과 친구들이 할 대사를 알려 준 나에게 감사합니다."
- "목소리를 크게 하고 자신감 있게 한 것에 감사합니다."
- "부끄러워도 용기를 내서 소리를 크게 낸 것이 감사합니다."
- "더 잘할 수 있었는데 끝나 버려서 아쉬웠습니다. 그래도 연극 도중에 틀리지 않고 목소리를 조금 크게 말한 것은 감사합니다."
- "인형극 할 때 현동이 역할을 잘해서 뿌듯합니다."
- "인형극 할 때 내가 많이 못 해서 아쉬웠습니다. 그래도 나에게 감사하고 싶은 것은 원래 대사는 '야, 이제 집에 가자.'라는 것이었지만 조금 더 보충해서 한 나에게 감사합니다."
- "모둠원들을 위해 그림을 그리고 목소리도 잘 내어 준 나, 용기

를 내어 발표를 한 나에게 감사합니다."

- "제목을 말할 때 연습할 때와 다르게 말을 해 아쉬웠습니다. 그래도 내가 생쥐 목소리를 크게 낸 것은 감사합니다."

- "그림을 못 그려 아쉽습니다. 대사를 할 때 크게 말한 것은 감사합니다. 친구들에게 극본을 컴퓨터로 뽑아 온다고 약속을 해 놓고 약속을 못 지켰습니다. 학교에 와서 대사를 써서 친구들과의 약속을 지켜 책임을 진 나에게 감사합니다."

- "부끄러운 것을 극복한 것이 감사합니다."

- "연습을 많이 하지 못한 것이 아쉽지만, 새로운 아이디어를 낸 것에 감사합니다."

- "발표를 잘하지 못해서 아쉬웠어요. 모둠 친구들을 도와주어 감사합니다."

- "발표할 때 부끄러워하지 않고 당당하게 한 것입니다."

- "목소리가 작았던 것이 아쉽습니다. 자신감을 내어 한 것이 감사합니다. 틀리기도 했지만 배워서 감사합니다."

- "문을 잠그는 소리를 내지 못해 아쉬웠습니다. L이 '후'라고 할 때 내가 종이를 흔들어 준 것에 감사합니다. 나에게 발전이 있어 감사합니다."

만들기, 그리기 활동 후 자기 평가 대신 자기 감사 활동

- "오늘 잠자리 피리를 만들 때 풀피리를 어떻게 꽂아야 할지 몰랐는데 G가 알려 주어서 잘 붙일 수 있었고, G가 글루건을 잘 붙여 주어서 고맙고, 생각보다 잘 만들어져 기분이 좋았습니

다."

- "완성하고 불었을 때 신기했고 많이 불고 싶었습니다. 만들고 있을 때 빨리 불고 싶었고, 만드는 게 즐겁고 신나고 재미있었습니다."
- "저는 뿌듯합니다. 왜냐하면 친구가 도움을 줬지만, 나도 많이 만들었기 때문입니다."
- "저는 인내가 필요했습니다. 피리 잠자리를 만들 때 배움이 생겼습니다. J랑 잠자리 피리를 불면서 응원가를 불 때 즐겁고 재미있었습니다."
- "피리 잠자리를 만들 때 바람을 부는 부분에 그 도구가 목에 걸릴까 봐 걱정되었는데 그걸 말해 주신 선생님이 고맙고 제가 더 안 다치게 노력하겠습니다."
- "친구들이 스크레치 종이에 색칠할 때 '이렇게 하면 안 돼.'라고 말해서 인내가 필요했고, 가위질을 할 때는 용기가 필요했습니다. 또 잠자리 몸통을 만들 때 정성으로 신중하게 만들었습니다. 날개를 색칠할 때 정말 뿌듯했습니다. 그리고 정말 재미있었습니다. 정말 평화로웠습니다. 아이들이 협력을 해 줘서 행복했습니다."
- "안 그리고 가만히 있을 때 마음이 무서웠습니다. 도움을 받아 완성했을 때 행복하고 상쾌했습니다."
- "처음에는 어떻게 그릴지 생각이 안 나서 못 할 것 같아 걱정했는데 하다 보니 멋있어져서 흐뭇하고 다 그리고 나서는 기뻤습니다. 그리고 칭찬받을 때는 정말 뿌듯했습니다."
- "처음에는 '과연 잘 그릴까?'라며 긴장해서 그렸는데 선생님께

공감 대화로 만드는 행복 교실

서도 도와주시고 N도 파스텔을 가져와 제 작품에 더 도움을 주어 고맙습니다. 그리고 제가 잘 그려서 행복합니다."

- "처음에는 긴장했습니다. 그림을 잘 그릴 수 있을까 궁금했습니다. 그리면서 지금 잘 그리고 있고, 잘 되어 가고 있으니 '끝까지 열심히만 하면 돼.'라고 생각했습니다. 그리고 나니 선생님께서 칭찬을 해 주셨습니다. 내가 잘 그렸다는 마음이 들었습니다. 용기가 났습니다."

- "도전하는 마음, 노력하는 마음으로 그렸습니다. 선생님께 칭찬을 들으니 뿌듯하고 감사하였습니다."

- "처음 그림을 그릴 때 떨렸지만 그림을 보니 재미있었습니다. 다음에는 더 잘 그리고 싶은 아쉬움이 있습니다."

- "저는 제 그림을 보고 후회 없이 만족하고 잘 그린 것 같습니다."

- "제가 그린 그림을 친구들이 칭찬해 줘서 배움이 있었습니다."

- "N의 파스텔을 빌려 해 보니 화분이 예뻐 보여 뿌듯합니다."

- "계속하다 보니까 잘하려고 합니다."

- "처음에는 어려웠는데 계속하니 재미있어지고 잘하려는 마음이 생깁니다. 그런 나 자신이 고맙습니다."

- "저는 달팽이를 그렸는데 정말 뿌듯했습니다. 그리고 다음에 더 잘 그리려면 노력이 필요할 것 같습니다."

- "파스텔로 그려서 뒤에서 보면 예뻤지만 아직은 진짜처럼 그리지 못해 아쉬웠습니다. 하지만 친구들에게 파스텔을 빌려주니 그 파스텔을 잘 사용해 주어 감사했습니다."

- "처음엔 '그릴 수 있을까?'라고 생각했습니다. 하지만 그려 보니

꽤 쉬웠습니다. 두 번째 그림도 쉽긴 했지만 조금 어려웠습니다. 마지막엔 그림자도 넣어 봤는데 실물 같아서 그림자를 전부 넣었습니다. 그림을 칠판에 붙였을 때 나보다 못한 친구들이 조금 있었습니다. 다른 친구들도 잘 그렸지만 나도 잘 그려 자랑스럽고 다른 친구들이 나를 칭찬해 줬습니다. 뿌듯했습니다."

- "그림을 그릴 때 느낌이 좋지 않았습니다."
- "그림을 그릴 때 생각보다 잘 되지 않아 힘들었고 내가 생각한 대로 잘 그려지지 않아 답답했습니다."
- "처음 상어를 그리기 시작할 때 어려워 보였습니다. 그러니까 '그릴 수 있겠다.'라는 생각이 들었습니다. 선생님께서 내 옆에서 그리는 방법을 계속 알려 주셨습니다. 선생님께서 지도해 주시는 대로 그리다 보니 상어를 완성했습니다. 다 그리고 내 그림을 보니 뿌듯했습니다. 그림을 다시 자세히 보니 몸통을 크게 그려야 하는데 작게 그려졌습니다. 그래도 상어 꼬리를 잘 그려 안심이 되고 만족스러웠습니다. 선생님이 그림이 많이 늘었다고 칭찬해 주어 기분이 좋았습니다."
- "처음에는 쉬울 것 같았는데 해 보니까 조금 어려웠습니다. 다시 그리고 싶은 마음이 들었습니다."
- "친구한테 양면테이프를 써야 하는데 내가 양보했습니다. 기분이 좋았습니다. 친구가 성공을 할 때 축하를 해 주었습니다. H가 글루건을 사용할 때 배움이 있었습니다."
- "피리를 불 때 '내가 만든 피리가 이렇게 소리가 잘 나다니!'라는 생각에 정말 뿌듯했습니다. S와 대결을 할 때 재미있었습니

다. 오래 불기를 할 때 활기가 넘쳤습니다."

- "H가 나한테 그다음은 어떻게 하냐고 물을 때 도와주어 우정이 많이 쌓였습니다. 양면테이프를 떼려고 줄을 썼을 때 인내가 필요했습니다. 글루선을 쓸 때는 용기를 내서 했습니다."

- "내가 친구들에게 가장 하고 싶은 말은 '고마워.'라는 말입니다. 왜냐하면 만들 때 '멋지다, 잘한다!'라고 해 주었기 때문입니다. 친구들아, 고마워. 하지만 저는 선생님이 제일 고마웠습니다. 이런 재미있고 멋진 것을 사 주시고 평소에 화를 내지 않으시기 때문입니다."

- "테이프와 풀이 없는 애들은 선생님께서 다 갖다주었습니다. 또 잠자리를 만들고 얼마나 길게 부는지 시합을 하도록 해 주신 선생님께 감사합니다."

- "처음에는 뭔가 많이 들어 있어서 어려울 것 같았지만 생각보다 재미있었습니다. 그리고 K와 H가 글루건으로 붙여 마무리해 주니 고마웠습니다."

- "H, G, 그 외 다른 남학생들이 잠자리 피리로 노래를 해 줘서 고맙고 신기했습니다."

- "정성을 다하여 신중하게 만들었습니다. 잘 불어져서 정말 신나고 뿌듯하고 감동했습니다. 그리고 아까 남자애들이 노래를 불렀을 때 재미있었습니다. 그리고 친구들이 내 것을 보고 만들 때 친구들에게 배움을 준 것 같아 뿌듯했습니다. 저는 소리는 크게 나진 않았지만 그래도 좋았습니다."

친구 감사

협동 학습 후 '친구에게 감사하기' 활동을 한다. 상황극 역할을 정할 때 서로 좋은 역할을 하려고 고집을 부리는 장면을 종종 본다. 서로 자기가 하고 싶은 역할을 하려고 끝까지 고집을 부리다가 한 아이가 양보를 했을 때 감사하기 활동을 통해 양보해 준 친구에게 "감사하다."라는 말을 전한다. 친구들이 "감사하다."라는 말을 할 때 아이들의 표정은 밝아진다. "고마워, 감사해."라는 말을 해 준 친구에게 다가가 친밀한 행동을 한다. 친구들이 자신이 한 행동이나 표정 등을 칭찬하면 다음 협동 학습에는 더 섬세하고 자신 있는 목소리로 발표하고, 친절한 행동으로 협동 학습에 임한다. 다투는 모둠이 줄어든다. 아이들 스스로 공평함과 즐거움이라는 욕구를 찾아 역할을 정하고 활동을 하는 모습을 보인다.

상황극을 하고 난 뒤 동료 평가 대신 친구에게 느낌과 욕구로 감사하기

- "J가 말을 크게 해 주었고 몸짓과 표정이 좋았어요. O가 복도에서 전화를 진짜처럼 하는 것이 재미있었어요. L과 S가 극장에서 자기가 무엇을 살 것인지 정할 때 '가위바위보'를 하는 것이 재미있었어요."
- "H가 S보고 빵점 받았다고 할 때 재미있었습니다. 목소리가 재미있었습니다. B는 목소리는 작았지만 재미있었습니다. B가 이야기할 때 재미있었습니다."

- "O가 전체적으로 말하는 것이 재미있었습니다."
- "J가 큰 소리로 해 줄 때 잘 들려서 좋았어요."
- "H가 N의 손을 잡고 들어올 때 놀라는 표정을 잘 해 주어 칭찬합니다."
- "N이 막내 역할을 했을 때 S가 N에게 '막내라서 어떻게 피자를 먹어.'라고 할 때 재미있었습니다."
- "G가 점수를 '100점'과 '0점'이라고 말할 때 즐거웠습니다."
- "O가 전화하는 것, M, S가 '가위바위보'를 할 때, H가 시험 100점 받았다고 하는 것이 기분이 좋아 보였습니다. H가 시험에서 빵점을 받았는데 재미있게 하려고 노력한 것을 칭찬합니다. N이 막내가 되어 잘 걷지 못하고 넘어지는 장면도 재미있었습니다."
- "G가 크게 말한 것은 고마웠고 O가 밥 먹을 때 표현을 잘해 주어 칭찬합니다."
- "O가 식당에서 밥을 다 먹고 돈 계산할 때 나는 '100만 원'이 제일 재미있었다."
- "G가 '너는 왜 빵점이야.'라고 하고 피자를 조그맣게 만들어 H에게 줄 때 웃겼습니다."
- "H가 막내라고 넘어질 때 연기를 잘해서 즐거웠습니다."
- "L이 S와 자리 때문에 밀칠 때, O가 스테이크 5만 원밖에 하지 않는데 100만 원이라고 한 것이 웃겼습니다."
- "B와 G가 재미있었습니다. G가 점수 말할 때, 특히 빵점이라고 할 때 재미있었습니다."
- "S가 '가위바위보'에서 계속 져서 웃겼습니다. O가 100만 원이

라고 해서 재미있었습니다."

- "H가 넘어지는 것이 재미있었습니다. 몸짓, 말투가 재미있었습니다. O가 '100만 원'이라고 할 때 웃겼습니다."
- "G 모둠이 할 때 G가 H한테 빵점 받았다고 하는 게 재미있었습니다. G가 볼펜으로 피자를 만드는 것이 재미있었습니다."
- "O가 없는 대사를 할 때. 대사에서 '100만 원'이라고 해서 웃기고 즐거웠습니다."
- "B야, 너는 연기도 잘하고 연극도 잘하고 모두가 즐거워, 고마워."
- "G, 네가 열심히 대본을 만들어 줘서 고마워."
- "S야, 장소를 정할 때 양보해 줘서 고마워."
- "G가 대사를 짤 때 재미있게 해 줘서 고마워."
- "N, A가 기자였을 때 정성이 많이 들어가 감사했어. G, S가 역할극에 다 나오고 싶어 하는데 서로 돌아가면서 배려하는 모습, 협동하는 마음 덕분에 더 재미있는 것 같았어. 고마워."
- "K야, 역할극 할 때 정말 네 표정과 행동이 재미있었어. 그래서 고마워."
- "처음에 어떻게 하는지 좀 몰랐는데 모둠과 같이하니까 '할 수 있겠다.'라는 생각이 들었어. 친구들아 고마워."
- "A가 발표할 때 나에게 용기를 줘서 고마워."
- "B가 '액션'이라고 할 때 힘이 났어. 고마워."
- "처음에는 긴장이 되었는데 5 모둠 친구들이 발표를 잘해서 용기가 생겼어. 5 모둠 친구들아, 고마워."
- "V가 엄마 역할을 할 때 난 너에게서 배움을 얻었어. 고마워."

- "G가 대본을 열심히 만들어 주어 고마워."
- "3 모둠에서 'O, X 퀴즈'를 했는데 특히 G가 마지막에 낸 문제가 웃겼어. 많이 웃게 해 주어 고마워."
- "나는 쉬는 시간에 무엇을 할지 고민했는데 친구들이 '같이 놀래?'라고 해 줘 고맙고 용기가 났어."
- "B가 춤을 출 때 난 즐겁고 고마웠어."
- "내가 있는 2 모둠의 S, H, G가 정말 잘해 주고 자연스럽게 해 주어서 정말 잘한 것 같아. 다음에도 잘하자. 서로 잘해 주어 고마워."
- "B야, 네가 우리 반을 웃기게 해 주어서 난 좋았어. 고마워."
- "G야, 재미있고 신나게 해 주어서 고마워."
- "G야, 너는 역할 놀이 대본을 만들 때 도와줘서 고마워."
- "O야, 대사 짜기를 할 때 나랑 같이 짜 줘서 고마워."
- "우리 모둠에 있는 K가 퀴즈를 할 때 난 즐겁고 든든한 마음이 들었어. 재미있었어. 고마워."
- "G가 카메라맨 역할을 잘해 줘서 난 만족스러워. 고마워."
- "H, B, S가 손자 역할을 재미있게 하고 J가 아빠 역할을 정말 재미있게 했어요. 고마워."
- "S가 할머니 역할을 해서 재미있었어요. 고마워."
- "O는 할아버지를 잘 대해 주어 고맙습니다."
- "우리 모둠 S가 실감 나게 해 고맙습니다."
- "G가 말을 재미있게 하여 즐거웠습니다. 고마워."
- "S가 '진지 드세요.'라고 할 때 좋았고, F가 잘해 주어 흐뭇했습니다. D 때문에 행복했습니다."

- "B가 '부럽다!'라고 할 때 목소리와 표정이 웃겼습니다. 웃게 해주어 고마워."
- "P가 축하해 주고 나서 끝날 때 종이로 '끝'을 적어 재미있었고 고마웠습니다."
- "5 모둠의 K가 끝날 때 '끝'이라는 종이를 들어 재미있었습니다."
- "G가 밥을 잘 먹는 장면이 웃겼습니다."
- "B가 높임말을 바르게 하고 표정을 잘 표현하여서 감동했습니다."
- "G가 소리도 크고 할아버지 역할을 맡아서 잘하였습니다."
- "P가 정성을 다해서 한 것 같아 좋습니다."
- "N이 잘한 것 같습니다. 왜냐하면 소리도 크고 표정도 좋고 높임 표현을 잘 사용했기 때문입니다."
- "N은 감각적 표현을 넣어 실감 나게 잘했습니다."
- "B가 H 할머니께 높임말을 쓰는 것이 재미있었습니다."
- "B가 '부럽다.'라고 말할 때 목소리랑 표정이 웃겼습니다."
- "G가 신호를 보내는 것이 멋졌습니다."
- "1 모둠은 예의를 잘 지키고 '아버지, 학교 다녀왔습니다.'라고 말하고 M이 진짜로 아버지 목소리를 내서 재미있었습니다. N이 선생님처럼 연극을 하여 재미있었습니다."

감사하기 활동은 학급 전체 학생이 빠짐없이 참여하고, 교과 학습 해결 능력에 상관없이 모든 친구에게 칭찬받을 수 있는 기회이기도 하다. 모든 학생은 감사하다는 말을 들을 때는 조금 어색해한다. 그러나 수업 활동에서 보여 준 자신의 진심을 친구가 알아주는, 칭찬이 담긴 말을 들으면서 사이가 소원했던 아이들도 다시 친구 관계를 회복하는 시간이 된다. 그뿐만 아니라 학습에 대한 자신감이 조금씩 싹튼다. 교사에게는 수업 활동에 대한 피드백이 되어 다음 교육 활동을 준비하는 데 도움이 된다. 이 활동은 지속적으로 한다.

과학 모둠 활동 후 친구 감사하기

- "나는 고무줄이 없어서 G가 고무줄을 주고, D, B가 유성 펜을 빌려주어서 귀여운 수탉 한 마리가 탄생했다. 우리 모둠 친구들에게 정말 고마웠고 재미있다. 또 하고 싶다."
- "나는 닭을 만들 때 짝지가 하는 것을 보고 닭을 만들었다. 준비물로 닭을 만드는 게 재미있다."
- "처음에는 준비물이 없었는데 T, H가 준비물을 빌려줘 고마웠다."
- "처음에는 준비물이 없었는데 D와 가위바위보를 하며 준비물을 주어서 D한테 고맙다."
- "나는 B와 D에게 고맙다. 왜냐하면 D는 아이디어를 줬고 B는 재미있게 해 주었다. D랑 또 싸웠는데 우정이 쌓였다. G도 재미있게 해 줘서 고마웠다."
- "닭을 만들고 나서 뭔가 멋있어서 뿌듯하고 시간 안에 만들어서 기쁘다. 그리고 닭을 다 만들고 나서 H가 잘했다고 해 줘서 고맙다."

- "만들 때 처음에는 이해가 안 됐지만 나중에는 이해가 되어 재미있었다. 그리고 N이 재료를 만들어 주니 고마웠다."
- "처음에는 준비물이 없어 떨렸는데 친구들이 많이 빌려줘 고마웠다. 나는 친구들과 만들고 불 때 고무줄이 올라가 웃겼다. 나는 O가 색종이를 빌려줘 고마웠다. S 것을 보고 '저렇게 만드는 거구나.'라고 생각했다. 그래서 S한테 고맙다."
- "아침에 준비물을 못 가져와서 집까지 뛰어갔다. 엄마한테 전화를 해 준비물을 겨우 챙겨 학교에 와서 닭을 만들었다. 선생님이 준비물을 가지고 닭을 만드는 미션을 주셨는데 자유 활동이 너무 어려웠다."
- "비닐장갑 닭을 만들 때 B가 만든 닭이 없다가 튀어나오는 게 재미있어서 B 아이디어로 만들었다."
- "나는 간단하게 만들었지만 두 개를 만들었다. 다른 아이들과 다르게 독특한 방법으로 해서 재미있었다. B의 아이디어가 재밌었다."

아침에 준비물을 가지고 오지 못해 집까지 달려갔다는 K의 이야기를 듣고 K의 마음과 그 말을 들은 선생님의 마음도 읽어 주고, 다음부터는 집까지 가지 않고 선생님과 의논할 것을 부탁한다.

→ 우리 반 약속: 준비물을 갖고 오지 못했을 때는 집으로 가지 않고 선생님과 의논한다.

음악 모둠 활동 후 동료 평가 대신 생각이나 느낌으로 친구 감사 하기

- "처음엔 마음속으로 '아 이걸 어떻게 해.'라고 생각했는데 해 보니까 재미있다. 우리 모둠은 정말 잘 통한다. 5 모둠 아자아자 파이팅!"
- "친구들과 같이 협동하여 하니 재미있고, N, O, S 모두 잘해 줘서 고마웠다. 다음에 또 하고 싶다."
- "나는 G가 고맙고 친절해서 고맙다. 안 싸우고 재미있게 해서 좋았다."
- "나무 막대로 리듬을 맞추는 게 재미있고 신났다. G가 도움을 줘서 재미있었다."
- "H가 조금 알려 줘서 많이 따라갔다. 처음에는 어려웠다. H가 고맙다."
- "우리 모둠이 잘 협조해 줘서 고마웠다. 친구들과 연습하니 재미있었다."
- "H, O가 협조를 잘해 줘서 좋았지만 T가 없어서 좀 아쉬웠다. 하지만 나도 박자치기가 잘 되어 행복했다."
- "처음에는 떨었는데 하고 나니 쉬웠다. 그래서 나는 뿌듯했다. 그리고 모둠이 같이해서 기분이 좋다."
- "처음에는 친구들이랑 할 때 박자를 놓쳤는데 그래도 따라 맞추어서 다행이었다. 연습할 때 모둠과 같이해서 즐거웠다. Y가 도와줘서 고마웠다."
- "G, B가 잘했다. 왜냐하면 박자감이 있기 때문이다. N이 도움

을 주어 나도 잘했다."
- "처음엔 어려웠는데 노력하니까 돼서 재미있고 편했다. 그리고 B가 고맙게 도움을 줬다."
- "모둠끼리 연습하는 게 제일 재미있고 좋았다. 그리고 음악 리듬 치기를 할 때 안 싸워서 좋다."
- "연주를 하는 게 재미있었다. 그런데 G와 H가 2분 동안 외우게 하는 게 살짝 힘들었다. 협조는 다 잘했지만 G가 검사를 받을 때 틀려서 살짝 실망스러웠다. G, H야, 협조를 잘해 줘서 고마워. 나도 애들을 가르치니깐 힘들었어. 수고했어."
- "나는 리듬 치기가 처음에는 어려웠는데 하다 보니 재미있었다."
- "내가 '눈꽃송이'라는 노래를 불렀는데 정말 재미있었다. 게다가 G가 잘 협조해 주어서 고맙다."
- "다 같이 할 때 악기 치는 게 재미있었다. 이번 음악 시간에 모둠 친구들이 협조를 잘해 줘서 재미있게 할 수 있었다. 다 같이 할 때 악기 치는 게 재미있었다."
- "A가 협조를 잘해 주었고 A와 내가 G를 좀 도와줘야겠다."
- "K가 연습할 때 박자를 맞춰 줘서 고맙고 다른 친구들이 많이 노력해 주어서 즐겁고 신이 났다."
- "나는 친구들과 협동하는 게 즐거웠고 소리가 아름다웠다. 그리고 O를 가르칠 때 자랑스러웠다."

듣고 싶은 감사하기

G가 친구들을 칭찬하는 말을 하면 계속 "아닌데요."라고 말한다. "아닌데요."라고 말하는 학생의 욕구를 추측하고 '듣고 싶은 감사하기' 활동을 한다. 수업이 끝난 오후 시간, G를 불러서 말한다.

교사: 세 번씩 들려줄게. 마음이 따뜻해지는 말에 손을 들어 보세요.

- "G는 멋져!"
- "넌 감동이야!"
- "넌 최고!"
- "넌 놀라워."
- "역시 넌 '짱'."
- "대단해, 넌."
- "넌 할 수 있어."
- "힘내."
- "아자아자, 파이팅!"
- "잘했어, G야."

G가 손을 번쩍 든다. 쑥스러운지 고개를 약간 숙이고 든다. "잘했어. G야."라는 말이 제일 좋다고 한다.

교사: 선생님은 G가 역할극 할 때 성의를 다하는 마음이 감사하

단다. G가 성의를 다해 하니까 친구들로 까르르 웃고 선생님도 즐거워. 체육 하러 갈 때 처음에는 수행 평가지를 다 하지 않아도 그냥 갔잖아. 그런데 '책임', '홀가분한'이라는 낱말을 보여 줄 때 다시 앉아 끝까지 하고 교실 밖으로 나가는 모습을 보였잖아. 발전해 가는 모습을 보고 있으면 감사해.

학생(G): (고개를 들어 선생님을 보며) 예.

체육 시간에 친구를 때리고 싶은데도 참고 선생님께 도움을 청한 H에게 감사한 일도 있다. H가 듣고 싶은 감사의 말을 추측하여서 하는데, 방법은 이렇다. H는 안대를 하고 교실 앞에 앉는다. 걸상 한 개를 더 앞에 놓고 H를 보고 느낌말로 한다. 이 활동에 교사, 6명의 아이가 참여한다. H의 마음을 풀어 줄 수 있는 말, H가 고마운 일, 들어서 기분 좋은 말을 느낌과 욕구 카드를 보며 해 주기를 부탁한다. 아이들이 목소리를 변형하면서 재미있게 하기 시작한다.

- "좋아하는 체육을 못 해서 속상하지. Y가 너에게 사과하면 좋겠어. Y랑 싸우지 않고 참은 것이 놀라워."
- "네가 좋아하는 체육을 못 해서 서운하고 섭섭할 것 같아."
- "네가 체육을 못 해서 속상할 것 같아. 난 네가 역할극 할 때 우리를 웃겨 줘서 고마워."
- "네가 큰 소리로 급식 줄 서라고 할 때 도움이 돼. 고마워."

공감 대화로 만드는 행복 교실

- "네가 책을 읽을 때 잘 들려서 가슴 뻥 뚫려."
- "네가 우리 반 책 수레를 들고 올 때 같이 들어 줘서 도움이 되었어. 고마워."
- "우리 학급과 친구들의 건강을 위해 봉사반장 활동을 하는 모습이 고맙고 따뜻했단다."
- "우리 학급 책들을 바로 꽂고 뒤에 넘어간 책들을 찾아 줄 때도 감사하고 고마웠단다."
- "오늘 싸우지 않고 참아 준 것 고마워. Y가 너한테 사과하면 좋겠어."

활동 후 H는 '감동한, 재미, 따뜻한, 고마운, 감사, 기쁜' 카드를 뽑는다.

- "친구들이 목소리를 이상하게 해서 재미있었다. 친구들의 말이 고맙고 따뜻하고 감동되고 감사하다. 친구들이 내 편을 들어 주어 기쁘다. 그래도 내 물건을 뺏어 가서 부러뜨리고 던진 것은 용서가 안 된다. 친구들이 내 편을 들어 주어 마음은 편하다. Y랑 같이 놀 수는 있다."

이 활동을 본 학급 아이들은 "편안해요, 평화로워요, 여유로운, 만족스러운"이라는 반응이 대부분이었다. 마지막으로 자기 생각을 말한 G의 말이 귀에 꽂힌다.

학생(G): 선생님, 시간이 뒤로 가는 것 같았어요.

교사: 시간이 천천히 가는 것 같다는 말이니? 여유가 느껴졌니?

　　　→ 바꾸어 말해 주기

학생(G): 예, 많이 편안하고 좋았어요.

　점심시간에 두 아이 모두 우리 반 아이들과 싸우지 않고 잘 어울려 놀았다고 한다.

선생님께 감사하기

2학기 마지막 달에 '감사 활동'으로 아이들에게 선생님에 대한 느낌이나 생각들을 그림이나 글로 자유롭게 표현해 주기를 부탁했다.

- "선생님은 '수박'이다. 왜냐하면 선생님은 항상 공평하게 해 주는 것이 반듯하게 잘린 수박 같기 때문이다."
- "선생님께. 선생님, 안녕하세요? 저 O인데 선생님은 다시 생각해 봐도 '참는 능력자'세요. '10개월 동안 정말 화를 안 내실까?'라고 생각하며 지켜보았는데 진짜 안 내서서 놀랐어요. 그리고 선생님은 '햇살'이세요. 왜냐하면 어떤 친구들에게도 공평하고, 잘 지도해 주시잖아요. F 학년 때도 선생님을 기억할 거예요. 그럼 안녕히 계세요."
- "선생님은 '보호막'입니다. 언제나 저희를 보호해 주시기 때문입니다."
- "선생님께. 선생님, 안녕하세요? 저 G입니다. 선생님을 처음 만났을 때 정말 화를 내지 않으셔서 조금 놀랐어요. 하지만 3월부터 지금까지 선생님과 함께 있으면서 정말 대단하고 배려심 많은 멋진 분이라는 것을 알 수 있었습니다. 친구들이 정말 많이 화를 내도 화를 내지 않는 것, 그렇게 참는 것이 계속 이어졌으면 좋겠습니다."
- "헤어지기 싫은 선생님, 선생님은 아마도 땅에 내려온 날개 숨긴 천사가 아닐까요? 저는 정말 선생님을 잘 만난 것 같아요."

- "선생님 언제나 제 편이 되어 주셔서 감사합니다. 그리고 칭찬해 주시고 화를 안 내어 주셔서 감사합니다. 그리고 선생님은 '치타'와 '고양이'입니다. 왜냐하면 우리를 보호하실 때는 치타가 되고, 우리를 포근하게 할 때는 고양이가 되기 때문입니다."
- "선생님께. 선생님, 안녕하세요? 저 B입니다. 선생님은 공부를 가르칠 때 참 좋아요. 그리고 '이불' 같아요. 제가 속상할 때 포근하게 덮어 주시고 '사랑해.'라고 해 주시는 게 정말 좋아요."
- "선생님께. 선생님, S예요. 선생님은 다른 선생님들과 달리 화를 안 내시고 불러서 이야기를 하는 게 좋아요. 선생님은 재미있고 배움이 있어요. 선생님과 있으면 발전하고 용기가 생겨요."
- "포근한 우리 선생님, 선생님은 '곰'이 몸에 들어간 것 같아요. 왜냐하면 선생님은 마음이 푹신하고 배려심이 있기 때문이에요. 마음씨는 '방긋방긋'하고, 화내고 싶을 때는 호랑이처럼 '푸르르' 하세요. 제자들을 배려해 주셔서 감사합니다."
- "선생님이 우리를 돌봐 주셔서 감사합니다. F 학년 때도 선생님이랑 하고 싶어요. 선생님은 '엄마'입니다. 왜냐하면 우리를 따뜻하게 해 주고 사랑스럽게 봐 주기 때문입니다. 선생님은 '이불'입니다. 왜냐하면 화도 안 내고 푸근하기 때문입니다. 선생님이 G를 지도할 때 화내지 않고 참아 줘서 감사합니다. G를 혼내지 않은 선생님을 꼭 기억할게요."
- "선생님 저 J예요. 12월까지 G가 '아, 예예예.'라고 하고 S가 O와 싸우고 '안 했다고요.'라고 소리를 질러도 참으셔서 저는 무언가를 깨달았어요. 아직 그게 뭔지 모르지만 선생님이 대단하

단 걸 느꼈어요. 선생님은 마치 '동화책' 같아요. 왜냐하면 선생님이 해 주시는 이야기가 동화책처럼 정말 흥미진진하고 재미있거든요. 저희 동생도 선생님 반이 되면 좋을 것 같아요. 선생님, 사랑해요."

- "매일 지혜로우신 우리 선생님. 화를 내시지 않는다. 인내심이 큰 선생님. 선생님 이야기는 재미있다. 우리 선생님은 멋지시다. 왠지 우리 반은 종업식 날 울 것 같다. 선생님, 그동안 감사했습니다."

- "우리 선생님은 '곰'이시다. 이유는 항상 웃으시기 때문이다. 그래서 나는 웃는 곰을 그렸다. 그리고 선생님은 곰처럼 저희를 보호해 주기 때문에 곰을 그렸다."

- "선생님이 토의를 할 때 나 자신을 발전하게 해 주셔서 감사합니다."

- "선생님은 '토끼'입니다. 왜냐하면 토끼처럼 예쁘기 때문입니다. 선생님, 1년 동안 친절하게 대해 주셔서 감사합니다. 선생님이 저랑 S가 싸워도 화를 내지 않아서 감사합니다."

- "모든 시간에 순한 양처럼 대해 주셔서 감사합니다."

- "선생님은 '이불' 같습니다. 왜냐하면 이불처럼 포근하게 덮어 주기 때문입니다. 선생님은 '토끼' 같습니다. 왜냐하면 토끼처럼 지혜롭기 때문입니다. 선생님은 '사과' 같습니다. 왜냐하면 사과처럼 달콤하게 공부를 가르쳐 주시기 때문입니다. 선생님은 '물' 같습니다. 왜냐하면 씨앗인 우리를 무럭무럭 자라게 해 주기 때문입니다."

- "선생님, 안녕하세요? 저 N입니다. 선생님께서 화도 안 내시고

친절하게 대해 주서서 감사합니다. 저도 선생님처럼 멋진 분이었으면 좋겠습니다. 선생님, 감사하고 사랑해요."

- "선생님은 꼭 '왕' 같아요. 왜냐하면 왕처럼 착하고 친절하기 때문입니다. 선생님은 '바나나' 같아요. 왜냐하면 속을 따뜻하게 해 주는 사람이기 때문입니다."

- "선생님, 선생님께서 3월부터 지금까지 화 안 내고 참아 주서서 감사해요. 지도를 화 안 내고 해 주서서 감사해요. 선생님과 정이 많이 들었는데 이제 헤어질 시간이 되었어요. 제가 한 번씩 놀러 올게요. 아프지 마시고 건강하고 활기차게 살아 주세요. 선생님, 사랑해요. 그리고 감사해요. 다시 한번 말하지만 S랑 L이랑 H 등 여러 명이 선생님께 대들어도 저희 반을 평화롭고 행복하게 해 주서서 감사합니다. 시험 점수를 잘 주려고 재시험을 치게 해 준 것도 감사해요. 경험 중에서도 알맞은 상황에 이야기해 주서서 감사해요. 다시 한번 말하지만 정말 감사하고 사랑해요."

나는 아이들에게 NVC 의식으로 사는 모습만 보여 주려고 노력했을 뿐인데 과분한 감사의 말을 듣는다. 아이들의 충족된 욕구와 교사의 충족된 욕구가 연결되는 느낌이다.

〈아이들이 선생님께 한 감사 표현들〉

학부모의 감사

- "선생님, P는 집에 오면 '우리 선생님은 진짜 우리를 사랑하셔.' 라고 해요."
- "선생님, B가 집에 오면 학교에서 있었던 일을 항상 말합니다. 전에는 가끔 아이들 때문에 스트레스받을 때는 속상해하고 답답해했어요. 그런데 선생님이 다 해결해 주니 정말 좋다고 해요. 선생님이 우리 마음을 다 안다고 아주 춤을 추고 다녀요."
- "우리 아이가 책 읽고 공부하는 것을 싫어하지 않았어요. 학교 입학할 때 걱정 많이 했는데 잘 적응하는 것 같았어요. 쭉 잘 해 오는 것 같아 고맙더라고요. 그런데 선생님을 만나고부터는 더 심해졌어요. 선생님하고 하는 공부가 재미있다고 집에 오면 흥분해서 말해요. 선생님의 칭찬이 정말 좋다고 하면서 자신감이 더 생겼더라고요."
- "선생님, 항상 V는 집에 오면 내일이 빨리 오기를 기다리고, 학교생활 이야기를 할 때마다 선생님께 항상 감사했습니다. 선생님 덕분에 정말 행복한 일들이 많았다고 한참 이야기를 해서 함께 웃었습니다. 항상 감사합니다."
- "항상 학교생활이 행복할 수 있도록 많은 노력을 해 주시는 걸 저희 아이를 통해 잘 느낄 수 있었습니다. 늘 아이들에게 예의를 갖추고 아이들을 존중해 주시고, 잘못한 것이 있어도 절대 화를 내지 않으신다고 아이가 늘 존경하고 감사해합니다. 아이의 말을 항상 귀담아들어 주시고, 아이들 말에 함께 공감하며 진심으로 기뻐하고, 안타까워해 주셔서 저도 아이를 통해 많

이 배우고 있습니다. 선생님만의 다양한 수업 방식으로 즐겁고 적극적으로 참여하게 만들고, 꼼꼼한 평가로 실력을 향상시켜 주시고, 아낌없는 칭찬으로 스스로 노력하게끔 도와주셔서 참 좋습니다."

- "아이들 한 명, 한 명에게 따뜻하게 눈을 맞춰 주시고, 아이들 모두가 수업에 열성적으로 참여하는 모습이 정말 보기 좋았습니다. 선생님께서 얼마나 사랑해 주시는지 잘 알고 열심히 참여하는 것 같습니다. 훌륭한 수업이었습니다."
- "아이들을 사랑하시는 마음을 느낄 수 있었습니다."
- "선생님, 우리 G의 선생님이라서 정말 감사드립니다. 그리고 큰 행운이고 행복이었습니다. G가 항상 참 좋은 선생님이라고 말합니다. 감사합니다."
- "선생님과 아이들이 많이 대화하고 토론하는 모습이 참 보기 좋았습니다. 선생님, 감사합니다."

학부모의 감사는 아이들의 사소한 갈등을 NVC 방식의 공감 대화로 아이들 마음을 평화롭게 하려는 나의 노력을 몇 분이라도 알고 계시는 것 같은 기분이라 반갑고 감사하다. 지친 마음이 조각조각 부서져 가루가 되어 사라지고 그 자리에 새로운 에너지가 다시 내 마음으로 들어온다. NVC 방식의 공감 대화를 계속해도 된다는 지지를 받은 것 같아 포근하다.

아이들 공감을 위해 교사도 공감이 필요하다

해마다 학급을 맡으며 비슷하지만 조금씩 다른 학생들의 모습을 보게 된다. 학년 초, 처음 만나는 날 "저는 ○○○입니다."라고만 말하고 자리에 앉는 활동을 하였다. 앉아서 하는 아이도 있고, 아주 큰 소리로 하는 아이도 있고, 속삭이듯 하는 아이도 있고, 떨리는 목소리로 하는 아이도 있고, 적당한 크기로 하는 아이도 있고, 모두가 자기 색깔의 모습으로 말을 한다.

A가 큰 소리로 이름을 말하니 몇몇 아이들이 작은 소리로 웃는다. 그러자 A가 두 주먹을 쥐면서 "뭐, 뭐?"라고 하며 목청을 점점 더 크게 키운다. 눈물이 나올 것 같은 표정으로 아이들을 둘러보면서 "뭐, 뭐?"라고 한다. "뭐?"라고 할 때마다 발로 교실 바닥을 친다. 순간 학급 아이들은 조용해지면서 긴장감이 맴돈다. 짝지는 몸을 바깥쪽으로 기울인다. 담임도 잠시 멈춘다.

아이가 물건을 집어 던지는 행동을 그 순간에 하지 않기를, 발로 책걸상을 차는 행동을 하지 않기를 바라면서 작은 소리로 "친구들이 웃어서 마음이 상하는구나. 마음이 불편하고 왜 웃는지 궁금하기도 하구나. 혹시 비웃는 것 같아 화도 나기도 하니? 선생님은 A

의 마음을 잘 알지 못하지만 그럴 것 같아."라고 말하며 아이들 전체를 보고 "친구들이 자기 이름을 말할 때는 서로 존중하는 마음으로 들어 주면, 말하는 친구가 마음이 편안할 것 같아요."라고 말한다. 칠판에 부착된 욕구 카드 중 '존중, 배려, 편안함'이라는 낱말을 칠판 가운데에 붙이고 계속 활동을 한다.

다양한 NVC 공감 활동, NVC에 근거한 갈등 중재 활동을 하면 아이들에게 얄미운 모습들이 나타나기도 한다. 아이들이 자기 목소리를 높이기 시작하고 자기 의견을 낼 때 움직임이나 생각이 더 자유로워지면서 활발하고 거칠게 자기 의견을 말하기도 한다. 교사는 그 기간을 잘 버티면서 '자기 공감'을 하는 내적인 힘이 필요하다.

비폭력 대화에서 말하는 얄미운 단계(2단계)는 다른 사람이 괴로워하는 모습을 보았을 때 "그건 당신 문제야! 난 당신의 느낌에 아무런 책임이 없어!"라고 같이 얄미운 말을 하는 경향이 있다. 이 단계에서 우리는 다른 사람의 느낌에 대해 책임이 없다는 것은 분명하게 알지만 다른 방식으로 다른 사람에게 책임 있게 행동하는 법은 아직 모르는 단계라고 한다. 다른 사람과 정서적으로 자유로운 관계를 맺는 것은 힘들다. NVC에서 말하는 정서적 단계 1, 2를 오가며 노력하고 연습하는 과정에 나도 있다.

대립하는 아이들(적 이미지)이 있는 경우, 한 학생이 학급을 우울 모드로 끌고 가는 경우, 또는 선생님의 보호가 필요한 아이, 분노하는 마음이 끝없이 올라오는 아이를 마주할 때가 있다. 게다가 갈등 상황에서 학부모를 마주하고 학부모, 학생에게 충분히 공감한 후 상대를 공감으로 이끌고 끝을 맺고 나면 마음은 평화롭지만 나의 에너지는 방전되기도 한다. 교사도 다시 몸과 마음이 회복되려면 자기 공감이 필요하다. 교사도 충분히 공감받아야 아이들에게 충분히 공감할 힘이 생긴다.

자신이 갖고 있지 않은 것을 남에게 주는 것은 불가능하다. 마찬가지로 공감하려는 노력을 기울이는데도 공감하고 싶은 마음이 들지 않는다면, 그것은 다른 사람을 공감해 주기에는 우리 자신이 공감에 굶주려 있어서 다른 사람을 공감해 줄 수 없다는 증거이다.

공감은 우리에게 세상을 새로운 눈으로 보게 하고, 계속 앞으로 나아갈 수 있게 한다.

_『비폭력 대화』 중에서

NVC 공감 활동은 다양한 생각을 이끌어 내는 사고력과 깊이 있는 학습을 할 수 있는 자기 주도적 학습력을 향상시키는 데도 효과적이다. 풍부한 사고력은 자기표현의 확장을 가져온다. 그리고 그 결과는 문장을 읽고 이해하는 문장 해석 능력에도 긍정적 효과를 가져온다. 언어와 사고는 상호 작용을 하면서 함께 발달한다. 학교 공동체 속에서 흔히 쓰는 '평가'라는 단어 대신 '자기 감사, 친구 감사, 선생님 감사, 부모님 감사' 활동은 아이들의 마음을 사랑스럽게 만들고, 따뜻한 전류가 흐르도록 한다. 자신을 뿌듯하게 여기도록 하는 활동이기도 하다. 이 뿌듯함은 자존감 향상뿐만 아니라 친구와의 우정과도 연결되고 선생님과는 믿음과 신뢰로 연결된다. 이런 연결은 학급 공동체를 운영할 때 상호 존중하고 의지하는 힘을 갖게 한다. 학생, 교사, 학부모의 튼튼한 관계성과 공동체를 만들어 갈 수도 있다. 이런 관계가 형성되면 학교 폭력이 일어났을 때 처벌을 하려 하기보다는 갈등 상황을 계기로 학생들에게 성장과 발전이 있기를 바라는 선생님의 마음에 많은 학부모가 공감한다.

학생들을 마주하는 많은 선생님께서 갈등 상황을 만났을 때 학생, 학부모, 교사 모두의 욕구를 충족할 수 있는 평화로운 대화로 이끌려면 NVC를 이해하고 기술을 습득한 후, 자기만의 교육관을 지니고 갈등 상황을 마주해야 한다고 생각한다. 또한, 그때그때 학생들과 공감하려면 교사도 그때그때 공감이 필요하다.

두 번째 책이 나오도록 힘이 되어 준 가족에게 감사하다. 또한, "선생님은 우리가 어린데도 우리 말을 존경해 주셔서 감사합니다.", "선생님은 바나나 같아요. 왜냐하면 속을 따뜻하게 해 주는 사람이기 때문입니다.", "선생님은 아마도 땅에 내려온 날개 숨긴 천사가 아닐까요?"라는 말들로 그때그때 희망 에너지를 채워 준 우리 반 아이들, 그리고 나의 활동을 지지해 주신 학부모님들, 편하게 활동을 하도록 침묵과 공감으로 봐 주신 K 교장 선생님, 동학년 선생님들께 감사의 말을 전하고 싶다.

이옥숙

참고 자료

〈욕구/필요(Needs) 카드〉

| 자율성 |

자신의 꿈, 목표, 가치를 선택할 수 있는 자유, 방법을 선택할 자유

| 신체적/생존 |

공기, 음식, 물, 주거, 휴식, 수면, 여유, 안전, 신체적 접촉(스킨십), 성적 표현, 따뜻함, 부드러움, 편안함, 돌봄을 받음, 보호받음, 의존(생존과 안전), 애착 형성, 자율, 자유, 몰입 자유로운 움직임(이동), 운동

| 사회적/정서적/상호의존 |

주는 것, 봉사, 원만한 관계, 친밀한 관계, 유대, 소통, 연결, 배려, 존중, 상호성, 경청, 공감, 이해, 수용, 지지, 협력, 도움, 감사, 인정, 승인, 사랑, 애정, 관심, 호감, 우정, 가까움, 나눔, 소속감, 공동체, 안도, 위안, 신뢰, 확신, 정서적 안정, 자기 보호, 일관성, 안정성, 정직, 진실, 예측 가능성, 끌림, 역량, 자랑, 공정, 공평, 협동

| 놀이/재미 |

쾌락, 흥분, 즐거움, 재미, 유머

| 삶의 의미 |

기여, 능력, 도전, 명료함, 발견, 인생 예찬, 축하, 애도, 기념, 깨달음, 자극, 기적, 주관을 가짐(자신만의 견해나 사상), 중요성, 참여, 회복, 효능, 희망

| 진실성 |

진실, 성실성, 정직, 신뢰, 신용, 존재감, 일치, 개성, 자기 존중, 비전, 꿈

| 아름다움/평화 |

아름다움, 평탄함, 홀가분함, 여유, 평등, 조화, 질서, 평화, 영적 교감, 영성

| 자기 구현 |

성취, 배움, 생산, 성장, 창조성, 치유, 숙달, 전문성, 목표, 가르침, 자각, 자기표현, 용서, 용기, 겸손, 자기 조절, 친절, 리더십, 공평, 흥미, 관심, 소유, 기억, 몰입

〈느낌 카드(Feeling List)〉

A. 욕구가 충족되었을 때	B. 욕구가 충족되지 않았을 때
기쁜, 행복한, 흥분된, 희망에 찬, 즐거운, 만족한, 환희에 찬, 용기 나는, 반가운, 생생한, 안심되는, 감동한, 자랑스러운, 의기양양한, 힘이 솟는, 기대에 부푼	슬픈, 외로운, 힘든, 우울한, 서운한, 섭섭한, 마음이 아픈, 실망한, 낙담한, 자신을 잃은, 괴로운, 비참한, 쓸쓸한, 속상한
평화로운, 고요한, 진정되는, 흡족한, 열중한, 수용하는, 침착한, 축복받은, 안정된, 차분한, 마음이 가라앉은, 명확해진, 조용한	겁 나는, 두려운, 무서운, 놀란, 긴장한, 신경이 쓰이는, 소름이 끼친, 불안한, 괴로운, 회의적인, 걱정스러운, 떨리는, 조마조마한, 진땀이 나는, 초조한
사랑하는, 정다운, 따뜻한, 정을 느끼는, 부드러운, 호의적인, 친근한, 관심 있는, 흥미 있는	화가 나는, 미치는, 돌아 버릴 것 같은, 성이 나는, 격노한(노발대발), 적개심, 억울한, 분개한, 혐오스러운, 귀찮은, 낙담한, 열 받은
자부심/자신감 있는, 긍지를 느끼는, 뿌듯한, 자랑스러운, 자신만만한, 확신하는, 당당한	좌절한, 혼동된, 주저하는, 근심하는, 괴로운, 불안한, 수치스러운, 걱정되는, 절망스러운
활기 있는, 쾌활한, 명랑한, 생기가 도는, 열의 있는, 원기가 왕성한, 기력이 넘치는, 상쾌한, 들뜬, 대담한, 열정적인, 열중한, 살아 있는, 상쾌한, 회복된, 밝은, 흥미/몰입된, 매혹된, 궁금한	피곤한, 지친, 무기력한, 침울한, 냉담한, 무관심한, 지루한, 질린, 압도당한, 안절부절못한, 마음이 무거운, 무감각한
편한, 쉬는, 긴장이 풀린, 기운이 나는, 흐뭇한	불편한, 마음이 아픈, 불안한, 마음이 상한, 비참한, 근심되는, 난처한, 무안한, 비탄에 잠긴, 당혹스러운, 지겨운
감사한, 고마운	

참고 도서

1. 마셜 B. 로젠버그, 『갈등의 세상에서 평화를 말하다』, 정진욱 옮김(서울: 한국NVC센터, 2016).

2. 마셜 B. 로젠버그, 『비폭력 대화』, 캐서린 한 옮김(서울: 한국NVC센터, 2017).

3. 마셜 B. 로젠버그, 『비폭력 대화와 교육』, 정진욱 옮김(서울: 한국NVC센터, 2018).

4. 루시 루, 『비폭력 대화 워크북』, 한국 NVC센터 옮김(서울: 한국NVC센터, 2018).

5. 마셜 B. 로젠버그, 『삶을 풍요롭게 하는 교육』, 캐서린 한 옮김(서울: 한국NVC센터, 2016).

6. 케이 프라니스, 『서클 프로세스』, 강영실 옮김(서울: 대장간, 2018).

7. 리타 헤이조그, 캐시 스미스, 『자칼 마을의 소년 시장』, 캐서린 한 옮김(서울: 한국NVC센터, 2014).

8. J. 크리슈나무르티, 『크리슈나무르티, 교육을 말하다』, 캐서린한 옮김(서울: 한국NVC센터, 2016).

9. 수투츠만 암스투츠, 주디 H. 뮬렛, 『학교현장을 위한 회복적 학생 생활교육』, 이재영, 정용진 옮김(서울: 대장간, 2017).